Marketing Estratégico

TÍTULO:
Marketing Estratégico

© Manuel Alberto Ramos Maçães e Conjuntura Actual Editora, 2019

AUTOR
Manuel Alberto Ramos Maçães

Direitos reservados para todos os países de língua portuguesa por

CONJUNTURA ACTUAL EDITORA, uma chancela de Edições Almedina, S.A.
Avenida Emídio Navarro, 81, 3D
3000-151 Coimbra – Portugal
e-mail: editoras@grupoalmedina.net

CAPA
FBA

PAGINAÇÃO
Rosa Baptista

IMPRESSÃO E ACABAMENTO:
Europress - Indústria Gráfica

Setembro, 2023

DEPÓSITO LEGAL
452727/19

Toda a reprodução desta obra, por fotocópia ou qualquer outro processo, sem
prévia autorização escrita do Editor, é ilícita e passível de procedimento judicial
contra o infrator.

Biblioteca Nacional de Portugal — Catalogação na Publicação

MAÇÃES, Manuel Alberto Ramos, 1946-

Marketing estratégico. - (Marketing)
ISBN 978-989-694-279-3

CDU   658

Manuel Mações

Marketing Estratégico

As Quatro Etapas para Criar Vantagem Competitiva
e Melhorar o Desempenho

AUTOR

Manuel Alberto Ramos Mações é Licenciado em Economia pela Faculdade de Economia da Universidade do Porto, Mestre em Gestão de Empresas pelo ISCTE-Instituto Universitário de Lisboa e Doutorado em Ciências Empresariais pela Universidade do Minho, área de Marketing e Gestão Estratégica. É docente universitário há mais de 20 anos em universidades, como a Universidade do Porto, Universidade do Minho, Universidade Lusíada Norte, Universidade Católica Portuguesa, Universidade Fernando Pessoa, nas áreas de gestão, estratégia, estatística, marketing, comunicação e controlo de gestão, em cursos de licenciatura e de mestrado.

É autor de vários livros como "Manual de Gestão Moderna: Teoria e Prática", 2018, 2ª Edição, Edições Almedina/Atual, Coimbra, "Biblioteca do Gestor", (10 Volumes), 2017, Edições Almedina/Atual, Coimbra e "Orientação para o Mercado, Aprendizagem Organizacional e Inovação: As Chaves Para o Sucesso Empresarial", Universidade Lusíada Editora, Lisboa, 2010 e publicou vários artigos em revistas científicas da especialidade. É membro permanente do Conselho de Revisores Científicos da Revista Turismo & Desenvolvimento, da Universidade de Aveiro.

Tem experiência profissional de mais de 30 anos em bancos e instituições financeiras. É Provedor da Venerável Irmandade de Nossa Senhora do Terço e Caridade, Porto e foi Administrador do Instituto do Vinho do Porto, Diretor Geral da Crediloc-SFAC, S.A., Diretor Coordenador do Banco BPI, S. A. e Banco Borges & Irmão, S. A., Presidente das Comissões de Fiscalização do Instituto do Turismo de Portugal e do IAPMEI e Mesário e Tesoureiro Geral e Presidente do Definitório da Santa Casa da Misericórdia do Porto.

ÍNDICE

Lista das Figuras 15

Apresentação 19

Agradecimentos 23

INTRODUÇÃO 25

PARTE I.   ESTRATÉGIA E MARKETING ESTRATÉGICO 29

CAPÍTULO 1.   ESTRATÉGIA E PLANEAMENTO ESTRATÉGICO 31
1.1. O Conceito de Estratégia 32
1.2. Evolução do Pensamento Estratégico 34
1.3. Componentes da Estratégia 38
1.4. Níveis de Estratégia 40
1.5. Planeamento Estratégico 41
1.6. Etapas do Processo de Planeamento e Gestão Estratégica. 43
1.7. Resumo do Capítulo 49
Questões 50

CAPÍTULO 2.   ESTRATÉGIA CORPORATIVA E ESTRATÉGIA
COMPETITIVA   51
2.1. Hierarquia das Estratégias 52

10 | MARKETING ESTRATÉGICO

2.2. Estratégias Corporativas ou ao Nível da Empresa 54
2.3. Estratégias Competitivas ou Estratégias ao Nível do Negócio 70
2.4. Estratégias Competitivas 73
2.5. Estratégias ao Nível Funcional.............................. 78
2.6. Teorias da Vantagem Competitiva 82
2.7. Estratégia da Cadeia de Valor 86
2.8. Resumo do Capítulo 89
Questões 90

CAPÍTULO 3.   MARKETING ESTRATÉGICO.................... 91
3.1. Conceito de Marketing 92
3.2. Marketing Estratégico e Marketing Operacional 95
3.3. Repercussões do Marketing nas Outras Funções da Empresa....... 96
3.4. O Processo de Planeamento de Marketing..................... 99
3.5. Construção de um Plano Estratégico de Marketing 101
3.5. Estratégias de Marketing Mix 105
3.6. Resumo do Capítulo 107
Questões 109

PARTE II.   ANÁLISE ESTRATÉGICA........................... 111

CAPÍTULO 4.   ANÁLISE ESTRATÉGICA DO AMBIENTE EXTERNO 113
4.1. Análise do Ambiente Externo............................... 114
4.2. Análise do Macroambiente de Marketing ou Ambiente Geral 115
4.3. Análise do Microambiente de Marketing ou Ambiente Competitivo . 125
      4.3.1. Análise SWOT e Matriz TOWS 128
      4.3.2. Modelo das Cinco Forças Competitivas de Porter......... 130
      4.3.3. Inteligência Comercial............................. 135
4.4. Resumo do Capítulo 137
Questões 138

CAPÍTULO 5.   ANÁLISE ESTRATÉGICA DO AMBIENTE INTERNO . 139
5.1. Introdução.. 140
5.2. Recursos, Capacidades e Vantagem Competitiva 141
5.3. Vantagem Competitiva Sustentável 143
5.4. Análise da Cadeia de Valor 144

ÍNDICE | 11

5.5. Resumo do Capítulo 148
Questões 150

PARTE III. FORMULAÇÃO DA ESTRATÉGIA DE MARKETING ...151

CAPÍTULO 6. ESTRATÉGIAS DE MARKETING 153
6.1. Estratégia de Marketing 154
6.2. Planeamento Estratégico de Marketing 155
6.3. Definição e Análise do Mercado 156
    6.3.1. Mercados de Consumo (B2C)......................... 157
    6.3.2. Mercados Industriais (B2B).......................... 158
6.4. O Ciclo de Vida dos Produtos 159
6.5. Análise do Portfólio e Planos Estratégicos de Marketing 161
6.6. Análise do Portfólio e Estratégias de Marketing 163
6.7. Estratégia de Marketing em Novos Mercados 165
    6.7.1. Estratégia Canvas e Estratégia Oceano Azul 166
    6.7.2. Abordagem da Estratégia Canvas 167
    6.7.3. Etapas do Processo de Construção da Estratégia Canvas..... 171
6.8. Estratégias de Marketing Mix 172
6.9. Resumo do Capítulo 174
Questões 175

CAPÍTULO 7. ESTRATÉGIAS DE SEGMENTAÇÃO, TARGETING
E POSICIONAMENTO....................................... 177
7.1. Introdução.. 178
7.2. Segmentação do Mercado 179
    7.2.1. Critérios Gerais de Segmentação...................... 180
    7.2.2. Estratégias de Segmentação.......................... 183
7.3. *Targeting* 183
    7.3.1. Conceito de *Targeting*.............................. 183
    7.3.2. Estratégias de *Targeting* 184
7.4. Posicionamento do Produto ou Serviço 187
    7.4.1. Posicionamento, Diferenciação e Mapa Percetual 187
    7.4.2. Posicionamento do Produto e Quota de Mercado......... 190
    7.4.3. Estratégias de Posicionamento........................ 191
    7.4.4. Reposicionamento do Produto 193
7.6. Resumo do Capítulo 195
Questões 196

CAPÍTULO 8.   ESTRATÉGIAS DE GESTÃO DA MARCA 197
8.1. Introdução 198
8.2. Fundamentos da Marca 199
8.3. Nome, Símbolo e Cores da Marca 201
8.4. Identidade e Valor da Marca 204
8.5. Gestão Estratégica da Marca 207
8.6. Extensões da Marca 209
8.7. Resumo do Capítulo 213
Questões 214

CAPÍTULO 9.   ESTRATÉGIAS DE GESTÃO DA RELAÇÃO COM O
CLIENTE 215
9.1. Introdução 216
9.2. Estratégia de Marketing Relacional 217
9.3. Gestão da Relação com o Cliente (CRM) 218
9.4. Relações Sustentáveis e Vantagem Competitiva 222
9.5. Resumo do Capítulo 224
Questões 225

PARTE IV.   IMPLEMENTAÇÃO DA ESTRATÉGIA DE MARKETING . 227

CAPÍTULO 10.   ESTRATÉGIAS DE GESTÃO DO PRODUTO 229
10.1. Conceito de Produto 230
10.2. Decisões sobre Produtos 232
10.3. Estratégias de Linhas de Produtos 236
     10.3.1. Extensão da Linha de Produtos 236
     10.3.2. Decisões Estratégicas sobre o Mix do Produto 239
10.4. Inovação e Desenvolvimento de Novos Produtos 240
     10.4.1. Conceito de Inovação 241
     10.4.2. Tipos de Inovação 242
     10.4.3. O Processo de Desenvolvimento de Novos Produtos 245
     10.4.4. Estratégias de Inovação e Novos Produtos 247
10.5. Ciclo de Vida do Produto 248
10.6. Resumo do Capítulo 250
Questões 252

CAPÍTULO 11.   ESTRATÉGIAS DE GESTÃO DO PREÇO 253
11.1. Definição 254

ÍNDICE | 13

11.2. Estratégias de Preços 255
    11.2.1. Estratégias de Preços para Produtos Existentes 256
    11.2.2. Estratégias de Preços para Novos Produtos 257
11.3. Políticas de Preços 258
11.4. Instrumentos de Fixação de Preços..........................261
    11.4.1. Lei da Oferta e da Procura 261
    11.4.2. Preço Baseado no Custo 262
    11.4.3. Análise do Ponto de Equilíbrio ou *Breakeven* 263
11.5. Resumo do Capítulo.....................................265
Questões 266

CAPÍTULO 12. ESTRATÉGIAS DE CANAIS DE MARKETING......267
12.1. Definição 268
12.2. Canais de Marketing 269
12.3. Estratégias de Distribuição................................270
    12.3.1. Distribuição pelo Produtor 271
    12.3.2. Distribuição pelos Intermediários de Marketing 273
12.4. Logística e Gestão da Distribuição 275
12.5. Resumo do Capítulo.....................................276
Questões 278

CAPÍTULO 13. ESTRATÉGIAS DE PROMOÇÃO E COMUNICAÇÃO
DE MARKETING 279
13.1. Introdução 280
13.2. Objetivos e Formas de Promoção e Comunicação de Marketing ...281
13.3. Mix de Promoção e Comunicação de Marketing 282
13.4. Estratégias de Promoção e Comunicação 290
13.5. Comunicação Integrada de Marketing 292
13.6. Resumo do Capítulo 293
Questões 295

CAPÍTULO 14. ESTRATÉGIAS DE MARKETING DE SERVIÇOS 297
14.1. Introdução 298
14.2. Caraterísticas dos Serviços 299
14.3. Os 3 Ps Adicionais dos Serviços 301
14.4. Importância da Qualidade do Serviço, Satisfação do Cliente e
    Lealdade do Cliente nos Serviços 302
14.5. Modelos de Qualidade do Serviço 303
    14.5.1. Modelo SERVQUAL 303

14 | MARKETING ESTRATÉGICO

14.5.2. Modelo Multinível 304
14.5.3. Modelo Hieráquico............................... 305
14.6. Gestão da Relação com o Cliente (CRM).................... 306
14.7. Resumo do Capítulo. 310
Questões 312

CAPÍTULO 15.   ESTRATÉGIA DE MARKETING DIGITAL 313
15.1. Introdução 314
15.2. Estratégia de Marketing Digital 316
15.3. Plano de Marketing Digital 318
15.4. Resumo do Capítulo. 322
Questões 323

PARTE V.   AVALIAÇÃO E CONTROLO DA ESTRATÉGIA
DE MARKETING 325

CAPÍTULO 16.   AVALIAÇÃO E CONTROLO DA ESTRATÉGIA DE
MARKETING 327
16.1. Introdução 328
16.2. Implementação da Estratégia de Marketing 329
    16.2.1.   Gestão do Processo de Planeamento e Orçamentação 331
        16.2.1.1.   Orçamentos Funcionais..................... 333
16.3. Avaliação e Controlo da Estratégia de Marketing............... 338
    16.3.1.   Importância do Controlo 340
    16.3.2.   Níveis de Controlo 341
16.4. Tipos de Controlo 343
    16.4.1.   Métodos Tradicionais de Controlo de Gestão 343
    16.4.2.   Métodos Modernos de Controlo de Gestão............. 347
16.5. Novas Tendências do Controlo de Gestão 357
16.6. Organização de Marketing............................... 361
16.7. Avaliação da Estratégia de Marketing. 363
    16.7.1.   Medidas Financeiras 364
    16.7.2.   Métricas de Marketing 368
16.8. Resumo do Capítulo. 372
Questões 373

ANEXO.   PLANO ESTRATÉGICO DE MARKETING NA PRÁTICA......... 375

REFERÊNCIAS 401

LISTA DAS FIGURAS

Figura 1.1   O que é a Estratégia.................................33

Figura 1.2   Tipos de Estratégias de Mintzberg.....................33

Figura 1.3   Principais Etapas do Processo Estratégico...............36

Figura 1.4   Níveis de Planeamento..............................41

Figura 1.5   Tipos de Planeamento..............................42

Figura 1.6   Planeamento e Gestão Estratégica.....................43

Figura 1.7   Gestão Estratégica..................................44

Figura 1.8   Porque Falham as Estratégias?.......................44

Figura 1.9   Etapas do Processo de Planeamento Estratégico..........45

Figura 2.1   Hierarquia das Estratégias...........................53

Figura 2.2   Níveis de Estratégia................................54

Figura 2.3   Matriz Produto-Mercado de Ansoff....................59

Figura 2.4   Matriz BCG.......................................61

Figura 2.5   Modelo BCG na Prática.............................64

Figura 2.6   Matriz GE/Mckinsey................................65

Figura 2.7   Fatores de Atratividade do Mercado...................67

Figura 2.8   Fatores de Posição Competitiva.......................68

Figura 2.9   Matriz ADL.......................................69

Figura 2.10   Estratégias Genéricas de Porter.......................71

Figura 2.11   Estratégia *Stuck in the Middle*.......................72

Figura 2.12	Áreas Funcionais	78
Figura 2.13	Curva de Economias de Escala e Curva de Experiência	85
Figura 2.14	Cadeia de Valor	88
Figura 2.15	Cadeia de Valor Típica de uma Indústria	89
Figura 3.1	Conceito de Marketing	93
Figura 3.2	Novo Conceito de Marketing	93
Figura 3.3	Objectivos de Marketing	94
Figura 3.4	Marketing Estratégico e Marketing Operacional	95
Figura 3.5	A Empresa como um Sistema Aberto	97
Figura 3.6	Etapas do Processo de Planeamento de Marketing	100
Figura 3.7	Planeamento Estratégico e Planeamento de Marketing	100
Figura 3.8	Fases do Planeamento de Marketing	101
Figura 3.9	Elementos do Marketing Mix	106
Figura 4.1	Ambiente de Marketing	115
Figura 4.2	Análise PESTLE	120
Figura 4.3	Análise SWOT	128
Figura 4.4	Matriz TOWS	130
Figura 4.5	As Cinco Forças Competitivas de Porter	131
Figura 5.1	Fontes de Vantagem Competitiva Sustentável	142
Figura 5.2	Cadeia de Valor Típica de uma Indústria	145
Figura 5.3	Cadeia de Valor de Porter	146
Figura 6.1	Marketing Estratégico	156
Figura 6.2	Fases do Ciclo de Vida do Produto	159
Figura 6.3	Carteira de Negócios	163
Figura 6.4	Quadro da Estratégia Canvas	168
Figura 6.5	Fatores Chave de Sucesso para Criar Valor pela Inovação	170
Figura 6.6	Variáveis do Marketing Mix	173
Figura 7.1	Fases do Processo de Segmentação	179
Figura 7.2	Critérios de Segmentação	181
Figura 7.3	Estratégias de *Targeting*	186
Figura 7.4	Exemplo de um Mapa Percetual	189
Figura 7.5	Conceito de Quota de Mercado	190
Figura 8.1	Determinação do Preço	200

Figura 9.1	Marketing Tradicional e Marketing Relacional	217
Figura 9.2	Gestão da Relação com o Cliente.	219
Figura 9.3	Processo de *Data Mining*	220
Figura 10.1	Conceito de Produto	231
Figura 10.2	Níveis de Produto	231
Figura 10.3	Decisões sobre Produtos	232
Figura 10.4	Decisões sobre Extensão de Linhas de Produtos.	238
Figura 10.5	Matriz da Definição de Inovação	244
Figura 10.6	Fases de Desenvolvimento de Novos Produtos.	245
Figura 10.7	Ciclo de Vida do Produto.	249
Figura 11.1	Teorias de Determinação dos Preços	255
Figura 11.2	Estratégias de Fixação de Preços	257
Figura 11.3	Elasticidade Preço da Procura Elástica.	260
Figura 11.4	Elasticidade Preço da Procura Inelástica	260
Figura 11.5	Lei da Oferta e da Procura.	262
Figura 11.6	Ponto de Equilíbrio ou *Breakeven*	264
Figura 12.1	Canais de Marketing	269
Figura 12.2	Decisões Estratégicas de Distribuição.	271
Figura 12.3	Estratégias de Distribuição *Push* e *Pull*	272
Figura 12.4	Classificação dos Intermediários de Marketing	273
Figura 12.5	Logística e Cadeia de Abastecimento	275
Figura 13.1	Mix de Comunicação de Marketing.	283
Figura 13.2	Estratégias de Comunicação *Push* e *Pull*	291
Figura 14.1	Caraterísticas dos Serviços.	299
Figura 14.2	Modelo SERVQUAL	304
Figura 14.3	Modelo Multinível.	305
Figura 14.4	Modelo Hierárquico	306
Figura 14.5	Gestão da Relação com o Cliente.	307
Figura 14.6	Processo de *Data Mining*.	308
Figura 15.1	Plano de Marketing Digital no Contexto da Estratégia da Empresa.	316
Figura 15.2	Categorias de E-Commerce	317
Figura 15.3	Plano de Marketing Digital	319

Figura 15.4	Fases do Plano de Marketing Digital	320
Figura 15.5	Etapas do Processo de Segmentação	322
Figura 16.1	Etapas do Processo de Implementação da Estratégia	329
Figura 16.2	Grelha de Formulação e Implementação da Estratégia	330
Figura 16.3	Processo de Planeamento e Orçamentação	332
Figura 16.4	Definição da Amplitude de Variação Aceitável	340
Figura 16.5	Níveis de Controlo	342
Figura 16.6	Ponto de Equilíbrio	344
Figura 16.7	*Balanced Scorecard*	349
Figura 16.8	Exemplo de um Mapa Estratégico	353
Figura 16.9	Folha para Selecionar Medidas do *Balanced Scorecard*	354
Figura 16.10	Gestão Baseada na Atividade e Cadeia de Valor	359
Figura 16.11	Decomposição do MVA	360
Figura 16.12	Estrutura Funcional	361
Figura 16.13	Estrutura Organizada por Gestão da Marca	362
Figura 16.14	Estrutura Organizada por Produto ou Serviço	362
Figura 16.15	Estrutura Organizada do Mercado	363
Figura 16.16	Rácios de Análise Económico-Financeira	366

APRESENTAÇÃO

O marketing é uma área do conhecimento das ciências sociais muito recente, na medida em que só a partir dos anos 80 ganhou a maioridade e o estatuto de autonomia relativamente à economia e à gestão. Para compreendermos este fenómeno basta atentarmos no facto de que, até essa altura, apenas havia cursos de economia, contabilidade e finanças nas nossas universidades e institutos politécnicos, que continham nos seus planos de curso algumas disciplinas de marketing, mas não havia cursos específicos de marketing.

Nos finais do século XX e início do século XXI assistiu-se a um crescimento exponencial do marketing, seja pelo aumento das necessidades das empresas, motivado pelo aumento da intensidade competitiva, em virtude designadamente do fenómeno da globalização e do aumento da concorrência internacional, seja pela forte atração dos candidatos pelos inúmeros programas de licenciatura e pós-graduação em marketing que hoje proliferam pelas universidades e institutos politécnicos. Os números falam por si e os cursos de marketing motivam grande interesse dos jovens candidatos ao ensino superior e que continuam a oferecer maiores oportunidades de empregabilidade.

Presume-se, por vezes, que os bons gestores têm qualidades inatas e que apenas precisam de pôr em prática essas qualidades para serem bons gestores, relegando-se para segundo plano o estudo das teorias e técnicas de marketing e gestão estratégica. Nada de mais errado e perigoso. A gestão estratégica e o marketing estratégico estudam-se e os bons gestores fazem-se aplicando na prática a teoria. Os princípios de marketing são universais, o que significa que se aplicam a todas as organizações, sejam grandes ou pequenas, públicas ou privadas, com fins lucrativos ou sem fins lucrativos. A gestão de marketing é necessária em todas as organizações e em todas as áreas de negócio ou níveis organizacionais.

Esta postura de se pensar que, para se ser bom gestor, basta ter bom senso e caraterísticas inatas de liderança, é errada, tem um preço elevado e é responsável pelo fracasso e falência de inúmeras organizações. Ao contrário da opinião generalizada, que advoga a inutilidade dos conhecimentos teóricos, há estudos que comprovam a relação benéfica da teoria com a prática e que há inúmeros casos, em Portugal e no estrangeiro, de empresas bem geridas por executivos com forte formação teórica e académica.

Esta **miopia de marketing**, mesmo entre os gestores, justifica, por si só, a apresentação deste livro.

O objetivo deste livro é facultar a estudantes, empresários, empregados, gestores de todos os níveis e investidores, de uma forma acessível, as principais ideias e desenvolvimentos da teoria e prática da gestão estratégica e do marketing. As mudanças rápidas que se verificam no ambiente dos negócios, a nível doméstico e internacional, pressionam as organizações e os gestores no sentido de procurarem novas formas de resposta aos novos desafios, com vista a melhorar o desempenho das suas organizações. Este livro visa também estimular o gosto dos estudantes e gestores pelos assuntos da estratégia e do marketing, ao apresentar no final de cada capítulo questões para discussão.

Ao elaborar este livro, tivemos a preocupação de ir ao encontro das necessidades que hoje se colocam aos gestores e de tornar o texto relevante e facilmente percetível por estudantes e gestores menos versados nestas matérias. Neste livro são apresentados e discutidos os principais métodos, técnicas e instrumentos de marketing, com a preocupação de fazer a ligação da teoria com a prática, mediante a apresentação de exemplos.

Este livro pode ser usado como um texto de apoio às disciplinas de introdução à gestão, gestão estratégica, introdução ao marketing, marketing estratégico, marketing operacional, gestão de marketing, gestão da marca, gestão do preço e do produto, das universidades e institutos politécnicos ou como um manual prático para gestores ou quadros de empresas ou organizações públicas ou privadas. Os elementos base do livro são dezasseis capítulos, que são agrupados em cinco partes e um anexo, a saber:

- Parte I: Estratégia e Marketing Estratégico.
- Parte II: Análise Estratégica: Onde estamos?
- Parte III: Formulação da Estratégia de Marketing: Para onde queremos ir?
- Parte IV: Implementação da Estratégia de Marketing: Como podemos lá chegar?
- Parte V: Avaliação e Controlo da Estratégia de Marketing: Conseguimos lá chegar?
- Anexo: Plano Estratégico de Marketing na Prática

Este livro apresenta algumas particularidades e inovações relativamente aos livros que se têm publicado sobre a matéria e que o tornam ímpar no panorama editorial português sobre estratégia e marketing. Uma importante inovação tem a ver com a interligação entre os temas tratados nos diversos capítulos, que fluem de uma forma lógica e sequencial, sempre com a preocupação de construir o edifício do marketing estratégico desde os alicerces e proporcionar uma boa experiência de aprendizagem e uma cobertura compreensiva dos temas tratados.

Outra importante inovação tem a ver com o tratamento dado neste livro a temas contemporâneos, como a importância das novas tendências e novas estratégias de marketing. A chamada de atenção para a necessidade de interligação entre estratégia e marketing estratégico é outra inovação que importa realçar.

Finalmente, neste livro são apresentadas, de uma forma amigável e facilmente compreensível por estudantes e por pessoas menos versadas em temas de marketing e gestão, as novas tendências do marketing, como marketing relacional, gestão da relação com o cliente (CRM), *business intelligence* e marketing digital.

ESTRUTURA DO LIVRO

O livro consta de 16 capítulos agrupados em cinco partes. Na primeira parte, que inclui os capítulos 1 a 3, são apresentados os fundamentos de estratégia, de planeamento estratégico, de gestão estratégica, de marketing e de marketing estratégico.

Na segunda parte, é feita a análise estratégica do ambiente competitivo onde as organizações desenvolvem as suas atividades e a análise interna, designadamente as fontes de vantagem competitiva e a análise da cadeia de valor. Esta segunda parte é constituída pelos capítulos 4 e 5.

Na terceira parte, formada pelos capítulos 6 a 9, é estudada a formulação da estratégia de marketing, constituída pelas estratégias de marketing, estratégias de segmentação, *targeting* e posicionamento, estratégias de gestão da marca e estratégias de gestão da relação com o cliente (CRM). Na quarta parte, formada pelos capítulos 10 a 15, é estudada a implementação da estratégia de marketing, constituída pelas estratégias de marketing mix, nas suas dimensões da gestão do produto, do preço, dos canais de marketing e da promoção e comunicação integrada de marketing. Nesta parte são também estudadas as estratégias de marketing de serviços e de marketing digital.

Na quinta parte é estudada a avaliação e controlo da estratégia de marketing, usando métodos tradicionais e métodos modernos de controlo de gestão, nos domínios financeiro e de marketing.

Finalmente, em anexo, é apresentado um exemplo de um Plano Estratégico de Marketing, que muito contribuirá para ajudar as empresas a entenderem e a elaborarem, na prática, os seus planos estratégicos de marketing.

AGRADECIMENTOS

Muitos colegas e amigos contribuíram direta ou indiretamente para a realização desta obra, designadamente colegas das Universidades do Minho e Universidade Lusíada do Porto. Pelas suas valiosas contribuições, que muito contribuíram para o enriquecimento do livro, aqui deixo os meus agradecimentos sinceros.

Aos responsáveis da Edições Almedina e muito especialmente à minha editora Drª Paula Valente que, pela sua competência.dedicação e insistência, muito contribuiu para que este projecto chegasse ao fim, gostaria de deixar o mais profundo agradecimento.

Por fim, gostaria de agradecer especialmente à minha família, pelo apoio que me deram para a conclusão deste trabalho.

INTRODUÇÃO

A busca da melhor forma de gerir as empresas tem estado, desde há décadas, no centro das preocupações de gestores, académicos e empresários. Tem também estado nas preocupações das universidades e institutos politécnicos, como comprova o crescimento dos programas de pós-graduação em gestão estratégica e marketing.

Não obstante, oito ou nove negócios em cada dez falham. A questão oportuna que se coloca e para a qual académicos e gestores procuram encontrar resposta é a seguinte:

PORQUE FALHAM OS NEGÓCIOS?

O sucesso de qualquer organização depende não apenas da dedicação de todos os seus colaboradores ou do acerto nos produtos e nos mercados, mas também de uma boa gestão dos processos estratégicos, operacionais e administrativos, de uma boa gestão dos recursos materiais e da qualidade dos recursos humanos.

Contudo, a economia dinâmica, altamente competitiva e global dos nossos dias, coloca aos gestores novos desafios e a exigência de novas competências. Os gestores, para além da gestão interna das suas organizações, têm também que gerir uma série complexa de relações externas com clientes, fornecedores, concorrentes, instituições financeiras e organismos públicos, bem como lidar com as oportunidades e ameaças que são apresentadas pelo mercado e pelo meio envolvente, como as mudanças rápidas da tecnologia, as alterações dos gostos e necessidades dos consumidores, a instabilidade económica e questões de defesa do meio ambiente e de ética e responsabilidade social das organizações.

Para uma boa gestão, é necessário tomar decisões acertadas e para tomar boas decisões acertadas é necessário conhecer bem o que é e o que deve ser uma empresa, obter a informação necessária para tomar decisões e saber interpretar essa informação. Para além da gestão técnica dos recursos e do conhecimento e aproveitamento das oportunidades do mercado, há também que definir e implementar boas estratégias de marketing.

Neste livro apresentamos os fundamentos do marketing estratégico e as modernas estratégias de marketing para mercados B2C e B2B, bem como se elabora um plano estratégico de marketing.

Tem-se escrito muito sobre o que é estratégia e quais as principais fases do processo de gestão estratégia e qual o papel do marketing na gestão estratégica. Este livro procura encontrar respostas para as seguintes questões estratégicas:

1. Onde estamos?
2. Para onde queremos ir?
3. Como podemos lá chegar?
4. Conseguimos lá chegar?

A primeira questão consiste no diagnóstico da situação atual, nas vertentes externa e interna da empresa. A segunda consiste na determinação dos objetivos a atingir, na definição das estratégias e nas ações a desenvolver que permitam alcançar os objetivos pretendidos e na planificação dos recursos necessários. A segunda consiste na distribuição das tarefas e dos recursos entre os membros da organização, de modo a que os objetivos definidos sejam atingidos. A terceira está relacionada com os processos de gestão das pessoas na organização. Dirigir significa liderar e motivar os trabalhadores, selecionar o canal de comunicação mais adequado e resolver os conflitos dentro da organização. Finalmente, a quarta está relacionada com a avaliação e controlo, que assegura que os objetivos são executados conforme planeado. Consiste na monitorização e avaliação do desempenho da organização, na comparação com os objetivos planeados e na tomada de medidas corretivas, caso se verifiquem desvios negativos significativos.

Na primeira parte deste livro, são apresentados os fundamentos da estratégia e do marketing estratégico, que consistem em saber o que é a estratégia e como se articula com o marketing estratégico. Para uma boa gestão, é necessário que os gestores, a todos os níveis, desde o CEO, diretor geral, diretores e gerentes aos chefes de serviço e chefes de secção, saibam a missão da empresa (o que se pretende da organização) para tomarem as decisões adequadas aos objetivos da organização.

ESTRATÉGIA E MARKETING ESTRATÉGICO

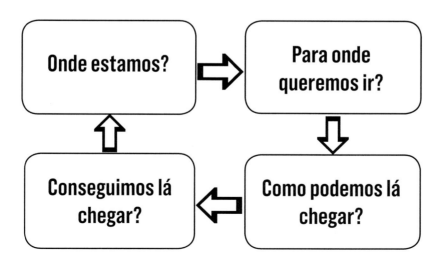

ESTRATÉGIA E PLANEAMENTO ESTRATÉGICO

Num mundo globalizado altamente competitivo como o que carateriza o início do século XXI, o sucesso das empresas depende da qualidade da gestão. São os gestores quem estabelece os objetivos, formula as estratégias e orienta as empresas no sentido de atingir os objetivos definidos. São também eles quem prepara as empresas para a mudança no sentido de se adaptarem a um meio ambiente cada vez mais dinâmico e competitivo.

O planeamento estratégico é sem dúvida a função mais importante dos gestores. A sua importância deriva fundamentalmente do facto de todas as outras funções de gestão se ancorarem no planeamento. Sem uma orientação estratégica e sem a definição clara dos objetivos, dificilmente as empresas atingem os objetivos e os gestores poderão fazer uma alocação correta dos recursos, dirigir as pessoas e controlar os resultados.

OBJETIVOS DE APRENDIZAGEM

Depois de ler e refletir sobre este capítulo, o leitor deve ser capaz de:
➤ Perceber a importância da estratégia e do planeamento para a gestão.
➤ Descrever o processo de planeamento e gestão estratégica.
➤ Definir objetivos e planos e explicar as relações entre eles.
➤ Distinguir os diferentes tipos de planos.
➤ Explicar os conceitos de missão e visão e como podem influenciar os objetivos e o planeamento.
➤ Perceber o modelo da gestão estratégica e suas componentes.

1.1. O CONCEITO DE ESTRATÉGIA

Existem poucas palavras tão utilizadas no estudo da gestão moderna como estratégia. O termo estratégia deriva da palavra grega *strategos*, que significa a habilidade do general para derrotar o inimigo, através da utilização inteligente dos recursos disponíveis. Não podemos falar de estratégia sem referir a obra de Sun-Tzu, "A Arte da Guerra", escrita há mais de 2 400 anos, que é o primeiro registo sobre o conceito e princípios da estratégia. As suas ideias são hoje interpretadas e aplicadas ao marketing, mas sobretudo à gestão estratégica, onde revela grande acuidade, relevância e atualidade.

As organizações modernas atuam em ambientes cada vez mais complexos e competitivos, pelo que, para crescerem ou mesmo sobreviverem a longo prazo, necessitam de um rumo, de uma orientação estratégica. Há várias definições de estratégia, em função dos conceitos que estavam em voga em determinados períodos, tais como alcançar os objetivos, criar competências distintivas e finalmente desenhar um negócio e criar valor para os clientes.

São diversas as definições de estratégia, mas estratégia é o caminho a seguir pela organização para cumprir a sua missão e atingir os objetivos definidos. É uma abordagem que procura maximizar a vantagem competitiva e superar a desvantagem competitiva ou ultrapassar uma dificuldade e atingir os objetivos (Figura 1.1):

FIGURA 1.1 O que é a Estratégia

As definições de estratégia variam consoante os autores, mas todas têm algumas caraterísticas comuns, que têm a ver com as decisões estratégicas de uma organização. Alfred Chandler e Michael Porter, ambos professores da *Harvard Business School*, e Henry Mintzberg, da *McGill University*, do Canadá, apontaram elementos importantes, mas diferentes, da definição de estratégia. Chandler enfatiza a determinação de objetivos de longo prazo e a alocação dos recursos necessários para atingir esses objetivos, enquanto Porter se focaliza nas diferenças, nas vantagens competitivas e na concorrência.

Mintzberg usa uma maneira diferente de caraterizar o processo de formação da estratégia. Usa o termo padrão para considerar que as estratégias nem sempre resultarem de escolhas deliberadas e de um plano lógico (estratégias deliberadas), mas podem emergir de várias formas não previstas e não deliberadas (estratégias emergentes) (Figura 1.2).

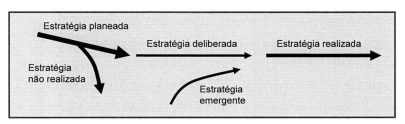

FIGURA 1.2 Tipos de Estratégias de Mintzberg

Mintzberg considera que uma estratégia é deliberada quando a sua realização se ajusta ao plano de ação pretendido e emergente quando a estratégia surge ao longo do processo sem qualquer ação deliberada. Apesar de se basearem em fundamentos diferentes, todas estas definições incorporam elementos importantes do conceito de estratégia e todas elas enfatizam a caraterística de longo prazo.

Estes dois conceitos, principalmente a sua interligação, constituem a base de uma tipologia para caraterizar os vários tipos de processos de formação da estratégia. Num extremo desta cadeia situa-se a estratégia deliberada e no outro a estratégia emergente. Ao longo do processo podem surgir estratégias que combinam vários graus de dimensões diferentes, como participação, negociação, consensos, compromisso com o passado e orientação para o futuro.

1.2. EVOLUÇÃO DO PENSAMENTO ESTRATÉGICO

Desde a Arte da Guerra, o conceito de estratégia tem evoluído e o seu estudo tem vindo a ser ampliado de acordo com os novos paradigmas da gestão empresarial. Antes de abordar o conceito moderno de estratégia, é útil fazer uma breve resenha histórica do que se tem entendido por estratégia ao longo do tempo.

Nos inícios do século XX, o enfoque da estratégia estava na produção e o desafio que se colocava na altura era aumentar a eficiência e a produtividade para acudir ao crescente aumento da procura. Nos anos 50, com o desenvolvimento económico do pós-guerra e o aparecimento e proliferação das empresas, o foco da estratégia voltou-se para o planeamento financeiro. Aspetos como planos, orçamentos, tesouraria, investimentos e rendibilidade passaram a ocupar o planeamento estratégico das empresas. Com a expansão dos mercados e o início da globalização, nos anos 60 e 70 a estratégia entrou na fase do planeamento de longo prazo. A ênfase era fazer previsões.

Autores como Andrews, Christensen, Chandler e Ansoff derem contributos importantes ao desenvolvimento da estratégia. Nos anos 80, com o aumento da competitividade, as empresas passaram a focar mais cuidadosamente a análise social e o posicionamento competitivo. Pensar estrategicamente pode representar a sobrevivência do negócio e o sucesso empresarial. Henry Mintzberg propôs a revisão do conceito de estratégia ampliando-o para gestão estratégica. Mas foi Michael Porter quem, nos anos 80, deu o maior contributo para o desenvolvimento da estratégia, ao desenvolver modelos de análise estratégica, como o Modelo das Cinco Forças Competitivas para avaliar a atratividade de uma indústria e o Modelo das Estratégias Genéricas, bem como a análise interna através do Modelo da Cadeia de Valor. Mais tarde, no final do século XX, com os trabalhos de Gary Hamel e Prahalad, a exploração da vantagem estratégica específica da empresa através das suas competências distintivas passou a dominar a abordagem da estratégia empresarial.

Finalmente, já no século XXI, Chan Kim e Renée Mauborgne, face às críticas que incidiam sobre o Modelo das Cinco Forças Competitivas de Porter, argumentaram que os vencedores do futuro não terão sucesso combatendo os concorrentes no mercado existente e conquistando quota de mercado à custa desses concorrentes (oceano vermelho), mas antes procurando encontrar novos mercados onde não existe concorrência (oceanos azuis). Estes autores argumentam que a escolha convencional entre uma estratégia de diferenciação e baixo custo é redutora. A escolha tradicional coloca os concorrentes num oceano vermelho, a lutarem por um único mercado já de si limitado. A estratégia oceano azul permite à empresa adotar as duas estratégias, oferecendo um produto diferenciado num novo mercado, a um custo suficientemente baixo para limitar a entrada de futuros novos concorrentes.

A Figura 1.3 mostra as principais etapas do processo de gestão estratégica. A primeira etapa, que se pode associar ao período que começa nos anos 20 do século passado, centra-se na planificação financeira. Nesta etapa, a estratégia traduzia-se na elaboração dos pressupostos a partir dos quais se definia a estratégia da empresa em termos da fixação de metas para as diversas áreas funcionais da empresa (produção, vendas, finanças, etc.) e análise dos desvios.

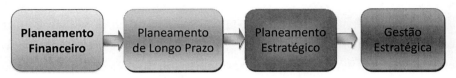

FIGURA 1.3 Principais Etapas do Processo Estratégico

A segunda etapa da evolução do pensamento estratégico tem a ver com o planeamento financeiro de longo prazo. Esta etapa, que começa pelos anos 50, baseia-se na tentativa de prever o futuro através da elaboração de diversos cenários. A empresa elaborava previsões e planos para cada um dos cenários, a que atribuía probabilidades de ocorrência e tomava decisões em função desses cenários.

Até esta segunda etapa, o pensamento estratégico estava orientado fundamentalmente para uma visão funcional da empresa, em que se planeavam individualmente as diferentes áreas e, a partir da agregação das áreas funcionais, se construía o planeamento global da empresa. Só a partir dos trabalhos de autores como Peter Drucker, Kenneth Andrews, Alfred Chandler e Igor Ansoff, se começou a sentir a necessidade de pensar a estratégia da empresa de uma maneira articulada, que identifique as necessidades e objetivos de cada área funcional e as relacione com o ambiente competitivo em que se insere. Os trabalhos destes autores foram o embrião da terceira fase da evolução do pensamento estratégico, que tem como principais caraterísticas distintivas ver a empresa numa perspetiva global e analisar o mercado e a concorrência.

Peter Drucker, em 1954, foi um dos primeiros autores a referir o termo estratégia na gestão da empresa. Outro destacado autor da mesma época, Kenneth Andrews, professor da Universidade de Harvard, desenvolveu nos anos 60 o conceito de análise SWOT (*Strengths, Weaknesses, Opportunities, Threats*), ao constatar que os melhores gestores funcionais, quando eram promovidos internamente à gestão de topo, nem sempre se revelavam bons gestores, bons diretores gerais ou bons CEO.

A partir dos trabalhos destes autores, a estratégia passou a estar na primeira linha das preocupações, tanto de gestores como de académicos e investigadores, de tal modo que, a partir da década de 80, passou a ser estudada como disciplina autónoma nas universidades e nas escolas de gestão. O desenvolvimento do estudo da estratégia, que se tem registado nos últimos anos, deve-se à necessidade de uma maior eficiência que atualmente se exige na gestão empresarial moderna, mas também à maior complexidade do meio envolvente, altamente competitivo, onde só as empresas altamente eficientes e competitivas conseguem sobreviver.

A quarta fase do desenvolvimento do pensamento estratégico, que podemos designar por gestão estratégica, inclui a aprendizagem organizacional e a análise do ambiente competitivo na formulação da estratégia. Com os ensinamentos desta fase, a formulação da estratégia começa com uma adequada análise do meio envolvente e das capacidades e recursos internos com que a empresa pode contar com vista a avaliar a sua capacidade competitiva. A partir desta avaliação, a gestão define o que fazer com o negócio e que empresa se pretende ter no futuro. A definição da missão, dos objetivos estratégicos, a correta definição de vantagem competitiva e os planos de ação, constituem os elementos essenciais da formulação da estratégia.

O desenvolvimento desta quarta fase deve-se fundamentalmente aos trabalhos de Michael Porter, professor da *Harvard Business School*, que refinou o conceito de estratégia e desenvolveu potentes instrumentos e ferramentas de análise da estratégia e do ambiente competitivo, que adiante analisaremos.

1.3. COMPONENTES DA ESTRATÉGIA

Uma estratégia bem definida deve conter pelo menos cinco componentes:

1. Missão e Visão

A missão representa a razão de ser da organização. Missão é uma declaração escrita que descreve os valores organizacionais, os princípios, as aspirações e as linhas de orientação da organização. A definição da missão é a base para o desenvolvimento dos objetivos e dos planos. Sem uma missão clara, dificilmente a organização seguirá na direção pretendida.

É a missão que distingue uma organização de outra organização de tipo semelhante. Uma missão bem definida é um fator de motivação e desempenho de uma organização. Algumas declarações de missão descrevem também as caraterísticas da organização, tais como os valores, a forma de fazer negócios, a qualidade do produto e a atitude perante os colaboradores.

Enquanto a missão descreve as atividades básicas do negócio, os fins e os valores que orientam a organização, a visão é a declaração do que a organização pretende ser no futuro. A visão reflete as aspirações da organização e define uma orientação geral que deverá moldar o comportamento dos membros da organização.

A missão e a visão são elementos essenciais, porque definem a cultura, a atitude e o comportamento ético das organizações nos negócios e representam as linhas mestras para a definição de objetivos, a formulação das estratégias e a elaboração dos planos.

Uma empresa necessita de ter uma missão para comunicar aos *stakeholders* as razões para a sua existência no mercado. A missão inclui os valores da empresa e define o seu papel no mercado. Os clientes e o mercado são os objetivos quando se cria a missão e se desenvolve a declaração da missão. A missão guia os empregados no seu trabalho, tal como define o objetivo e orientação da empresa.

A missão pode mudar ao longo do tempo nos seus objetivos, se os objetivos da empresa mudarem, por exemplo, com o surgimento de novas oportunidades de mercado ou mudanças no mercado alvo. Há várias qustões que se devem colocar quando se define a missão, como, por exemplo, "Qual é o nosso negócio?", "Quem são os nossos clientes?", "Qual o valor dos nossos clientes?

2. Âmbito e Objetivos Estratégicos

Depois de definida a missão e visão de futuro, o passo seguinte é a definição do âmbito e dos objetivos estratégicos. O âmbito de uma organização refere-se à escolha do número e tipo de indústrias onde a organização pretende operar, as linhas de produtos, os segmentos de mercado onde vai competir e os planos de entrada nesses segmentos.

Os objetivos são os resultados que a organização pretende alcançar no seu processo de planeamento estratégico. São metas expressas em números e datas que as organizações pretendem alcançar, através da alocação de recursos.

3. Disponibilidade de recursos

As organizações dispõem de recursos financeiros e humanos limitados. Formular uma estratégia implica decidir como são obtidos os recursos e como são alocados aos diversos negócios, aos diversos mercados, aos diversos departamentos e atividades em cada negócio ou produto--mercado.

4. Identificação de uma vantagem competitiva sustentável

Um importante passo de uma estratégia é a especificação de como a organização vai competir em cada negócio e em cada mercado. Como se pode posicionar para criar e desenvolver vantagem competitiva sustentável sobre os seus atuais e potenciais concorrentes. Para poderem responder a estas questões, os gestores devem analisar as oportunidades de mercado de cada negócio e cada mercado e quais os trunfos ou competências distintivas que possui relativamente aos concorrentes.

5. Sinergias

Existem sinergias quando o negócio, os mercados, os recursos disponíveis e as competências distintivas se complementam e reforçam umas às outras. As sinergias capacitam um desempenho global superior ao desempenho dos negócios quando considerados isoladamente.

1.4. NÍVEIS DE ESTRATÉGIA

A estratégia empresarial situa-se a três principais níveis hierárquicos inter-relacionados:

- Estratégia da empresa ou estratégia corporativa
- Estratégia ao nível do negócio ou estratégia competitiva
- Estratégias ao nível funcional

Enquanto a **estratégia corporativa** se preocupa em analisar os negócios ou mercados onde a empresa deve competir, o grau de envolvimento de cada negócio e a inter-relação entre eles e o tipo de coordenação e controlo a implementar de modo a maximizar o valor da empresa, a **estratégia competitiva** preocupa-se em analisar como competir a nível de cada negócio ou cada mercado, como se posicionar no mercado e como organizar os recursos e capacidades para criar e manter vantagem competitiva em cada um dos negócios em que a empresa participa.

Praticamente todas as empresas, grandes ou pequenas, têm que tomar decisões que têm a ver tanto com a estratégia corporativa como com a estratégia competitiva. Assim, cada empresa deve interrogar-se sobre qual a melhor maneira de competir nos negócios em que participa, quais os recursos e capacidades com que conta, como é a indústria e qual o ambiente competitivo e como melhorar esse ambiente a seu favor e qual a estratégia competitiva a adotar. Estas questões têm a ver com a estratégia competitiva. Por outro lado, as empresas também têm que se questionar sobre os negócios em que participar, que produtos desenvolver e como coordenar as suas atividades. Estas questões têm a ver com a sua estratégia corporativa.

Apesar das diferenças entre a estratégia corporativa e a estratégia competitiva, ambas devem estar estreitamente relacionadas. A estratégia competitiva depende das vantagens competitivas que se conseguem em cada empresa e estas vantagens dependem da estratégia corporativa que for adotada pela empresa. Uma boa estratégia empresarial requer uma boa articulação e coerência entre a estratégia corporativa e a estratégia competitiva.

As **estratégias funcionais** situam-se ao nível das principais áreas funcionais da empresa (operações, financeira, recursos humanos, marketing, R&D) e preocupam-se em dar execução às estratégias corporativa e competitiva.

1.5. PLANEAMENTO ESTRATÉGICO

O planeamento nas grandes empresas faz-se usualmente a três níveis: **nível estratégico**, **nível tático** e **nível operacional** (Figura 1.4):

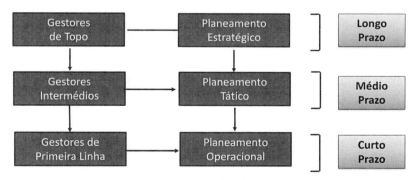

FIGURA 1.4 Níveis de Planeamento

A gestão de topo é responsável pelo planeamento estratégico que engloba a empresa como um todo. Abaixo do planeamento estratégico situa-se o planeamento tático. São os gestores intermédios quem controla o planeamento tático e a estratégia das suas unidades de negócio e são responsáveis pela execução e implementação das decisões tomadas ao nível do planeamento estratégico. Cada divisão tem as suas próprias funções, como produção e operações, marketing, finanças, recursos humanos e investigação e desenvolvimento, entre outras. Os gestores de cada divisão são responsáveis pelo planeamento e objetivos estratégicos, com vista a aumentar a eficiência e a eficácia das suas áreas funcionais. Por fim, ao nível mais básico, situa-se o planeamento operacional, exercido pelos gestores de primeira linha, que identifica os procedimentos e processos específicos requeridos ao nível operacional da organização.

O planeamento operacional tem uma natureza de curto prazo e traduz-se na elaboração de orçamentos anuais ou orçamentos reportados a períodos mais curtos e na avaliação e controlo dos resultados das unidades organizacionais, confrontando os resultados obtidos com os resultados esperados (Figura 1.5):

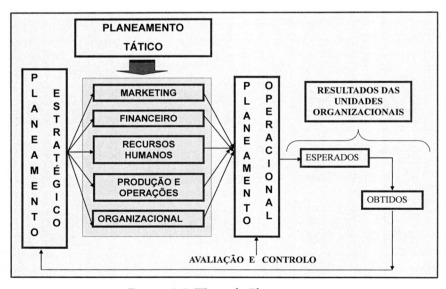

Figura 1.5 Tipos de Planeamento

1.6. ETAPAS DO PROCESSO DE PLANEAMENTO E GESTÃO ESTRATÉGICA

Gestão estratégica é um conjunto de ações e decisões de gestão que determinam o desempenho a longo prazo de uma organização. Inclui a análise do meio envolvente externo e interno, a formulação da estratégia, a implementação da estratégia e a avaliação e controlo dos resultados, com vista a criar ou manter vantagem competitiva sustentável. O estudo da gestão estratégica enfatiza a monitorização e avaliação das oportunidades e ameaças externas e a potenciação dos trunfos e a limitação das fraquezas da organização. A gestão estratégica engloba o planeamento estratégico, a análise do meio envolvente e a análise da estrutura da indústria.

O processo de gestão estratégia é uma sequência de cinco etapas, que inclui a análise da situação atual, a análise estratégica, a formulação da estratégia, a implementação da estratégia e a avaliação e controlo dos resultados (Figura 1.6):

FIGURA 1.6 Planeamento e Gestão Estratégica

Uma estratégica de sucesso assenta em três pilares fundamentais — **análise das oportunidades do mercado** (análise externa), **análise dos recursos e capacidades da organização** (análise interna) e **implementação da estratégia** (Figura 1.7):

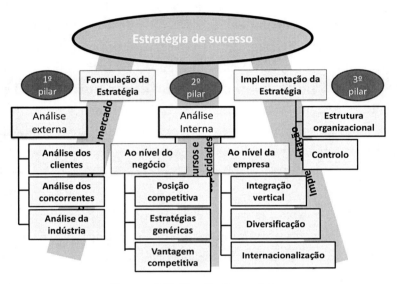

FIGURA 1.7 Gestão Estratégica

O colapso de qualquer um destes pilares levará inevitavelmente ao fracasso da estratégia e ao insucesso da organização (Figura 1.8):

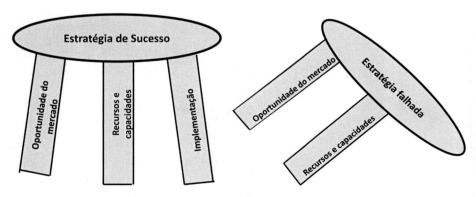

FIGURA 1.8 Porque Falham as Estratégias?

É pelo planeamento estratégico que os gestores identificam e selecionam os objetivos e desencadeiam as ações necessárias para atingir esses objetivos. O planeamento pode ser mais ou menos formal, mas é fundamental para que as organizações sejam capazes de responder com eficácia às mudanças do meio envolvente. O planeamento estratégico engloba quatro fases fundamentais (Figura 1.9).

FIGURA 1.9 Etapas do Processo de Planeamento Estratégico

Etapa 1: Missão, Visão e Objetivos

A missão é a primeira fase do processo de planeamento estratégico e corresponde à finalidade para que a organização foi criada. A missão procura identificar o produto, os clientes e as necessidades que a organização pretende satisfazer e como se diferencia da concorrência.

Os objetivos podem ser classificados em objetivos financeiros ou objetivos de marketing, consoante a sua natureza (rendibilidade, produtividade, crescimento, satisfação dos clientes, quota de mercado, inovação e desempenho), mas devem obedecer às seguintes caraterísticas:

- **Ser mensuráveis** – devem ser especificados de forma quantitativa como, por exemplo, aumentar o volume de vendas em 10%, conquistar uma quota de mercado de 15%, atingir um volume de faturação de 100 milhões de euros, ou obter um ROE de 15%.
- **Ser ambiciosos** – devem ser difíceis de alcançar para motivarem os colaboradores.
- **Ser realistas** – devem ser possíveis de alcançar, caso contrário desmotivam e desvinculam os colaboradores.
- **Ser definidos no tempo** – devem especificar o horizonte temporal para a sua realização, de modo a ser possível avaliar se foram alcançados.
- **Ser aceites** – devem ser negociados e aceites pelos colaboradores, para que estes se sintam vinculados.

Para serem eficazes, devem ser estabelecidas relações entre os objetivos e o sistema de incentivos ou recompensas, de forma que os colaboradores tenham a noção da importância de se atingir os objetivos fixados.

Etapa 2: Análise da Situação Atual

Consiste na análise do meio envolvente, a fim de identificar os fatores externos e internos que possam afetar o desempenho competitivo da organização. Isto implica fazer uma análise do meio envolvente externo, geral ou macroambiente e específico ou microambiente, com vista a identificar as oportunidades e ameaças e a análise interna, para avaliar as forças e fraquezas da organização. As forças criam valor para o cliente e fortalecem a posição competitiva da empresa, enquanto as fraquezas podem colocar a empresa numa desvantagem competitiva. A análise destas etapas do processo de gestão estratégica constitui a chamada análise SWOT, desenvolvida por Kenneth Andrews, nos anos 60.

Etapa 3: A Formulação da Estratégia

A formulação da estratégia inclui a análise da situação atual, o planeamento e seleção das estratégias que melhor podem contribuir para que os objetivos da organização sejam atingidos. Para esta decisão, a análise do ambiente competitivo é extremamente importante porque as escolhas se devem apoiar nas informações obtidas, principalmente em relação às oportunidades e ameaças do mercado e aos trunfos e fraquezas da organização.

A formulação da estratégia é o momento mais crítico no processo de gestão estratégica. É a etapa em que a empresa decide para onde quer ir e escolhe, entre várias alternativas, quais os caminhos mais adequados para atingir os objetivos. Esta etapa consiste em desenvolver e avaliar as alternativas estratégicas, selecionar as estratégias apropriadas para todos os níveis organizacionais, que proporcionam vantagens competitivas relativamente aos concorrentes, adequar as forças às oportunidades do mercado e corrigir as fraquezas e proteger-se das ameaças.

A formulação da estratégia é o desenvolvimento de planos a longo prazo para a gestão das oportunidades e ameaças do meio ambiente e a conjugação com as forças e fraquezas da organização, em função da análise SWOT. A formulação da estratégia inclui a definição da missão da organização, a definição dos objetivos, o desenvolvimento de estratégias e o estabelecimento das políticas da organização.

Etapa 4: Implementação da Estratégia

A implementação da estratégia é o ato de executar na prática a estratégia. É o processo pelo qual as estratégias e as políticas são postas em execução, através do desenvolvimento de programas, orçamentos e procedimentos.

A implementação da estratégia é tipicamente levada a cabo pelos gestores intermédios, ou seja, pelos diretores responsáveis por cada uma das áreas funcionais da organização. É a capacidade de gerir pessoas e recursos para alcançar os objetivos estratégicos. A implementação da estratégia consiste em ajustar a estrutura organizacional ao meio envolvente, aos recursos da organização e às exigências da organização. É uma fase muito importante do processo de gestão estratégica porque, de nada valerá ter uma correta formulação da estratégia, se não for implementada como foi planeada. Quando a formulação e a implementação são corretamente executadas, a estratégia tem grandes probabilidades de ter sucesso. Pelo contrário, quando a formulação está correta, mas a implementação é mal executada, o resultado da estratégia não será certamente o desejado.

Etapa 5: Avaliação e Controlo das Estratégias

É a etapa final do processo de gestão estratégica, que procura encontrar respostas para as seguintes questões:
- As estratégias foram adequadas?
- Que ajustamentos são necessários?

O objetivo da avaliação e controlo das estratégias é medir o desempenho organizacional, assegurar que a estratégia está a ser executada conforme foi delineada, saber se os resultados obtidos correspondem ou não aos resultados previstos e, em caso negativo, quais as razões por que não estão a ser cumpridos.

A existência de um controlo efetivo, atempado e eficaz permite a tomada de medidas corretivas necessárias para atingir os objetivos e antecipar fontes de potenciais problemas e ameaças vindas do mercado ou do interior da própria organização.

1.7. RESUMO DO CAPÍTULO

O planeamento é a função de gestão que é responsável pela definição dos objetivos da organização e pelo desenvolvimento de planos que permitam alcançar esses objetivos.

Neste capítulo, foram apresentados os principais conceitos relacionados com o planeamento estratégico, os níveis de planeamento, as etapas do processo de planeamento e os tipos de planos no que se refere à abrangência e horizonte temporal. Foi também estudado o conceito de gestão estratégica e analisadas as diversas fases do processo de gestão estratégica.

QUESTÕES

1. O que é o planeamento estratégico? Por que é a mais importante função de gestão?
2. Porque a gestão estratégica se tem tornado tão importante nas empresas?
3. Qual a diferença entre planos e objetivos?
4. Como classifica os diferentes tipos de planos?
5. Qual a diferença entre planeamento e estratégia?
6. Quais as etapas do processo de planeamento estratégico?
7. Porque as decisões estratégicas são diferentes das outras decisões?

ESTRATÉGIA CORPORATIVA E ESTRATÉGIA COMPETITIVA

A estratégia da empresa compõe-se de duas grandes áreas: a **estratégia competitiva e a estratégia corporativa.** Enquanto a primeira se preocupa com os aspetos dinâmicos da competitividade das empresas, tais como determinar a capacidade de sustentabilidade dessa vantagem competitiva e qual a forma de competir para melhorar a posição da empresa no mercado, a estratégia corporativa procura determinar os limites e o âmbito de atuação da empresa, tais como integração vertical ou horizontal, conglomerado ou extensão geográfica, os mecanismos para modificar ou ampliar o âmbito, tais como fusões e aquisições, alianças estratégicas, contratos de produção ou exploração, *joint-ventures*, franquias, etc. e qual a forma mais eficaz e eficiente de coordenar as atividades e os negócios da organização para obter vantagem corporativa.

OBJETIVOS DE APRENDIZAGEM

Depois de ler e refletir sobre este capítulo, o leitor deve ser capaz de:

➢ Saber avaliar os recursos, capacidades e competências de uma organização.

➢ Saber se deve expandir a carteira de negócios e se o deve fazer com produtos relacionados ou com os produtos que oferece atualmente.

➢ Saber determinar as competências nucleares e as competências distintivas de uma organização.

➢ Identificar os fatores internos fonte de vantagem competitiva sustentável.

➢ Usar a análise da cadeia de valor, como instrumento de avaliação de vantagem competitiva de uma organização.

➢ Conhecer os principais modelos e instrumentos de gestão estratégica.

➢ Analisar as diferentes opções estratégicas ao nível da empresa, ao nível do negócio e ao nível funcional, de acordo com a tipologia das estratégias competitivas de Porter.

2.1. HIERARQUIA DAS ESTRATÉGIAS

Os gestores dos diferentes níveis da hierarquia definem as estratégias para que a organização cumpra a sua missão e atinja os objetivos organizacionais. A formulação da estratégia situa-se a três níveis: a **nível da empresa,** a **nível do negócio** e a **nível funcional** (Figura 2.1):

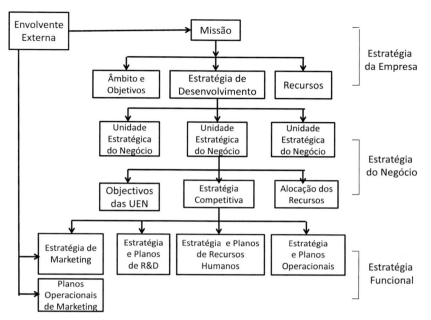

FIGURA 2.1 Hierarquia das Estratégias

Enquanto a estratégia da empresa é definida ao nível da gestão de topo e visa determinar a atitude da empresa face ao crescimento e à forma como pretende gerir os seus negócios ou linhas de produtos, ou seja, procura definir em que negócios participar, que produtos produzir e a melhor forma de coordenar as diferentes atividades e negócios da empresa para obter vantagem competitiva, a estratégia do negócio situa-se ao nível das unidades estratégicas de negócio ou linhas de produtos e foca-se na melhoria da posição competitiva da empresa em cada área de negócio. Apesar de diferentes, a estratégia competitiva e a estratégia ao nível da empresa (estratégia corporativa) estão estreitamente correlacionadas. A estratégia ao nível da empresa depende das vantagens competitivas que se procuram a nível de cada negócio, as quais, por sua vez, dependem da estratégia da empresa.

A estratégia ao nível funcional refere-se à forma como os gestores das áreas específicas, como investigação e desenvolvimento, produção, marketing, recursos humanos e finanças, decidem a melhor forma de alocar os recursos e atingir os objetivos da empresa, através da melhoria da produtividade (Figura 2.2).

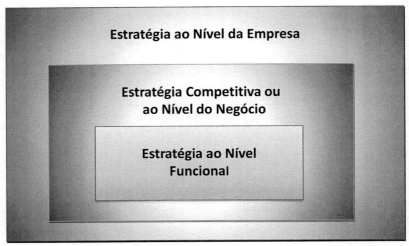

FIGURA 2.2 Níveis de Estratégia

2.2. ESTRATÉGIAS CORPORATIVAS OU AO NÍVEL DA EMPRESA

A estratégia ao nível da empresa define o rumo que a organização pretende seguir e decide como alocar dos recursos da organização, ou seja, decide quais os negócios em que a empresa deve entrar, investir e desinvestir e como deve distribuir os recursos entre os diferentes negócios, com base no plano estratégico. É um plano de ação que envolve escolher em que indústrias ou países a empresa deve investir os seus recursos, com vista a desempenhar a sua missão e atingir os objetivos organizacionais.

Ao definir a sua estratégia ao nível da empresa, os gestores devem questionar como deve ser gerido o crescimento e desenvolvimento da empresa para aumentar a sua capacidade de criar valor para os clientes. Os gestores devem procurar novas oportunidades para usar os recursos da empresa e desenvolver novos produtos e serviços para os clientes.

Os gestores de topo devem encontrar as estratégias da empresa que podem ajudar a organização a fortalecer as suas estratégias ao nível de negócio e melhorar o seu nível de desempenho. Paralelamente, devem ajudar as suas organizações a responder às ameaças do meio envolvente, que tornaram as suas estratégias ao nível do negócio menos efetivas e levaram à redução dos lucros. Por exemplo, os clientes podem não continuar a comprar os produtos e serviços de uma empresa por já não corresponderem aos seus gostos ou desejos, ou por outras organizações terem entrado no mercado e atacado os seus clientes.

As principais estratégias ao nível da empresa que os gestores podem usar para ajudar a empresa a crescer e guindá-la ao topo da indústria ou ajudar a reverter o seu processo de degradação, são as seguintes:

1. Concentração numa única indústria.
2. Integração vertical e integração horizontal.
3. Diversificação.
4. Expansão internacional.
5. Matriz produto-mercado de Ansoff.
6. Modelos de análise do portfólio ou da carteira de negócios.

Uma organização beneficiará se prosseguir uma destas estratégias, quando a estratégia ajuda a aumentar o valor dos produtos ou serviços e os clientes compram mais esses produtos ou serviços. Especificamente, para aumentar o valor dos produtos e serviços, a estratégia ao nível da empresa deve ajudar a empresa numa destas direções: redução dos custos de desenvolvimento e produção dos produtos, ou aumentar a diferenciação de tal modo que os clientes valorizem essa diferenciação e estejam dispostos a pagar mais por esses produtos ou serviços.

1. Concentração numa única indústria

A maioria das empresas em crescimento reinveste os seus lucros na indústria onde opera para fortalecer a sua posição competitiva.

Neste caso, as empresas seguem uma estratégia ao nível da empresa de concentração numa única indústria. Normalmente, as organizações usam as suas capacidades para desenvolver novos tipos de produtos ou alargar os mercados onde podem colocar os seus produtos. Por exemplo, a Apple está continuamente a melhorar os seus iPods, iPhones e IPads e a McDonald's está constantemente a expandir a sua rede de distribuição em todo o mundo. Esta estratégia de concentração num único setor pode tornar-se muito forte porque aumenta a dimensão das empresas e reduz os custos unitários, mas pode também ser muito arriscada, na medida em que está dependente das oscilações do mercado.

Outras empresas usam estratégias diferentes quando têm um bom desempenho. Muitas vezes decidem entrar em novas indústrias nas quais investem os seus recursos para criar produtos com maior valor para o cliente. Começam por adotar uma *estratégia de integração vertical,* como é o caso da Sonae, dos Bancos e da Apple ou usam uma *estratégia de diversificação*, como é o caso da Unicer que, depois da cerveja, entrou no negócio dos sumos, do vinho e das águas, com vista a aproveitar as sinergias existentes, nomeadamente ao nível do transporte e distribuição.

2. Integração vertical e integração horizontal

Quando uma organização tem um bom desempenho na indústria, os gestores veem novas oportunidades para criar valor, quer produzindo as matérias-primas de que precisam, quer criando ou adquirindo os canais de distribuição dos seus produtos até aos seus clientes. É o caso, por exemplo, de uma cervejeira produzir as suas próprias garrafas ou adquirir uma empresa de distribuição.

A integração vertical é uma estratégia ao nível da empresa, segundo a qual a empresa expande os seus negócios a montante numa nova indústria que produz os *inputs* para os seus produtos (integração vertical a montante) ou investe numa nova indústria que usa, distribui ou vende os produtos da empresa (integração vertical a jusante).

Através desta estratégia, a empresa adquire empresas concorrentes numa mesma linha de negócio, procurando aumentar a sua capacidade competitiva, a quota de mercado, o volume de vendas e os lucros.

3. Diversificação

Diversificação é a estratégia ao nível da empresa que consiste em expandir os negócios para novas indústrias com vista a produzir uma nova gama de produtos ou serviços ou expandir para novos mercados. Por exemplo, a Unicer e a Centralcer, cujo negócio principal é a produção e venda de cerveja, diversificaram os seus negócios para as águas, como a compra da Vitalis, Vidago e Pedras Salgadas, no caso da Unicer, ou da Luso, no caso da Centralcer, ou diversificam mesmo para negócios completamente diferentes, como é o caso da compra do Hotel Vidago pela Unicer.

Há duas formas principais de diversificação: **diversificação relacionada** e **diversificação não relacionada**:

- **Diversificação relacionada ou concêntrica** é a estratégia de entrar em novos negócios ou novas indústrias para criar vantagem competitiva num ou mais negócios já existentes. A empresa diversifica para áreas similares. Esta estratégia é vantajosa quando se criam sinergias entre os diversos negócios da empresa. Há sinergia quando o valor criado por dois negócios, que trabalham em conjunto, é maior do que a soma obtida por cada negócio quando operam separadamente. Por exemplo, há sinergias entre os negócios da cerveja, dos sumos e das águas, na medida em que o transporte que leva a cerveja leva também os sumos ou águas, já que os clientes normalmente são os mesmos.
- **Diversificação não relacionada ou conglomerado** é a estratégia de entrar em novos negócios ou novas indústrias que não estão de qualquer forma relacionadas com os negócios ou indústrias já existentes. A principal razão para a diversificação não relacionada

é a compra de empresas em condições muito favoráveis, dada a situação financeira precária, para a qual transferem as suas capacidades de gestão, reestruturam os seus negócios e melhoram a performance. Muitas vezes, a diversificação não relacionada tem também como objetivo a diminuição do risco ou das crises na indústria que a concentração necessariamente implica.

Apesar da diversificação não relacionada poder potencialmente criar valor para a empresa, é difícil de gerir e, se for exagerada, poderá implicar a perda de controlo dos gestores relativamente ao seu negócio principal e ter como consequência reduzir valor em vez de criar valor para a empresa.

4. Expansão internacional

Nos seus processos de expansão dos negócios, para além das estratégias de concentração, integração vertical ou diversificação, as empresas sentiram a necessidade de estudar a melhor forma de competirem internacionalmente.

A presença permanente nos mercados internacionais poderá fazer-se de várias formas, desde formas simples que não envolvem grandes riscos e recursos, como a exportação, a formas mais avançadas, com assunção de grandes riscos e envolvimento de recursos avultados, como *joint-ventures* com parceiros locais ou investimento direto no estrangeiro. A opção por uma ou outras formas de internacionalização depende de vários fatores, como as expectativas de lucro, a forma como será financiada ou o tipo de controlo que se pretende efetuar.

5. Estratégia produto-mercado de Ansoff

Depois de analisado o ambiente externo e interno da organização, os gestores devem definir a estratégia da organização, ou seja, quais os negócios da empresa e como se inter-relacionam. A estratégia ao nível da empresa define o rumo que a organização deve seguir de forma a cumprir a sua missão e atingir os objetivos definidos. Igor Ansoff, nos anos 60, desenvolveu uma matriz, designada matriz produto-mercado, que define as opções estratégicas que se colocam aos gestores quando pretendem alcançar uma posição de topo na indústria ou quando pretendem relançar uma empresa que apresenta dificuldades de crescimento (Figura 2.3):

Mercados / Produtos	Atuais	Novos
Atuais	Penetração do Mercado	Desenvolvimento do Mercado
Novos	Desenvolvimento do Produto	Diversificação

FIGURA 2.3 Matriz Produto-Mercado de Ansoff

De acordo com Ansoff, as opções de crescimento interno e externo que se colocam aos gestores podem ser classificadas em quatro estratégias:

- **Estratégia de penetração no mercado** — carateriza-se pelo aumento do volume de vendas nos mercados onde a empresa atua. Esta estratégia traduz-se na opção de crescimento pela via do aumento da quota de mercado. As empresas que recorrem a esta estratégia estão sujeitas a dois tipos de constrangimentos a que têm que fazer face — retaliação dos concorrentes e constrangimentos legais existentes em muitos países.

- **Estratégia de desenvolvimento do produto** — carateriza-se pelo desenvolvimento de novos produtos nos mercados onde a empresa opera. É uma estratégia arriscada e cara, na medida em que implica investimentos avultados em investigação e desenvolvimento e em novos equipamentos.

- **Estratégia de desenvolvimento do mercado** — é uma estratégia alternativa ao desenvolvimento do produto que se carateriza pela oferta dos produtos existentes em novas áreas geográficas, em novos segmentos de mercado ou a novos utilizadores. A internacionalização é o caso típico deste tipo de estratégia.
- **Estratégia de diversificação** — consiste no lançamento de novos produtos em novos mercados. Trata-se de uma estratégia arriscada, pelo que os gestores só devem fazer uso desta estratégia quando as outras tiverem esgotado as suas potencialidades.

O crescimento externo ocorre quando a organização expande a sua atividade atual em novos mercados ou entra em novas áreas de negócio, através de fusões ou aquisições de outras organizações.

6. Modelos de análise do portfólio ou da carteira de negócios

O fator determinante para uma estratégia de sucesso relativa a cada segmento de negócio é a sua posição competitiva. Em resultado do efeito da curva de experiência e de sinergias verificadas ao nível do negócio, o concorrente com quota de mercado mais elevada, num dado segmento, está em melhores condições de desenvolver uma estratégia de custos mais baixos e, consequentemente, de lucros mais altos e estáveis. A posição concorrencial relativa num segmento de negócio constitui um objetivo estratégico fundamental. A maneira mais simples de exprimir a posição concorrencial relativa é a quota de mercado relativa, ou seja, a razão entre a quota de mercado da empresa e a quota de mercado do seu principal concorrente. Por conseguinte, apenas a empresa líder possui uma quota de mercado relativa superior à unidade, enquanto todos os concorrentes possuem quotas de mercado relativas inferiores à unidade.

Uma empresa que faça uma análise cuidadosa da sua carteira de negócios, facilmente descobrirá que os seus negócios ocupam posições concorrenciais diferenciadas. Alguns negócios serão concorrencialmente sólidos, enquanto outros se revelarão débeis do ponto de vista competitivo, colocando-se à empresa a opção estratégica de tentar melhorar a sua posição concorrêncial, investindo nesses negócios ou, caso não se revelarem interessantes, desinvestir e mesmo abandonar.

Uma solução para este dilema exige o desenvolvimento de modelos que possibilitem a seleção da combinação ótima de estratégias de negócio no espetro de alternativas possíveis e oportunidades que se deparam à empresa, condicionadas pelas suas restrições, designadamente em termos de mercado e de recursos financeiros.

a. Matriz Crescimento/Quota de Mercado ou Matriz BCG

Com base nestes pressupostos, a consultora *Boston Consulting Group* (BCG) desenvolveu um modelo de análise de uma carteira de negócios que assenta nas duas seguintes dimensões: **quota de mercado relativa** e **taxa de crescimento do mercado**. Os negócios de qualquer empresa poderão facilmente enquadrar-se numa das quatro grandes categorias representadas esquematicamente na Figura 2.4:

FIGURA 2.4 Matriz BCG

Os negócios "estrelas" (*stars*) situam-se no quadrante superior esquerdo da matriz e caracterizam-se por elevado crescimento do mercado e elevada quota de mercado relativa. Como estes produtos/negócios apresentam um crescimento rápido, serão utilizados recursos avultados para manter a posição concorrencial. Trata-se também de uma posição de liderança, pelo que no futuro deverá gerar fundos elevados. Em resultado desta posição no mercado, os negócios estrelas tendem a gerar o seu próprio autofinanciamento. Representam, porventura, as melhores oportunidades de investimento que se deparam à empresa, pelo que não deverão ser regateados esforços para acompanhar o crescimento do mercado e manter a posição concorrencial. Esta estratégia poderá exigir investimentos avultados para além da sua capacidade geradora de fundos e margens reduzidas, mas poderá ser útil a longo prazo.

Quando o mercado afrouxar, como acontece em todos os negócios, desde que a quota de mercado seja mantida, o negócio evoluirá para o quadrante inferior esquerdo tornando-se uma "vaca leiteira" (*cash cow*). Se os negócios "estrela" não conseguirem manter a quota de mercado relativa, como muitas vezes acontece quando se tem uma visão de curto prazo, reduzindo os investimentos e aumentando os preços, então podem cair para o quadrante inferior direito e tornar-se "cães" (*dogs*).

Os negócios "vacas leiteiras" situam-se no quadrante inferior esquerdo da matriz e caraterizam-se por fraco crescimento e elevada quota de mercado relativa. Como têm uma posição de supremacia no mercado e baixos custos e como não necessitam de grandes investimentos, os *cash flows* libertados são elevados, o que permite pagar dividendos aos sócios/acionistas e canalizar fundos para investimento noutros negócios mais promissores e potenciadores do futuro da empresa.

Os negócios "cães" situam-se no quadrante inferior direito da matriz e caraterizam-se por fraco crescimento e reduzida quota de mercado relativa. A sua posição concorrencial débil condena-os a lucros baixos, mas não desprezíveis, dado que têm baixos custos e não necessitam de grandes investimentos. Trata-se de negócios que apenas serão de manter enquanto gerarem lucros, caso contrário é preferível o seu abandono.

Os negócios "dilema" ou "pontos de interrogação" (*question marks*) situam-se no quadrante superior direito da matriz e caraterizam-se por elevado crescimento do mercado e fraca quota de mercado relativa. Nestes negócios, as necessidades de fundos são elevadas, atendendo à necessidade de acompanhar o elevado crescimento do mercado e ao facto de se tratar de um produto em desenvolvimento, mas o *cash flow* gerado é fraco devido à reduzida quota de mercado relativa. Se nada se fizer para acompanhar o crescimento do mercado, o negócio corre o risco, quando o crescimento do mercado afrouxar, de se tornar um cão. A estratégia relativamente a estes negócios terá que ser muito seletiva, ou seja, efetuar todos os investimentos que forem necessários para ganhar quota de mercado no intuito de ganhar a liderança e tornar-se "estrela" e mais tarde, quando o negócio entrar na fase de maturidade, tornar-se um negócio "vaca leiteira", ou então abandonar os negócios que se revelarem mais problemáticos ou duvidosos.

Muitas empresas dispõem de uma carteira de negócios que se espalham por todos os quadrantes da matriz, mas é possível delinear a estratégia global que cada empresa deverá adotar. O objetivo primordial é manter uma carteira equilibrada, ou seja, assentar a base dos negócios da empresa nas "vacas leiteiras", mas ter também negócios em todos os quadrantes da matriz. Os fundos gerados pelos negócios "vacas leiteiras" deverão ser utilizados prioritariamente para manter ou consolidar posição nos negócios "estrelas", que ainda não são auto-suficientes, mas assegurarão o futuro da empresa. Alguns excedentes gerados pelas "vacas leiteiras" deverão ser canalizados para assegurar a liderança de um número selecionado de negócios "dilema".

Finalmente, todas as empresas possuem alguns negócios "cães". Não há nada de mal a este respeito, até porque alguns "cães" podem ser muito rendíveis, por não necessitarem de investimentos, por poderem situar-se em nichos de mercado interessantes e por terem custos baixos, mas é essencial perceber que não é neste tipo de negócios em que deve assentar a estratégia da empresa.

A estratégia adequada para uma empresa com vários negócios implicará um equilíbrio na sua carteira de negócios, em que os fundos libertos pelos negócios "vacas leiteiras" e "cães" sejam suficientes para suportar os negócios estrelas e financiar os negócios dilemas que sejam selecionados para atingir a liderança do mercado. Este padrão de estratégias está indicado pelas setas que sinalizam o fluxo dos fundos libertos (Figura 2.5):

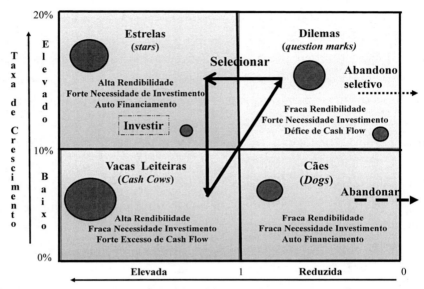

FIGURA 2.5 Modelo BCG na Prática

b. Matriz GE-McKinsey

A *General Electric*, com o apoio da consultora internacional McKinsey & Co, desenvolveram uma matriz constituída por nove células, determinadas pelas dimensões "atratividade do mercado" e "posição competitiva da empresa" (Figura 2.6).

De acordo com este modelo, a dimensão "atratividade do mercado" inclui o ciclo de vida do produto, a taxa de crescimento do mercado, a rendibilidade da indústria, a dimensão e as práticas de preços, entre outras possíveis ameaças e oportunidades. A dimensão "posição competitiva" inclui a quota de mercado, a posição tecnológica, a rendibilidade e a dimensão entre outros possíveis trunfos e fraquezas.

Tal como na matriz BCG, os produtos ou unidades de negócios são representados por círculos, cujos diâmetros representam a percentagem das vendas dos produtos ou unidades de negócios no volume total de faturação da empresa.

Em termos gerais, as nove células da matriz GE/McKinsey representam um avanço relativamente à matriz BCG, na medida em que considera mais variáveis e não é tão simplista nas suas conclusões. Reconhece que a atratividade do mercado pode ser avaliada de diversas formas e não apenas pela sua taxa de crescimento, o que permite aos utilizadores recorrerem ao critério que entendam ser o mais adequado. Tem, todavia, também algumas debilidades, como poder ser complicado calcular as dimensões em que se baseia o modelo e, embora possa parecer objectiva a estimação da atratividade da indústria e da posição competitiva, na realidade introduz algum grau de subjetividade no seu cálculo, podendo variar de indivíduo para indivíduo.

Atratividade do mercado		**Posição competitiva**		
		Fraca	**Média**	**Forte**
	Forte	**Expandir** Especializar Reforçar fraquezas Sair se não crescer	**Investir/ crescer** Conquistar liderança Concentrar esforços Reforçar certas áreas	**Proteger posição** Investir para crescer Concentrar esforços
	Média	**Crescer selectivamente** Expandir sem riscos Limitar investimento Sair se não crescer	**Gerir** Proteger negócio Investir sem risco Reforçar retorno	**Reforçar posição** Investir segmentos atractivos Bater concorrentes
	Fraca	**Desinvestir** Não investir Cortar custos Sair	**Rendibilizar** Proteger Reduzir custos Cortar investimentos	**Proteger/ Rendibilizar** Garantir retorno Gerir bons segmentos Defender áreas fortes

Zona de crescimento | Zona de desinvestimento | Zona de gestão da rendibilidade

FIGURA 2.6 **Matriz GE/McKinsey**

Os diferentes tipos de estratégias representadas na matriz podem caraterizar-se da seginte maneira:

a. Estratégias de crescimento e de melhoria da posição competitiva — estratégias ofensivas para fortalecer a posição competitiva, melhorando a quota de mercado ou entrando em novos mercados atrativos. A estratégia de desenvolvimento de novos mercados exige grandes investimentos em recursos de marketing, podendo gerar prejuízos enquanto o negócio não atingir o ponto de equilíbrio (*breakeven point*).

b. **Estratégias de monitorização e rendibilização** — estratégias defensivas usadas em mercados menos atrativos em que um negócio tem algum nível de posição competitiva. Uma estratégia de monitorização gere os preços e os recursos com vista a maximizar os resultados, sem sair do mercado. As empresas reduzem os investimentos ao mínimo e procuram rendibilizar a sua posição de mercado.

c. **Estratégias de desinvestimento e abandono** — estratégias defensivas para maximizar os resultados e o cash flow nos mercados existentes. Os preços tendem a subir para compensar a redução do volume de vendas e as despesas em marketing tendem a reduzir-se. O negócio mantém-se enquanto gerar a sua própria rendibilidade.

São vários os fatores que afetam a **atratividade do mercado**. A posição no ciclo de vida do produto e a taxa de cescimento do mercado são medidas de atratividade do mercado que afetam as vendas e os lucros. As vendas e os lucros tendem a ser mais elevados nas fases de crescimento e maturidade e tendem a decrescer à medida que o produto entra na fase de declínio.

O processo de planeamento estratégico de marketing requer uma análise em profundidade da atratividade do mercado. Para avaliar a atratividade do mercado, um negócio deve colocar a seguinte questão: Que fatores tornam um negócio atrativo ou não atrativo? Os fatores que tipicamente mostram a atratividade são a dimensão do mercado, o crescimento do mercado, a concorrência, as margens potenciais, a facilidade de acesso ao mercado e um correto ajustamento do mercado às capacidades da empresa. Estes fatores podem ser agrupados em três dimensões de atratividade do mercado: **forças do mercado**, **ambiente competitivo** e **facilidade de acesso ao mercado** (Figura 2.7):

FIGURA 2.7 Fatores de Atratividade do Mercado

Para criar uma medida de atratividade do mercado, cada uma destas dimensões pode ser ponderada de modo a refletir a sua importância em relação às outras. Cada uma destas dimensões é subdividida em vários fatores que contribuem para cada uma das dimensões da atratividade do mercado e cada um destes fatores é ponderado de modo a representar a sua importância relativa dentro da respetiva dimensão. Atribuindo um *rating* à atratividade de cada fator dentro de cada dimensão, é possível calcular um índice geral de atratividade do mercado.

O cálculo da **posição competitiva** é similar ao cálculo da atratividade do mercado. A primeira questão que se deve colocar é: O que faz um negócio forte e outro fraco relativamente à posição competitiva? Para responder a esta questão, podem apontar-se três dimensões que determinam a posição competitiva: **diferenciação**, **custos** e **posição de mercado** (Figura 2.8):

FIGURA 2.8 Fatores de Posição Competitiva

A cada dimensão da posição competitiva atribui-se um peso relativo, tal como fizemos na determinação da atratividade do mercado. Cada uma destas dimensões é subdividida em vários fatores que contribuem para cada uma das dimensões da atratividade do mercado e cada um destes fatores é ponderado de modo a representar a sua importância relativa dentro da respetiva dimensão. Atribuindo um *rating* à posição competitiva de cada fator, dentro de cada dimensão, é possível calcular um índice geral da posição competitiva do produto ou negócio.

c. Matriz ADL (Arthur D. Little)

Tal como os modelos BCG e GE/McKinsey, a matriz ADL é uma ferramenta de gestão usada para analisar e optimizar uma carteira de negócios de uma empresa. Embora semelhante às matrizes anteriores, baseia a sua análise em duas dimensões diferentes: o **grau de competitividade da empresa** e o **ciclo de vida do produto ou da indústria**. Subjacente à escolha destas dimensões está o facto de se considerar que a rendibilidade de uma organização será tanto maior quanto melhor for a sua posição competitiva e que quanto mais jovem for o produto ou o negócio maiores serão as necessidades de investimentos e, consequentemente, maiores os riscos do negócio.

Tal como as matrizes anteriores, também a matriz ADL propõe a adoção de algumas estratégias pelas organizações, com vista a assegurar o equilíbrio da carteira de negócios e a sua rendibilização (Figura 2.9):

		Ciclo de vida do produto/ indústria			
		Lançamento	Crescimento	Maturidade	Declínio
Posição competitiva	Forte	Estratégia de desenvolvimento Apostar/Investir			
	Moderada		Estratégia de desenvolvimento seletivo		
	Fraca				Estratégia de abandono

FIGURA 2.9 Matriz ADL

As estratégias propostas têm em consideração a caraterização do negócio em termos da sua posição competitiva e grau de maturidade dos negócios, resultando as seguintes estratégias genéricas:

- **Estratégia de desenvolvimento** — assente no investimento nestes negócios por se tratar de negócios em fase de introdução e crescimento do seu ciclo de vida e porque a empresa tem uma posição competitiva moderada e forte relativamente aos concorrentes. As estratégias específicas a desenvolver, dependendo da fase do ciclo de vida em que se encontra a respetiva indústria, podem passar pelo reforço do investimento no aumento da capacidade produtiva ou intensificação da atividade comercial com penetração em novos mercados ou formas de integração vertical ou horizontal.
- **Estratégia de desenvolvimento seletivo** — trata-se de uma estratégia adequada a negócios com fraca capacidade competitiva e a negócios nas fases de crescimento, maturidade ou declínio. Esta estratégia visa fundamentalmente aumentar a rendibilidade do negócio, através da melhoria da posição competitiva.

- **Estratégia de abandono** — trata-se de uma estratégia adequada para negócios em fase de maturidade ou em declínio, com fracas posições competitivas, relativamente aos quais não existem fundadas expectativas de sucesso e cuja rendibilidade se encontra definitivamente comprometida.

2.3. ESTRATÉGIAS COMERCIAIS OU ESTRATÉGIAS AO NÍVEL DO NEGÓCIO

Enquanto a **estratégia ao nível da empresa** define quais os negócios ou produtos em que a empresa deve apostar, desinvestir ou adquirir, alocando os seus recursos, a **estratégia ao nível do negócio ou estratégia competitiva** tem como objetivo definir a forma como a unidade deve competir para conseguir alcançar vantagem competitiva relativamente aos concorrentes. Está focada nos concorrentes e noutras forças do microambiente de marketing.

Uma empresa tem vantagem competitiva quando domina e controla os recursos e tem capacidades distintivas em relação aos concorrentes, que lhe permitem oferecer um valor superior aos seus clientes. São fatores de vantagem competitiva uma qualidade superior do produto oferecido, domínio das fontes de abastecimento de matérias-primas, dispor de tecnologias de ponta, inovação, custos mais baixos, uma marca forte, dispor de recursos humanos, posse de recursos financeiros, dispor de um bom sistema de distribuição dos seus produtos, boa qualidade de atendimento aos clientes, etc.

Cabe aos gestores descobrir as suas competências distintivas, desenvolvê-las e explorá-las, de forma a conseguir vantagem competitiva sustentável relativamente aos seus concorrentes.

Estratégias Genéricas de Porter

Ao enfrentar as cinco forças competitivas, Porter apresenta três **estratégias genéricas** potencialmente bem sucedidas e que garantem taxas de rendibilidade acima da média: **liderança pelos custos, diferenciação** e **focalização** (Figura 2.10):

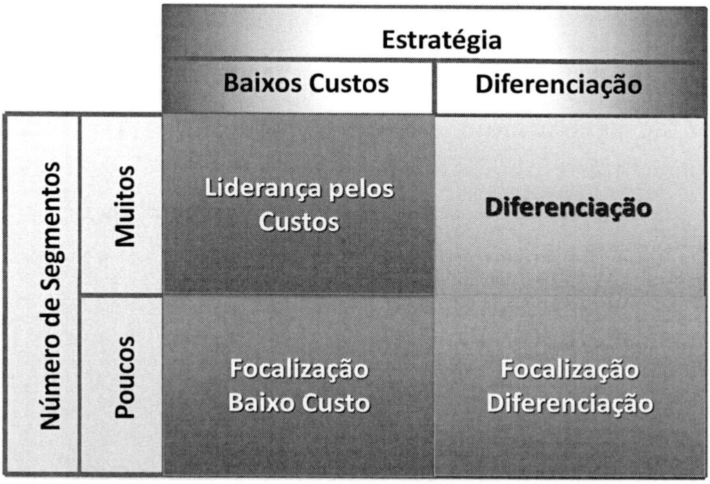

		Estratégia	
		Baixos Custos	**Diferenciação**
Número de Segmentos	**Muitos**	Liderança pelos Custos	Diferenciação
	Poucos	Focalização Baixo Custo	Focalização Diferenciação

FIGURA 2.10 Estratégias Genéricas de Porter

A **estratégia de liderança pelos custos** orienta-se, prioritariamente, para a minimização dos seus custos totais. Segundo Porter, as empresas que perseguem uma estratégia de baixos custos podem vender os produtos a preços mais baixos do que os concorrentes e ainda obtêm bom lucro porque têm custos mais baixos. Estas empresas ganham vantagem competitiva com base nos seus preços mais baixos. Por exemplo, a BIC persegue esta estratégia de custos mais baixos. Segundo Porter, esta estratégia gera rendibilidades superiores, permitindo o seu reinvestimento de forma a reforçar a sua vantagem competitiva.

Com uma **estratégia de diferenciação** os gestores procuram ganhar uma vantagem competitiva focalizando todas as energias na diferenciação dos seus produtos relativamente aos concorrentes, numa ou mais dimensões, como o design, a qualidade, o serviço pós-venda e a assistência. Esta estratégia é cara, pelo que as organizações que perseguem com sucesso esta estratégia têm que ser capazes de vender os seus produtos a preços mais caros. A Coca-Cola, a Pepsi Cola e a Procter & Gamble seguem uma estratégia de diferenciação. Gastam muito dinheiro em publicidade para diferenciar e criar uma imagem única dos seus produtos.

De acordo com Porter, os gestores não podem simultaneamente perseguir uma estratégia de liderança pelos custos e de diferenciação. Devem escolher entre uma estratégia de liderança pelos custos ou uma estratégia de diferenciação. Refere que os gestores e as organizações que não façam a escolha ficam entalados no meio das duas estratégias (*stuck in the middle*) e tendem a ter níveis mais baixos de desempenho do que as que perseguem estratégias claras de liderança pelos custos ou de diferenciação. Para evitar ficar entalada no meio, os gestores de topo devem instruir os gestores intermédios no sentido de tomarem ações que resultam numa estratégia de liderança pelos custos ou de diferenciação (Figura 2.11):

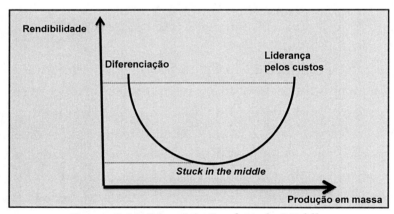

FIGURA 2.11 Estratégia *Stuck in the Middle*

Esta regra, contudo, pode ter exceções. Muitas empresas podem ter estratégias de liderança pelos custos para uns produtos e ter estratégias de diferenciação para outros. É o caso das empresas de transportes aéreos.

A **estratégia de focalização** ou **de nicho de mercado** pretende evitar o combate frontal com os grandes do setor, apoiando-se num nicho de mercado mal explorado e para o qual a empresa desenvolve as competências necessárias de forma a realizar uma abordagem ao segmento de uma forma eficiente. Esta estratégia, por vias diferentes das outras estratégias, gera também taxas de rendibilidade acima da média.

Quer a estratégia de liderança pelos custos, quer a estratégia de diferenciação, destinam-se a servir muitos segmentos do mercado, tais como as *commodities*. Porter identificou duas outras estratégias ao nível do negócio, cujo objetivo é satisfazer as necessidades dos clientes em mercados com um ou poucos segmentos. Os gestores podem seguir uma estratégia de **focalização pelos baixos custos,** em que servem um ou poucos segmentos do mercado global e procuram que a sua organização tenha os custos mais baixos do segmento, ou adotam uma estratégia de **focalização pela diferenciação,** em que procuram servir um ou poucos segmentos do mercado e procuram que a sua organização seja a empresa mais diferenciada do mercado. As empresas que seguem quer uma quer outra destas estratégias, escolhem especializar-se de várias formas, dirigindo os seus esforços para tipos especiais de clientes ou para satisfazer necessidades de clientes em zonas geográficas específicas.

A Zara tem sido capaz de perseguir uma estratégia de focalização que é simultaneamente de baixos custos e de diferenciação, porque tem sabido desenvolver forças em diversas áreas, como confeção, design, marketing e sistemas de informação e tecnologia, que lhe permitem obter vantagem competitiva

2.4. ESTRATÉGIAS COMPETITIVAS

Do ponto de vista competitivo, as estratégias podem classificar-se, segundo o nível de participação da empresa no mercado, em **estratégias do líder, estratégias do desafiador (*challenger*) e estratégias do seguidor.**

Estratégias do líder

A empresa líder é a que ocupa uma posição dominante no mercado e é reconhecida como tal pelos concorrentes. Normalmente é um ponto de referência para os concorrentes, sendo normal que essa referência seja atacada e imitada pelos concorrentes. Um líder de mercado pode adotar diferentes estratégias:

- **Estratégia defensiva** — consiste em proteger a sua posição no mercado, reduzindo a ação dos concorrentes mais perigosos. Este tipo de estratégia pode ser adotada pelas empresas inovadoras que, em muitos casos, se veem atacadas pelas empresas imitadoras. Esta estratégia pode ser levada a cabo através de várias ações de caráter defensivo, como:
  - o **Inovação e avanço tecnológico** que desmotive os concorrentes pela introdução de novos produtos ou serviços que melhorem a qualidade dos produtos existentes.
  - o **Consolidação do mercado** mediante uma distribuição intensiva e uma política de linhas de produtos que satisfaça todos os segmentos de mercado.
  - o **Confrontação direta** através de campanhas publicitárias ou guerras de preços.

A questão que se coloca ao atacante é a seleção de uma estratégia de ataque à posição do líder, podendo distingir-se seis estratégias defensivas que podem ser adotadas pelo defensor:

- o **Defesa de posição** — o defensor fortifica a posição alcançada, construindo barreiras à entrada de novos concorrentes, como a diferenciação do produto em bases não imitáveis e que é valorizada pelos clientes. Para os líderes do mercado, a marca e a reputação são muitas vezes usadas como a principal maneira de manter a posição. Além disso, manter uma qualidade superior, prestar um melhor serviço, designadamente no pós-venda, ter melhores promoções ou melhores preços, são estratégias usadas para manter ou mesmo fortalecer a posição atual contra um ataque dos concorrentes.

o **Defesa com ataque por antecipação** — o defensor atinge o seu potencial agressor antes que ele possa montar uma estratégia de ataque, desenvolvendo primeiro um ataque seguido de defesa de posição. Nos negócios, uma defesa antecipada pode significar investir os recursos necessários para se defender contra uma possível agressão do concorrente.

o **Defesa com contra-ataque** — o defensor combate imediatamente o ataque sofrido para neutralizar a ofensiva da concorrência. Por exemplo, lançar uma gama limitada, a baixo preço, do produto similar à vaca leiteira do nosso principal concorrente, debilitando a posição do concorrente no mercado e desincentivando o ataque.

o **Defesa dos flancos** — o defensor defende os seus flancos, não permitindo a permanência de vulnerabilidades que possam ser exploradas pela concorrência.

o **Defesa móvel** — o defensor expande a sua atividade para novos mercados que municiarão a defesa da posição atual. A defesa móvel é uma estratégia essencial em mercados em que a tecnologia e os gostos e desejos dos consumidores mudam rapidamente. Não estar atenta a estas mudanças, pode deixar a empresa exposta aos ataques pelos flancos ou ataques de bypass.

o **Defesa por retirada** — o defensor abandona os mercados onde a sua situação é frágil e indefensável e concentra esforços nos mercados onde disfruta de reais vantagens competitivas.

- **Estratégia de ataque ou ofensiva** — consiste em procurar melhorar a rendibilidade da empresa, aumentando a quota de mercado à custa das posições dos concorrentes, podendo assumir as seguintes formas:

o **Ataque frontal** — consiste em atacar a concorrência nos seus mercados principais e nos produtos mais importantes.

o **Ataque pelos flancos** — consiste em atacar a concorrência nos segmentos de mercado cujas necessidades dos consumidores não estão a ser satisfeitas. Visa concentrar as forças do agressor contra as fraquezas do concorrente.

o **Ataque de cerco** — consiste em atacar a concorrência simultaneamente em várias frentes. Visa cercar o concorrente, cortando o acesso a fontes de fornecimento, forçando-o ao abandono. Há duas formas de abordar este tipo de ataque. Uma é dificultar o acesso do concorrente às fontes de abastecimento e/ou aos clientes. Outra é procurar oferecer ao cliente um produto ou serviço de melhor qualidade e/ou melhor preço do que o concorrente oferece.

o **Ataque de *bypass*** — consiste em atacar a concorrência, desenvolvendo produtos novos, tecnologicamente mais avançados ou novos segmentos de mercado, evitando o confronto direto.

o **Ataque de guerrilha** — consiste em atacar a concorrência de modo intermitente, com investidas pontuais em diversas áreas. A tática de guerrilha é muitas vezes usada quando os ataques convencionais fracassam ou não são viáveis

Estratégias do desafiador

As empresas que ocupam a segunda ou terceira posição no mercado podem adotar duas posturas diferentes de ataque à concorrência: **atacar o líder e os outros concorrentes,** com o objetivo de aumentar a sua quota de mercado (empresas desafiadoras) ou **seguirem o seu próprio caminho,** sem se preocuparem com os concorrentes (empresas seguidoras).

Uma vez definido o seu objetivo estratégico, que é aumentar a quota de mercado, o desafiante tem que decidir que empresas atacar, colocando-se-lhe as seguintes alternativas:

• **Atacar o líder do mercado** — trata-se de uma estratégia perigosa, mas pode ser muito rendível se o líder não estiver a trabalhar bem o mercado.

- **Atacar empresas da mesma dimensão** — as empresas atacadas podem ter debilidades, como uma situação financeira precária, falta de produtos inovadores, preços elevados e insatisfação dos clientes.
- **Atacar empresas pequenas** — neste caso podem recorrer a fusões ou aquisições, eliminado os seus concorrentes.

Tal como acontece com o líder do mercado, a seleção da estratégia de ataque pode assumir qualquer uma das cinco modalidades acima referidas.

Estratégias do seguidor

Muitas empresas preferem seguir o líder em vez de o desafiar, sobretudo em setores com pouca margem de diferenciação, como acontece com os produtos de consumo corrente, como as *commodities*. As possibilidades de diferenciar o produto são limitadas e a qualidade do serviço é similar e o líder tem vantagens competitivas pelos custos. Neste caso, não é uma boa estratégia procurar aumentar a quota de mercado, sendo uma estratégia mais adequada procurar manter os seus clientes, oferecendo algum tipo de vantagens, como um serviço mais personalizado ou serviços complementares.

As empresas seguidoras, para crescerem, usam muitas vezes estratégias duvidosas e por vezes ilegais, como:

1. **Estratégias de contrafação** — reprodução dos produtos da empresa líder que vendem em mercados paralelos. É o caso de marcas reputadas contrafacionadas, vendidas em feiras.
2. **Estratégia de imitação** — consiste em copiar alguns atributos do produto do líder, mas que se diferenciam em termos de embalagem, publicidade e preço.
3. **Estratégia de adaptação** — a empresa baseia-se nos produtos da empresa líder, mas adapta-os ao tipo de clientela e aos mercados onde são vendidos.

2.5. ESTRATÉGIAS AO NÍVEL FUNCIONAL

As estratégias ao nível funcional, que podemos designar como programas, porque são operacionais e de curto prazo, incidem ao nível das áreas funcionais, como compras, produção e operações, marketing, finanças, recursos humanos, investigação e desenvolvimento, entre outras, e constituem planos de ação que servem para sustentar a estratégia ao nível da empresa (Figura 2.12):

FIGURA 2.12 Áreas Funcionais

Estratégia de Compras

A estratégia de compras preocupa-se com a aquisição de matérias-primas, partes de equipamentos e necessidades de abastecimento para suportar a função operações. A estratégia de compras é importante porque, na generalidade das indústrias, os materiais e os componentes correspondem a uma parcela muito significativa dos custos de produção. As opções de compra podem ser múltiplas (vários fornecedores), um fornecedor exclusivo ou fontes paralelas. A compra de múltiplas fontes tem sido considerada melhor que as outras formas de compra, na medida em que:
1. Fomenta a concorrência, principalmente quando se trata de um grande comprador, com redução dos custos de compra.
2. Se um fornecedor falhar pode sempre comprar a outro fornecedor, permitindo que a empresa tenha sempre disponíveis os materiais e componentes quando precisar.

A prática corrente de comprar ao fornecedor que oferecer um preço mais baixo tem o reverso de se poder comprometer a qualidade. Por essa razão, W. Edwards Deming recomendou vivamente o fornecedor exclusivo, como a única forma de garantir um fornecedor de superior qualidade. Deming argumentou que o comprador deve trabalhar muito próximo do fornecedor em todos os estádios do processo de compra. Este procedimento reduz o preço e o tempo gasto no desenho do produto e contribui para melhorar a qualidade do produto.

Estratégia de Produção e Operações

A área de produção e operações é responsável pela transformação das matérias-primas em bens e serviços. É também responsável pelo nível ótimo de tecnologia que a empresa deve ter nos seus processos de fabrico. As decisões estratégicas relacionadas com esta área funcional são relativas aos processos de planeamento da produção, *layout* das instalações, capacidade produtiva, tecnologia e equipamentos produtivos, localização das instalações, assim como a organização do trabalho.

O uso de tecnologia de produção avançada (*advanced manufacturing tecnology*) está a revolucionar o mundo da produção e continua a avançar através da integração de diversas atividades com recurso a sistemas computorizados. O uso de CAD/CAM, sistemas flexíveis de produção, sistemas de controlo numérico por computador, robótica e técnicas de *just-in-time*, têm contribuido para aumentar a flexibilidade, dar respostas mais rápidas e aumentar a produtividade.

Estratégia de Marketing

A área de marketing faz a ligação entre a empresa e o mercado e tem como principal objetivo promover as trocas comerciais que garantam a satisfação dos clientes e o alcance dos objetivos organizacionais.

As decisões estratégicas na área do marketing dizem respeito à definição da segmentação do mercado, do posicionamento pretendido para os produtos e para empresa e das políticas de marketing mix. Estas decisões têm implicações no desenvolvimento de produtos de modo a que satisfaçam as necessidades dos clientes e envolve a definição da política de preços, a elaboração de uma política de comunicação que promova os produtos e a escolha dos canais de distribuição mais adequados à natureza do produto e do mercado.

A estratégia de marketing é fundamental para desenvolver as políticas de diferenciação e de posicionamento dos produtos, de modo a conseguir vantagem competitiva em relação aos concorrentes. Se usar uma estratégia de **desenvolvinento do mercado,** a empresa ou unidade de negócio pode aumentar a quota de mercado dos produtos ou serviços existentes, usando uma estratégia de penetração no mercado ou desenvolver novas utilizações para os produtos ou serviços existentes. Usando uma estratégia de **desenvolvimento do produto,** a empresa ou unidade de negócio pode desenvolver novos produtospara os mercados existentes ou desenvolver novos produtos para novos mercados.

Estratégia de Recursos Humanos

A estratégia de recursos humanos diz respeito às políticas de gestão de pessoas no contexto organizacional, designadamente decisões relativas ao recrutamento e seleção, desenvolvimento de carreiras, gestão do desempenho, sistemas de recompensa e incentivos e despedimento.

As empresas que procuram ter uma força de trabalho diversificada podem ter uma vantagem competitiva. Estudos revelam que as empresas com um elevado grau de diversidade racial e que seguem uma estratégia de crescimento tendem a ter maior produtividadedo que as empresas com menor diversidade racial.

Estratégia Financeira

A área financeira é responsável pela gestão dos recursos colocados à disposição da organização. A estratégia financeira analisa as implicações financeiras das opções estratégicas ao nível da empresa e do negócio e identifica a melhor forma de financiar a empresa para executar essas estratégias. A estratégia financeira pode contribuir para ganhar vantagem competitiva, baixando o custo do *funding* e assegurando o financiamento da empresa.

As decisões estratégicas relacionadas com a área financeira dizem respeito à política de investimentos, à política de financiamento e à política de distribuição de dividendos.

Conseguir e manter o equilíbrio financeiro da empresa, dado pela relação entre os capitais próprios e os capitais alheios e pela relação entre os capitais de curto prazo e os capitais de médio e longo prazo e assegurar o autofinanciamento a longo prazo, via *cash flow*, são as questões chave da estratégia financeira.

Estratégia de Investigação e Desenvolvimento (I&D)

A estratégia de investigação e desenvolvimento trata da inovação e melhoramento dos produtos e dos processos. Trata também da melhor forma de aceder às novas tecnologias, se por via de desenvolvimento interno ou por aquisição no exterior ou ainda o estabelecimento de alianças estratégicas.

As opções que se colocam à empresa é ser um líder tecnológico, inovando nos produtos e processos, ou um seguidor, imitando os produtos desenvolvidos pelos concorrentes. Michael Porter sugere que decidindo tornar-se um líder tecnológico ou um seguidor pode ser uma forma de conseguir vantagem pelos custos ou diferenciação dos produtos.

Muitas empresas têm trabalhado com os seus fornecedores no sentido de os ajudar a mudar a tecnologia. As empresas começam a compreender que não podem tornar-se competitivas tecnologicamente somente através do desenvolvimento interno. Cada vez mais recorrem a alianças tecnológicas com os fornecedores, e até com os concorrentes, para combinarem as suas competências em investigação e desenvolvimento. Por exemplo, a Toyota e a Honda, empresas concorrentes, têm alianças estratégicas para o fornecimento de componentes e partes dos motores dos seus veículos.

Uma nova abordagem de I&D é a inovação aberta, segundo a qual uma empresa estabelece alianças com empresas, organismos oficiais, laboratórios, universidades, centros de investigação e mesmo os consumidores para desenvolver novos produtos e novos processos. Por exemplo, a BIAL recorre frequentemente a laboratórios e centros de investigação das universidades para descoberta de novas moléculas e desenvolvimento de medicamentos. O mesmo acontece com muitas *start-ups* de sucesso da área da informática que se têm desenvolvido nos últimos anos no nosso País.

2.6. TEORIAS DA VANTAGEM COMPETITIVA

Existem diferentes teorias que procuram explicar a sustentabilidade das vantagens competitivas, a saber:

Teoria Baseada nos Recursos

Esta teoria enfatiza a existência de recursos e competências de uma empresa, que permitem a formação de capacidades distintivas e tornam possível obter vantagem competitiva. Os recursos correspondem, geralmente, a ativos tangíveis (instalações, terrenos, equipamentos, força de vendas, financeiros, etc.), enquanto as capacidades e competências se referem às aptidões e conhecimentos da empresa (organização, inovação, cultura da empresa, reputação, etc.).

Peteraf (1993) e Peteraf e Barney (2003) distinguem três condições que devem ser satisfeitas simultaneamente para que a empresa tenha vantagem competitiva sustentável:

1. **Heterogeneidade de recursos e/ou capacidades** — as empresas numa indústria podem ser heterogéneas no que respeita aos recursos que controlam. Empresas diferentes têm recursos e capacidades diferentes.

2. **Limites à concorrência *ex-ante e ex-post*** — devem existir forças que limitem a concorrência. Há dois fatores críticos que limitam a concorrência *ex-post*: imitabilidade e substituibilidade imperfeitas. O registo de direitos de propriedade e as patentes tem também como finalidade proteger as empresas do fenómeno da imitação e limitar a concorrência.

3. **Mobilidade imperfeita dos recursos** — alguns recursos não podem ser transacionados no mercado dos fatores, ou porque são especializados e satisfazem necessidades específicas das empresas ou porque são difíceis de acumular e de imitar.

Recursos heterogéneos são recursos a que não tem acesso qualquer empresa. A heterogeneidade dos recursos pode persistir ao longo do tempo, porque os recursos usados para implementar as estratégias não têm uma mobilidade perfeita entre empresas, isto é, alguns recursos não podem ser transacionados no mercado dos fatores e são difíceis de guardar e de imitar. A heterogeneidade dos recursos de que disponha uma empresa pode resultar de diversas fontes, como barreiras à mobilidade, diferenciação de produtos, investigação e desenvolvimento, dimensão, entre outras.

A heterogeneidade dos recursos é considerada uma condição necessária para que os recursos contribuam para ter vantagem competitiva sustentável e gerar resultados económicos positivos. A heterogeneidade é condição necessária de vantagem competitiva sustentável, mas não suficiente. Para ser sustentável é necessário haver limites à concorrência.

As empresas que disponham de recursos ou capacidades superiores são capazes de produzir a custos médios mais baixos e de satisfazer melhor as necessidades dos consumidores.

Teoria Baseada nas Atividades

Para Michael Porter, a vantagem competitiva de uma empresa baseia-se no seu sistema de atividades, tanto atividades individuais como a forma como se combinam e se complementam. De acordo com Porter, a estratégia consiste em realizar e combinar as atividades de uma maneira melhor que os concorrentes. A primeira condição para que haja uma adequada combinação de atividades é que haja consistência entre cada atividade e a estratégia da empresa. Se a estratégia da empresa for a liderança pelos custos, as atividades individuais da empresa têm que estar de acordo com esse objetivo.

Segundo Porter, a complementaridade estratégica entre as diversas atividades é a chave para conseguir vantagem competitiva sustentável, dado que é muito mais difícil para os concorrentes imitar um conjunto de atividades inter-relacionadas do que imitar algumas atividades individuais.

Teoria Associada à Dificuldade de Imitação

Ghemawat num artigo intitulado *"Sustainable Advantage"*, publicado em 1986 na *Harvard Business Review*, argumenta que a chave para manter vantagem competitiva é a impossibilidade de imitação. De acordo com este autor, o sucesso de um negócio depende da sua capacidade para manter a sua vantagem competitiva a longo prazo. Aspetos como a inovação do produto e dos processos de produção e de marketing não representam, na maioria dos casos, vantagens competitivas sustentáveis, mas apenas vantagens temporárias, dado que são altamente imitáveis num mundo cada vez mais global e competitivo.

Para Ghemawat, as vantagens que tendem a ser sustentáveis e, consequentemente, difíceis de imitar, estão associadas às seguintes três categorias: dimensão da empresa, melhores condições para angariação de recursos ou clientes e restrições que enfrentam os concorrentes. Os benefícios da dimensão podem resultar da necessidade de fazer grandes investimentos, só ao alcance das grandes empresas ou se existem sinergias que resultem de ser grande, como economias de escala ou curva de experiência.

A Figura 2.13 mostra uma função de custos que representa economias de escala até um determinado nível de produção (redução dos custos unitários de produção em resultado da diluição dos custos fixos por produções em maior escala) e a curva típica de experiência, em que se verifica a redução de custos e o aumento da eficiência em consequência da experiência adquirida.

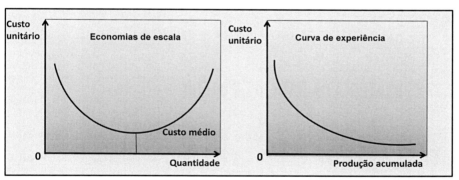

FIGURA 2.13 Curva de Economias de Escala e Curva de Experiência

Teoria Baseada no Conhecimento

Como evolução da teoria baseada nos recursos emerge a teoria baseada no conhecimento, em que o principal ativo distintivo das empresas é o conhecimento. Conhecimento é considerado um recurso muito especial que não pode ser amortizado, como acontece na linha da economia tradicional dos fatores produtivos e pode proporcionar rendibilidades crescentes. A natureza dos recursos baseados no conhecimento é essencialmente intangível e dinâmica. A teoria baseada no conhecimento considera o conhecimento o recurso mais significativo em termos estratégicos, porque é difícil de imitar e um dos principais determinantes de vantagem competitiva sustentável e de superior desempenho das organizações.

De acordo com esta teoria, a capacidade de uma empresa criar valor não se baseia tanto nos seus recursos tangíveis, materiais e financeiros, mas mais no conjunto de recursos intangíveis, baseados no conhecimento. Assim, as empresas que podem gerar e manter rendibilidades superiores são aquelas que posssuem uma dotação de conhecimento organizativo associado ao processo de criação de valor que seja escasso ou insubstituível. Prahalad e Hamel (1990) definem as capacidades ou competências distintivas como a aprendizagem coletiva numa organização, como a coordenação das capacidades produtivas e a integração das tecnologias.

2.7. ESTRATÉGIA DA CADEIA DE VALOR

O termo cadeia de valor *(value chain ou supply chain)* refere-se ao conjunto de empresas e cadeia de atividades que atuam em conjunto para criar um produto ou prestar um serviço. Uma cadeia de valor para um produto ou serviço é uma sequência de atividades ou fluxo de informação, materiais e serviços inter-relacionados, que começa com os fornecedores de matérias-primas e continua a acrescentar valor através de outros estádios na cadeia de empresas que contribuem para a transformação de recursos em produtos e serviços e para que esses produtos e serviços cheguem ao consumidor final.

A estratégia da cadeia de valor baseia-se na ideia de que os membros de uma cadeia ganham vantagem competitiva se trabalharem em conjunto e de forma coordenada, desde os fornecedores até aos clientes.

Cada membro da cadeia foca-se em toda a cadeia de relações, em vez de se focar unicamente na etapa seguinte da cadeia. Para manter vantagem competitiva, as organizações devem ser capazes de oferecer, de forma sustentável, mais valor para os clientes do que os seus concorrentes.

O conceito de cadeia de valor deve-se a Michael Porter, da *Harvard Business School*, para defender que os gestores se deveriam focar na sequência de atividades que agregam valor aos produtos e serviços e não apenas nas atividades da sua empresa. A gestão da cadeia de valor refere-se ao processo integrado das atividades ao longo de toda a cadeia de valor de um produto ou serviço, desde as atividades de compra aos fornecedores até ao serviço pós-venda. Para atingir os seus objetivos, a cadeia de valor deve integrar todos os membros do processo e requer o envolvimento de todas as empresas que compõem a cadeia.

A gestão da cadeia de valor inclui o planeamento e coordenação de parcerias de canais de distribuição, obtenção dos recursos necessários, produtos e serviços para apoiar a cadeia, facilidades de expedição e construção de relações com clientes. A sua gestão é hoje muito facilitada pelas novas tecnologias de comunicação e informação, que processam, organizam e armazenam as informações, relacionando as atividades da organização com a rede de parcerias. Sistemas de informação como CRM (*Customer Relationship Management*) e ERP (*Enterprise Resource Planning*) permitem reestruturar a cadeia de forma a servir cada vez melhor os clientes e os consumidores finais (Figura 2.14):

Figura 2.14 Cadeia de Valor

Uma cadeia de valor é formada a montante (*upstream*) por fornecedores e a jusante (*downstream)* por revendedores ou distribuidores. A montante, desde o fornecedor do produto ou serviço, existe um conjunto de empresas que fornecem materiais ou serviços, como matérias-primas, partes e peças de equipamentos, informação e tecnologia. A jusante até ao consumidor final existe uma variedade de canais de marketing que fazem com que o produto chegue ao comprador ou consumidor final, consoante se trate de produtos industriais ou produtos de consumo. Os parceiros que se situam entre os fornecedores e os clientes podem influenciar fortemente o grau de satisfação do cliente e criar valor para o cliente (Figura 2.15):

FIGURA 2.15 Cadeia de Valor Típica de uma Indústria

A empresa deve definir toda a sua cadeia de valor, tendo em conta a cadeia de valor dos seus concorrentes, com vista a encontrar padrões da indústria e ganhar vantagem competitiva, utilizando as melhores práticas de gestão (*benchmarking*).

2.8. RESUMO DO CAPÍTULO

Neste capítulo foi estudada a formulação estratégica aos diversos níveis — nível da empresa, nível do negócio e nível funcional — e apresentados os principais modelos e técnicas de análise e orientação estratégica, como a matriz BCG, a matriz GE/McKinsey, a matriz SDL, o modelo de Ansoff e o modelo das estratégias genéricas de Porter. Os gestores devem constantemente analisar a sua carteira de produtos, de negócios e oportunidades para decidirem em que produtos ou negócios devem reinvestir os seus capitais.

Foram estudadas as diversas estratégias ao nível funcional, como estratégia de produção e operações, de marketing, de recursos humanos, financeira, de I&D e estratégia de compras e estratégias competitivas ofensivas e defensivas..

Por último, foram estudades as teorias e as estratégias de vantagem competitiva e os fatores indutores de vantagem competitiva sustentável.

QUESTÕES

1. Identificar os fatores internos fonte de vantagem competitiva sustentável.
2. Usar a análise SWOT e a análise da cadeia de valor como instrumentos de avaliação de vantagem competitiva de uma organização
3. Saber como pode uma organização ganhar vantagem competitiva sustentável.
4. Conhecer as principais ferramentas e instrumentos de gestão estratégica.
5. Conhecer os diferentes modelos de gestão estratégica.
6. Analisar as diferentes opções estratégicas ao nível da empresa, ao nível do negócio e ao nível funcional, de acordo com a tipologia das estratégias competitivas de Porter.
7. A estratégia de marketing ou a estratégia de produção diferem em empresas que adotem estratégias de liderança pelos custos ou estratégias de diferenciação?
8. Quais as diferentes estratégias competitivas que uma empresa pode adotar?
9. Descreva a matriz BCG e como pode ajudar os gestores na formulação da estratégia da empresa.
10. Descreva o modelo das cinco forças competitivas de Porter e qual a sua utilidade para analisar a atratividade de uma indústria.
11. Comente a seguinte afirmação:

    "Na indústria do vinho, a estratégia de liderança pelos custos pode fazer sentido para os vinhos correntes, já que a grande diferenciação é feita pelo preço. Para os vinhos de qualidade, adotam-se normalmente estratégias de diferenciação em empresas de dimensão significativa, ou de focalização em pequenas empresas, que produzem vinhos de elevada qualidade, muito procurados e valorizados pelo mercado".

MARKETING ESTRATÉGICO

O marketing tem vindo a assumir uma importância crescente na gestão empresarial porque, ao contrário do que acontecia no passado em que a dificuldade estava em produzir em quantidades suficientes para satisfazer as necessidades da procura, nos nossos dias, a dificuldade está em vender e conseguir vantagem competitiva sustentável relativamente aos concorrentes.

Este capítulo tem como objetivo apresentar os princípios básicos de marketing, com o foco no marketing estratégico, explorar os modelos e teorias mais relevantes de marketing estratégico e apresentar os instrumentos de análise estratégica, que é a primeira fase do planeamento estratégico de marketing.

Para que uma empresa atinja os objetivos estratégicos definidos, é necessário desenvolver um plano estratégico de marketing que oriente e coordene os esforços de marketing, com base nos objetivos e nas análises estrategicamente definidos pela empresa. Depois da análise do mercado, é desenvolvido um plano de marketing, com o objetivo de sistematizar as informações recolhidas e facilitar o alcance das metas estabelecidas.

OBJETIVOS DE APRENDIZAGEM

Depois de ler e refletir sobre o capítulo, o leitor deve ser capaz de:
- ➤ Definir o conceito de marketing e explicar as suas funções no negócio.
- ➤ Compreender a importância do marketing para as empresas e para a economia.
- ➤ Saber o que é o marketing, o marketing estratégico e o marketing operacional.
- ➤ Compreender as funções do marketing estratégico e conhecer as ferramentas estratégicas de marketing.
- ➤ Compreender o marketing operacional e as decisões do marketing mix.
- ➤ Conhecer as repercussões do marketing nas restantes funções da empresa, especialmente na organização e na produção, finanças e recursos humanos.

3.1. CONCEITO DE MARKETING

Ao contrário do que acontece com outras áreas da gestão, o marketing é uma função de gestão em que as suas atividades se desenvolvem fundamentalmente fora das fronteiras da organização. Num mundo altamente competitivo em constante mutação, como o que vivemos atualmente, em que vender é cada vez uma tarefa mais difícil, a função marketing assume uma importância crescente nas organizações, pelo que deve ser assumida pelos gestores de todas as áreas funcionais e não apenas pelos gestores de marketing.

O conceito de marketing tem vindo a evoluir ao longo do tempo, mas todas as definições têm um denominador comum: o mercado e o consumidor. O marketing é uma filosofia de gestão, segundo a qual uma organização deve procurar desenvolver e obter produtos que satisfaçam as necessidades dos clientes, através de um conjunto de atividades que permitam à organização atingir os seus objetivos. Esta filosofia de gestão assume que os clientes são o principal ativo de uma organização e que devem ser o ponto de partida para qualquer estratégia empresarial. O marketing é o processo de gestão responsável pela identificação, antecipação e satisfação das necessidades dos clientes.

Para muitos autores, o conceito de marketing refere-se ao conjunto de atividades desenvolvidas por uma organização para criar e trocar valor com os clientes e atingir os objetivos da organização (Figura 3.1):

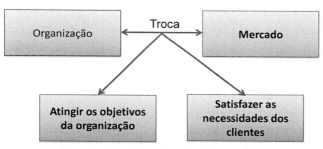

Figura 3.1 Conceito de Marketing

Marketing é um processo contínuo de encontrar novos clientes e reter os clientes atuais, através da melhoria contínua dos produtos. Esta definição de marketing enfatiza o foco no cliente, ao mesmo tempo que implica a necessidade de ligação a outras áreas da organização, com vista à obtenção de lucro (Figura 3.2):

Figura 3.2 Novo Conceito de Marketing

Aos gestores de marketing colocam-se frequentemente questões do tipo:
1. Como comunicar com os clientes?
2. Qual a importância e o papel da marca?
3. Como identificar formas de entrada em novos mercados?
4. Que produtos oferecer ao mercado?
5. Que preços praticar no mercado?

O objetivo deste capítulo é encontrar respostas para estas questões, bem como analisar outros aspetos do marketing, como as políticas de marketing mix, a pesquisa de mercados, o comportamento do consumidor e a organização do departamento de marketing.

Em muitos casos define-se marketing como a venda e publicidade de produtos ou serviços, mas nos nossos dias entende-se marketing mais como satisfazer as necessidades dos clientes e atingir os objetivos da empresa O marketing é um processo que cobre uma grande variedade de tópicos, que vão desde a compreensão dos clientes, dos mercados e dos concorrentes, à escolha do mercado alvo, à definição da estratégia de marketing e à implementação das políticas de marketing mix, com o objetivo de criar valor para o cliente e manter clientes satisfeitos (Figura 3.3):

FIGURA 3.3 Objetivos do Marketing

Qualquer organização tem o seu mercado, constituído pelo grupo de compradores atuais ou potenciais ou utilizadores dos seus produtos ou serviços. A gestão das relações com o mercado é um importante ingrediente da gestão estratégica, porque poucas organizações têm controlo sobre os seus mercados.

3.2. MARKETING ESTRATÉGICO E MARKETING OPERACIONAL

Analisado o conceito de marketing como uma filosofia de gestão, compete agora diferenciar o marketing nas suas duas dimensões, em função do nível de gestão, das atividades, dos objetivos e do horizonte temporal: **marketing estratégico** e **marketing operacional**.

As funções que compete a cada um deles pode sintetizar-se na Figura 3.4:

Figura 3.4 Marketing Estratégico e Marketing Operacional

O marketing estratégico preocupa-se com a análise e compreensão do mercado, com o objetivo de identificar as oportunidades do mercado, tendo em vista a satisfação das necessidades e desejos dos consumidores e a identificação dos segmentos de mercado, atuais e potenciais, que pretende satisfazer. Há também que analisar a estratégia de posicionamento a adotar dentro de cada segmento de mercado e avaliar o grau de atratividade de cada segmento. Por último, empresa deve analisar a forma de selecionar a melhor estratégia competitiva com o objetivo de assegurar o seu crescimento e rendibilidade a longo prazo.

O marketing estratégico tem um horizonte de médio/longo prazo e a sua função é definir a missão da empresa, estabelecer os objetivos estratégicos e formular uma estratégia de desenvolvimento para atingir os objetivos definidos.

Por sua vez, o marketing operacional consiste em implementar as orientações definidas no marketing estratégico, ou seja, consiste em programar um conjunto de ações concretas que permitam atingir os resultados estabelecidos pelo marketing estratégico. Estas ações são realizadas através de decisões sobre as variáveis do **marketing mix**, ao nível das políticas do produto, do preço, da distribuição e da comunicação. O mesmo produto pode ser apresentado ao mercado com diferentes caraterísticas, cores, tamanhos, embalagens, etc; pode ser acompanhado de serviços que aumentam o seu valor, como financiamento, transporte, reparações; pode ser vendido a diferentes preços; a venda pode ser acompanhada de publicidade, venda pessoal, relações públicas ou ações de promoção de vendas; ou ser distribuído aos consumidores por diferentes canais de marketing. As decisões a tomar sobre a combinação das diversas variantes destas variáveis de marketing competem à direção comercial ou direção de marketing e constituem o que se designa por marketing mix.

3.3. REPERCUSSÕES DO MARKETING NAS OUTRAS FUNÇÕES DA EMPRESA

Como o papel do marketing é vender e satisfazer as necessidades dos clientes e como o que é mais difícil nas empresas é vender, o marketing assume nos nossos dias uma grande importância nas organizações e tem repercussões em todas as áreas funcionais da empresa. Por exemplo, o marketing tem uma palavra a dizer no lançamento de novos produtos, porque conhece os gostos dos consumidores e as tendências do mercado, na definição das caraterísticas que devem incluir-se no desenho de um novo produto ou serviço, na definição dos preços a praticar face à concorrência, no incentivo à melhoria dos produtos e na criação e procura de bens e serviços.

Sendo a empresa como um sistema aberto, que adquire os recursos (inputs) no meio envolvente externo, os submete a um processo de transformação, através da gestão e coloca os produtos ou serviços no mercado (outputs), facilmente se percebe a importância do marketing na gestão das empresas, porque é a função que melhor conhece o mercado e os gostos e tendências dos consumidores. Ora, sendo a função da empresa que está mais próxima e melhor conhece o mercado, o marketing tem uma grande repercussão em todas as áreas funcionais da empresa, como a produção, finanças, recursos humanos e na própria organização (Figura 3.5).

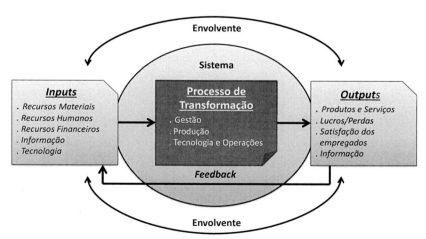

FIGURA 3.5 A Empresa como um Sistema Aberto

Para o sucesso das empresas, é fundamental que levem a cabo um seguimento permanente dos seus clientes e realizem uma melhoria contínua da sua oferta em função das tendências do mercado e que os resultados desse seguimento sejam disseminados (*feedback*) por todas as funções da empresa.

Os resultados do *feedback* transmitido pelo marketing vai influir nas restantes áreas funcionais da empresa da seguinte maneira:

- **Produção** — numa empresa o ritmo de produção deve ser determinado pela previsão da procura. Se a procura aumentar ou diminuir e não se prever com a necessária antecedência, podem acontecer as seguintes situações, ambas indesejáveis ou mesmo desastrosas:
  - **Rutura de inventários** — contribui para a degradação da imagem da empresa, gera insatisfação dos clientes e pode mesmo levar à perda de clientes para os concorrentes.
  - **Excesso de produção** — leva a aumento dos inventários de produtos acabados, que se traduz em aumento de custos de armazenagem e risco de se deteriorarem.
- **Finanças** — o planeamento das necessidades de financiamento da empresa faz-se fundamentalmente em função da previsão de ganhos gerados pela venda dos seus produtos ou serviços. Se as previsões de vendas foram negociadas e acordadas com o marketing, os bens e serviços vendem-se conforme previsto e portanto verificam-se as entradas de fluxos financeiros previstas, conseguindo a empresa cumprir os seus compromissos e fazer os investimentos programados.
- **Recursos humanos** — a competitividade de uma empresa depende da sua capacidade para colocar no mercado uma oferta atrativa para os consumidores que crie valor superior à dos seus concorrentes. Para que tal aconteça, é necessário dispor de recursos humanos competentes e motivados.
- **Organização** — atualmente os clientes exigem das empresas um atendimento personalizado ao longo de todo o processo de compra do produto. Para conseguir uma resposta adequada, as empresas necessitam de dispor de uma organização capaz de satisfazer todas as exigências e solicitações dos clientes. É o departamento de

marketing quem dispõe da informação necessária para compreender o comportamento dos consumidores porque é quem está em contacto com o mercado e com a evolução das preferências e comportamento dos consumidores.

3.4. O PROCESSO DE PLANEAMENTO DE MARKETING

O planeamento estratégico e planeamento de marketing estão intimamente ligados. Kotler & Armstrong (2018) afirmam que o plano estratégico se concentra na empresa: missão, objetivos estratégicos, auditoria estratégica, análise SWOT, análise de portfólio, objetivos e estratégias. Para que uma empresa atinja os objetivos estratégicos definidos, é necessário desenvolver um plano de marketing. O plano de marketing orienta e coordena os esforços de marketing da empresa, com base nos objetivos e nas análises estrategicamente definidos pela empresa. Depois de analisado e estudado o mercado, é desenvolvido o plano de marketing com o objetivo de sistematizar as informações recolhidas e facilitar o alcance das metas estabelecidas. Com um planeamento cuidadoso, a empresa está em melhores condições pode responder às mudanças do meio ambiente.

Tem-se argumentado que o sucesso da estratégia de marketing de uma empresa não depende tanto de uma boa estratégia, mas da forma como essa estratégia é planeada, implementada e controlada. O processo de planeamento de marketing envolve as seguintes quatro etapas (Figura 3.6):

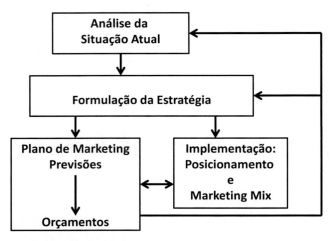

FIGURA 3.6 Etapas do Processo de Planeamento de Marketing

O marketing e o planeamento estratégico andam de braço dado numa empresa. O planeamento estratégico define e guia a orientação de marketing numa empresa e o marketing fornece a informação vital necessária para o planeamento estratégico. Através do planeamento estratégico, a empresa é capaz de definir políticas e fixar objetivos e criar uma eficiente coordenação das tarefas com vista a alcançar os objetivos pretendidos. As etapas contínuas do processo de planeamento de marketing constam da Figura 3.7:

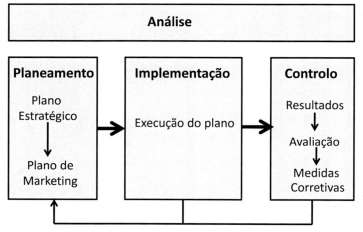

FIGURA 3.7 Planeamento Estratégico e Planeamento de Marketing

Há dois tipos de planeamento de marketing: **planeamento estratégico** e **planeamento operacional**. O planeamento operacional, da responsabilidade dos gestores intermédios, consiste na elaboração de planos de curto ou médio prazo e traduz-se na implementação do planeamento estratégico. O planeamento estratégico, da responsabilidade da gestão de topo, é um planeamento de longo prazo, tem em conta as mudanças do meio envolvente onde a empresa atua e ajuda a empresa a antecipar e responder às mudanças e oportunidades do mercado (Figura 3.8):

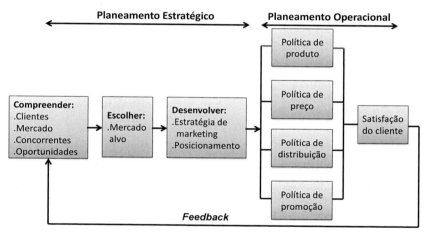

FIGURA 3.8 Fases do Planeamento de Marketing

3.5. CONSTRUÇÃO DE UM PLANO ESTRATÉGICO DE MARKETING

Qualquer empresa, independentemente da sua dimensão e setor de atividade, deve planear a sua estratégia e definir os seus objetivos comerciais. O planeamento consiste na elaboração de um documento, denominado plano de marketing, no qual são especificados os objetivos financeiros e comerciais e as estratégias e planos de ação relativos a todos os componentes de marketing.

A preparação de um plano de marketing é a chave para assegurar uma efetiva execução de um programa de marketing estratégico, porque especifica que ações devem ser tomadas, quando devem ser tomadas e quem é responsável pela sua execução. O plano estratégico de marketing consiste de duas partes: **análise da situação atual e definição da estratégia e fixação de objetivos**. A análise da situação atual implica a difinição da missão, análise do mercado, análise da concorrência e análise do ambiente externo, de acordo com o modelo PESTLE.

Um plano de marketing faz a ligação entre as capacidades e experiência da empresa e as exigências para produzir e vender um produto. Define as estratégias e os objetivos para a produção e comercialização do produto, os aspetos legais, a organização administrativa e contabilística e o planeamento financeiro. Em particular, um plano de marketing deve dar resposta a três questões fundamentais:

- Quais os objetivos e previsão de vendas?
- Que estratégias serão usadas para atingir os objetivos?
- Como serão implementadas essas estratégias?

São também fundamentais as ações de controlo, tendo em vista assegurar que a estratégia seja implementada conforme foi planeada e que os resultados atingidos correspondem aos resultados estimados, a fim de permitir que, atempadamente e em caso de incumprimento, sejam tomadas as medidas corretivas consideradas necessárias para que os objetivos programados sejam efetivamente atingidos. Este processo tem também a vantagem de permitir conhecer os erros que foram cometidos nos processos de planeamento ou implementação e evitar que voltem a ser repetidos no futuro.

Um plano estratégico de marketing é um documento que especifica em detalhe o negócio, devendo conter pelo menos os seguintes aspetos:

- Sumário executivo
- Analise da situação
- Estratégia de marketing
- Estratégias de marketing mix
- Estimativas financeiras
- Conclusão

Sumário Executivo

O sumário executivo deve ser a última peça a elaborar, depois de analisados os planos de negócio das áreas funcionais. Tem como finalidade dar a conhecer, de forma objetiva e sintética, à gestão e aos *stakeholders* os principais objetivos e estratégias da organização. Deve incluir uma síntese de todo o plano, incluindo os objetivos, a estratégia de marketing, a implementação do marketing estratégico e das atividades do marketing operacional e os resultados esperados.

Parte I: Análise da Situação: Onde estamos?

Nesta secção deve ser feita uma descrição detalhada do negócio. Deve ser dada resposta à seguinte questão: Qual é o negócio? A resposta a esta questão deve incluir o perfil do mercado, a análise do ambiente competitivo, análise do portfólio, análise das competências e o que distingue o negócio dos concorrentes.

Visão, Missão e Objetivos

Nesta secção deve ser feita a análise da situação atual, em termos de rendibilidade, quota de mercado e produtividade. Deve descrever os objetivos, a visão e a missão da empresa para o sucesso. Deve fazer-se uma análise dos fatores críticos de sucesso, através da análise SWOT.

Análise do Ambiente Externo e Interno

Nesta secção deve ser feita a análise do meio envolvente externo em termos de oportunidades e ameaças (análise SWOT) e do ambiente interno, como a análise da estrutura da organização e da cultura e recursos da empresa, nos domínios do marketing, finanças, investigação e desenvolvimento (I&D), operações e logística, recursos humanos e tecnologias de informação.

Parte II: Para onde queremos ir?

Plano Estratégico de Marketing

Deve descrever os produtos atuais e o desenvolvimento de novos produtos. Deve incluir a descrição das caraterísticas dos produtos, a análise da competitividade, a previsão de vendas e o posicionamento estratégico.

Análise do Mercado

Esta secção inclui o plano de marketing estratégico, designadamente a definição do mercado, tendências do mercado, estratégias de segmentação, *targeting* e posicionamento do produto.

Formulação e Implementação da Estratégia

Esta secção deve descrever como implementar as estratégias, bem como a previsão de vendas por mês e por produto.

Parte III: Como podemos lá chegar?

Gestão e Organização

Nesta secção deve ser feita a análise das equipas de gestão a diversos níveis e da administração, recursos humanos, estrutura organizacional.

Plano Financeiro

Nesta secção deve ser feita a análise detalhada do planeamento financeiro da empresa, incluindo a análise do ponto de equilíbrio (*breakeven*), rácios (autonomia financeira, solvabilidade, ROA e ROE), *cash flows* previsionais e projeções financeiras.

Parte IV: Conseguimos lá chegar?

Implementação e Controlo

A implementação é a parte operacional do plano estratégico de marketing, que abrange ações de curto prazo. Nesta secção deverá ser elaborado um cronograma de execução de cada tarefa de modo a permitir fazer um acompanhamento e controlo da evolução do negócio.

3.5. ESTRATÉGIAS DE MARKETING MIX

Depois de escolher uma estratégia competitiva de marketing, a etapa seguinte é planear um programa de marketing mix detalhado. Marketing mix é um quadro concetual que permite a uma empresa pôr em prática os seus planos de marketing. Com o marketing mix, a empresa controla as ferramentas de marketing operacional e todas elas têm influência na procura dos produtos da empresa.

As estratégias de marketing mix consistem no conjunto de conceitos e ações que uma organização deve desenvolver com o objetivo de criar valor para os seus clientes, através da combinação das quatro variáveis, designadas por 4 Ps de marketing, para produzir a resposta que deseja no mercado alvo, a saber:

1. **Produto (*Product*)** — é uma mercadoria, serviço ou ideia que procura satisfazer as necessidades e desejos dos compradores. A conceção ou desenvolvimento de novos produtos é um desafio contínuo. As empresas devem ter em conta as mudanças tecnológicas, as necessidades e desejos dos consumidores e as condições económicas, entre outros fatores.

2. **Preço (*Price*)** — é o segundo elemento do marketing mix e consiste na definição de uma política de preços que incentive a compra do produto, com lucro para a empresa. O preço do produto deve

suportar os gastos operacionais, os gastos administrativos e os gastos comerciais e de marketing.
3. **Distribuição (*Place*)** — consiste na escolha de um sistema de distribuição que permita que o produto chegue ao consumidor no tempo e no lugar certos, o que requer a tomada de decisões sobre transporte, venda direta ou outras formas de distribuição.
4. **Promoção (*Promotion*)** — consiste no desenvolvimento de uma campanha de comunicação que transmita o valor do produto ao consumidor. Refere-se à seleção da técnica mais apropriada para vender um produto a um consumidor. Inclui a publicidade, a venda pessoal, promoções de vendas e relações públicas.

As práticas, as estratégias e os fatores de marketing podem ser classificados nas quatro dimensões do marketing mix. Cada um dos 4 Ps inclui várias variáveis de marketing, conforme se verifica na Figura 3.9:

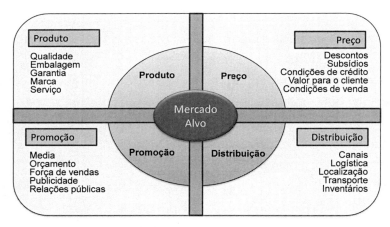

FIGURE 3.9 Elementos do Marketing Mix

Os 4 Ps são os fatores competitivos que podem criar uma melhor posição competitiva para uma empresa quando comparada com os concorrentes (Kotler & Armstrong, 2018). Esta categorização do marketing mix nos 4 Ps deve-se a McCarthy que em 1964 sintetizou em quatro os anteriores doze elementos do marketing mix desenvolvidos por Borden, quatro dos quais relacionados com a oferta (produto, embalagem, marca, preço e serviço) e oito referentes aos métodos e ferramentas (canais de distribuição, vendas pessoais, publicidade, promoção de vendas e publicidade).

É necessário um bom equilíbrio dos elementos dos 4Ps para posicionar um produto corretamente num mercado-alvo. A importância do marketing mix resulta do facto dos fatores de competividade poderem estar relacionados com qualquer um dos elementos dos 4Ps.

O marketing mix tem vindo a ser objeto de críticas e a maioria dos investigadores não está satisfeita com o quadro dos 4 Ps. Especialmente na última década, alguns investigadores da área do marketing de serviços, afirmaram que os 4 Ps não são suficientes para abordar os elementos específicos do marketing de serviços e propõem várias modificações aos 4 Ps. Os investigadores criticaram o facto de que o conceito do mix de marketing 4 Ps estar mais orientado para a produção do que para o cliente. Os autores pensaram que os elementos do mix de marketing também devem ser vistos da perspetiva do consumidor e propuseram a transformação dos 4 Ps em 4 Cs: o P de Produto foi convertido em C de cliente, o P de Preço em C de Custo e o P de Place em C de Conveniência e o P de Promoção em C de Comunicação (Lauterborn, 1990).

A outra grande crítica que alguns pesquisadores fazem ao marketing mix é que consideram que o marketing mix é incapaz de ter em conta o comportamento do consumidor e não envolve a interação com o vendedor e a construção de relações de lealdade e duradouras com os clientes.

3.6. RESUMO DO CAPÍTULO

Quando as empresas abordam o processo de segmentação, targeting e posicionamento aumentam largamente as suas possibilidades de sucesso. O mercado é vasto e nenhuma empresa, qualquer que seja a sua dimensão e capacidade financeira, tem capacidade para trabalhar com eficiência todo o mercado e satisfazer todas as necessidades a todos os clientes.

Todas as empresas devem encontrar os clientes mais adequados, compreendê-los, fidelizá-los e granjear uma posição relevante nos clientes mais importantes. A empresa deve evitar a tentação de constantemente querer arranjar novos clientes, descurando os existentes. É mais proveitoso e menos custoso focar-se na consistência, do que procurar constantemente angariar novos clientes. Esta atitude requer um acompanhamento permanente dos seus clientes, com vista a perceber as suas perceções e implica construir e manter relações de fidelidade e lealdade com os seus principais clientes.

QUESTÕES

1. Qual o papel e importância do marketing na gestão das organizações?
2. Distinga entre marketing operacional e marketing estratégico e qual o papel de cada um deles na gestão das empresas?
3. Qual a repercussão do marketing nas outras funções da empesa?
4. Descreva o peocesso de planeamento de marketing.
5. Indique e descreva as principais etapas do processo de desenvolvimento de um plano de marketing.
6. Indique e caraterize as estratégias do marketing mix em cada um dos seus quatro componentes.

ANÁLISE ESTRATÉGICA

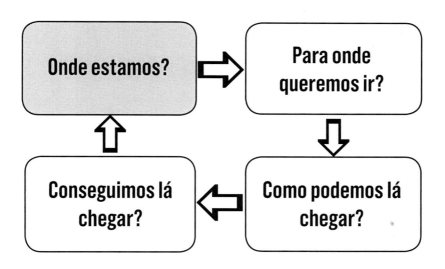

ANÁLISE ESTRATÉGICA DO AMBIENTE EXTERNO

Este capítulo tem como objetivo explorar os modelos e instrumentos mais relevantes de análise estratégica do ambiente externo que determina e condiciona a atividade da empresa. Planear uma estratégia de marketing implica conhecer o ambiente competitivo da empresa, o que significa analisar o ambiente de marketing em duas dimensões: o ambiente externo, que incide sobre variáveis fora da organização e o ambiente interno, que incide sobre variáveis dentro da organização.

Para criar uma estratégia competitiva de marketing bem-sucedida e obter lucros, as empresas devem analisar cuidadosamente o ambiente externo e o ambiente interno e basear o planeamento de marketing nos resultados dessa análise. Analisar a situação atual de marketing da empresa implica obter informação sobre o mercado, sobre o desempenho do produto, sobre a concorrência e sobre a distribuição e comunicação da empresa. O principal *output* da análise do ambiente externo é a deteção de oportunidades e ameaças do mercado, tanto presentes como potenciais, enquanto o *output* chave da análise interna é a identificação das forças e fraquezas que existem na cultura e na estrutura da organização.

OBJETIVOS DE APRENDIZAGEM

Depois de ler e refletir sobre este capítulo, o leitor deve ser capaz de:
➤ Definir o ambiente externo de marketing e discutir os tipos de informação necessária para analisar e avaliar o mercado.
➤ Analisar o ambiente interno da organização.
➤ Usar a análise SWOT, o Modelo das Cinco Forças Competitivas e a análise PESTLE como instrumentos de análise do ambiente interno e externo das organizações.

4.1. ANÁLISE DO AMBIENTE EXTERNO

A análise do ambiente externo consiste em monitorizar, avaliar e disseminar informação do ambiente externo pelos elementos da organização. O seu objetivo é identificar os fatores externos que direta ou indiretamente condicionam o futuro da organização. A análise do ambiente externo tem a ver com o conjunto de fatores que direta ou indiretamente afetam o desempenho das organizações.

Todas as organizações, independentemente da sua dimensão, localização ou missão operam num ambiente externo competitivo que as pode afetar. Não surpreende, pois, que o ambiente externo desempenhe um papel decisivo no sucesso ou insucesso das estratégias das organizações. Os gestores devem ter um completo e adequado conhecimento do meio envolvente e esforçar-se por operar e competir nesse ambiente competitivo.

O ambiente externo consiste na análise das variáveis que estão fora da empresa (oportunidades e ameaças) e que a gestão de topo não pode controlar. Podem ser forças gerais e tendências da sociedade que afetam todas as empresas de uma determinada indústria ou forças específicas da indústria onde a empresa atua e que, de alguma forma, tem algum poder de controlar.

A Figura 4.1 mostra os principais elementos e dimensões do ambiente externo e de que forma afetam os negócios, muito especialmente nos tempos turbulentos que atravessamos. O ambiente externo inclui o **microambiente** de marketing em que a organização opera e sobre o qual exerce algum poder de controlo e o **macroambiente** de marketing que afeta toda a indústria e sobre o qual a organização não tem qualquer poder de influenciar.

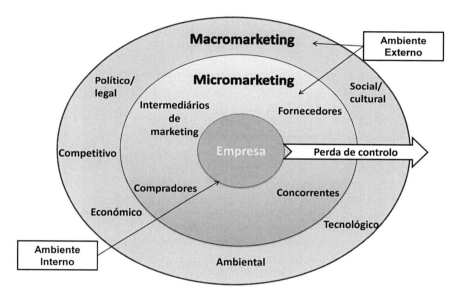

Figura 4.1 Ambiente de Marketing

4.2. ANÁLISE DO MACROAMBIENTE DE MARKETING OU AMBIENTE GERAL

O macroambiente externo inclui os fatores económicos, o ambiente global dos negócios, os fatores politico-legais, os fatores tecnológicos, os fatores socioculturais e a envolvente económica. Por sua vez, o ambiente económico doméstico refere-se ao ambiente em que a organização conduz os seus negócios e de onde obtém os seus resultados.

Ambiente demográfico

A demografia refere-se à composição de uma população e define-se por variáveis como a estrutura etária, o género, a distribuição geográfica, a dimensão das famílias, o nível educacional e as profissões. Os fatores demográficos afetam a composição do mercado e as caraterísticas dos clientes, o que naturalmente influencia a oferta de produtos e serviços.

As mudanças na composição demográfica influenciam as estratégias das empresas a vários níveis: composição da oferta mais orientada para a população de idade com maior poder de compra, composição do mercado do trabalho, potenciais consumidores. Considerando a continuidade das tendências verificadas em Portugal de diminuição da taxa de natalidade e do aumento da longevidade da população, é de esperar que nas próximas décadas a população portuguesa apresente uma estrutura etária envelhecida, o que terá consequências inevitáveis ao nível das estratégias das empresas e organizações.

Dada a sua importância, as empresas devem considerar as tendências demográficas da população na formulação e implementação das suas estratégias relativas a recursos humanos, *marketing*, produção e outras áreas funcionais.

Ambiente sociocultural

O ambiente sociocultural inclui os costumes, os valores e as caraterísticas demográficas da sociedade e é constituído por instituições e outras forças que afetam os valores básicos da sociedade, as perceções, as preferências e os comportamentos. Os fatores socioculturais condicionam a conduta nos negócios porque determinam os padrões de consumo e o tipo de produtos e serviços a produzir e que a sociedade está disposta a aceitar.

As mudanças dos valores sociais forçam as empresas a adaptar-se às novas condições, nomeadamente desenvolvendo novos produtos, quer para mercados de consumo, quer para mercados industriais. Por exemplo, a procura crescente por parte dos consumidores de uma alimentação saudável obriga as empresas a promover as suas linhas de produtos biológicos. De igual modo, no mercado dos produtos industriais, a procura crescente de programas de lazer e bem-estar, que reflete as mudanças nos valores sociais, obriga as empresas a desenvolver produtos para essa área de negócio. O aumento do número de mulheres no mercado do trabalho e o aumento dos reformados com elevado poder de compra, devem ser acompanhados por uma maior atenção por parte dos responsáveis de marketing com políticas adequadas às condições do mercado. Estas novas tendências refletem as mudanças socioculturais, as crenças e as ideias que moldam a sociedade moderna, a que as empresas devem responder com estratégias adequadas.

Ambiente politico-legal

O ambiente politico-legal é constituído pelo conjunto de leis, regulamentos e organismos governamentais que condicionam, limitam ou incentivam a atividade económica e social de um país. O desenvolvimento das variáveis politico-legais, como a estabilidade política, as políticas económicas, a legislação governamental, a política fiscal e os investimentos públicos em infraestruturas e logística, que visam proteger as empresas, os consumidores e a sociedade, afeta profundamente a estratégia e as decisões de marketing. Por exemplo, as limitações à libertação de CO_2 ou a imposição de utilização de determinado tipo de energias, ou ainda as convulsões sociais no país ou em países para onde as empresas exportam uma parte significativa das suas exportações, têm profundas implicações na atividade das organizações.

Ambiente tecnológico

O ambiente tecnológico consiste no conjunto de forças que criam novas tecnologias, novos produtos e novos serviços e novas oportunidades de mercado, com o objetivo final de criar valor para os clientes. É talvez a força mais dramática que marca o destino das organizações, uma vez que o aparecimento de novas tecnologias torna os produtos existentes obsoletos e induz mudanças no estilo de vida dos consumidores. Por sua vez, as mudanças no estilo de vida estimulam muitas vezes o aparecimento de novos produtos que induzem ao aparecimento de novas tecnologias A tecnologia inclui o conhecimento humano, os métodos de trabalho, os equipamentos físicos, os equipamentos eletrónicos e de comunicações e vários sistemas que contribuem para melhorar a rendibilidade dos negócios. O ambiente tecnológico muda muito rapidamente, pelo que os responsáveis de marketing devem estar atentos à evolução das tendências da tecnologia.

Ambiente global

O ambiente global refere-se às forças internacionais ou oportunidades de mercado provenientes de países que afetam os negócios da organização. O ambiente internacional inclui, nomeadamente, os acordos de comércio internacional, as condições económicas internacionais, a instabilidade política, novos concorrentes, clientes e fornecedores internacionais. Hoje em dia as empresas concorrem numa base global, pelo que os fatores internacionais têm uma importância acrescida.

O crescente poder económico da China e da Índia no panorama internacional tem mudado drasticamente o ambiente internacional dos negócios. Estes dois países, juntamente com o Brasil e a Coreia, têm população, capacidades e dinamismo suficientes para mudar o panorama económico mundial no século XXI. Crê-se que, se as coisas correrem como até aqui, a China ultrapassará o poder económico dos Estados Unidos e a Índia ultrapassará a Alemanha em poucas décadas.

Ambiente económico

O ambiente económico refere-se às condições existentes no sistema económico, que afetam o poder de compra e os padrões de consumo dos consumidores. Os países e regiões variam muito nos seus níveis e distribuição de rendimento. Alguns países têm economias de subsistência, que oferecem poucas oportunidades de mercado, enquanto outros são economias industriais evoluídas, que constituem bons mercados para os diferentes produtos. Se a economia está a crescer e a população está empregada, então uma empresa em crescimento terá que pagar salários mais elevados e oferecer mais benefícios para atrair trabalhadores de outras empresas, mas se existe muito desemprego, então a empresa poderá pagar salários mais baixos e oferecer menos benefícios.

As condições económicas influenciam os planos de marketing no que se refere à oferta do produto, preço, e estratégias de promoção, uma vez que determinam os padrões de despesa dos consumidores, das empresas e dos governos. Os responsáveis de marketing têm que estar atentos às principais tendências do mercado e aos padrões de consumo, tanto no país como nos seus mercados internacionais, para onde encaminham as suas exportações. Devem considerar as variáveis económicas nos seus planos de marketing como, por exemplo, se o país está em expansão ou recessão, o nível do produto interno bruto (PIB), as taxas de câmbio, as taxas de juro, a inflação, o nível salarial, as tarifas de importação ou exportação, a taxa de desemprego ou os custos da energia. Devem monitorizar o ciclo económico e antecipar as tendências dos consumidores para se adaptarem internamente às novas condições do mercado.

Envolvente Internacional dos Negócios

Antes de avançarem para um processo de internacionalização, os gestores devem analisar as forças do meio envolvente dos países onde pretendem operar para escolherem o método mais apropriado para expandir os seus objetivos e responder a essas forças da forma mais adequada.

A importância desta análise manifesta-se de duas maneiras:
- É importante discernir quais são os fatores do meio envolvente relevantes que devem ser considerados quando se pretende avançar para os mercados internacionais.
- Para cada faceta do meio envolvente considerada, convém reter os elementos salientes suscetíveis de constituir uma oportunidade ou uma ameaça e de influenciar a estratégia da empresa.

A envolvente internacional da empresa possui múltiplas facetas que podem ser abordadas segundo diferentes perspetivas. As facetas mais importantes que interessa considerar quando se escolhem as formas de entrada nos mercados internacionais são: a envolvente Política, a envolvente Económica, a envolvente Social, a envolvente Tecnológica, a envolvente Legal e a envolvente Ecológica, que constituem a análise **PESTLE** (Figura 4.2):

Figura 4.2 Análise PESTLE

Ambiente social

O negócio, tal como outras atividades humanas, efetua-se num determinado contexto da sociedade. Quando uma empresa decide expandir os seus negócios para mercados externos está sujeita a novos desafios, motivados pelas diferenças culturais entre os países e pelas pessoas com quem se faz negócios. É verdade que os desenvolvimentos registados nas tecnologias de informação e comunicação (TICs) e as reduções nos custos de transporte têm aumentado a frequência de contactos entre pessoas de diferentes países e aumentado a importância das empresas se entenderem sobre o papel da cultura nos negócios, se querem ter sucesso na concorrência internacional.

Não obstante a atenuação das diferenças registadas, a sensibilidade para as diferenças culturais é crucial para o sucesso dos negócios internacionais. Apesar da definição de cultura permanecer necessariamente vaga, podemos identificar alguns aspetos que caracterizam as diferenças culturais. Há pelo menos duas caraterísticas que ajudam a distinguir cultura de outros atributos. Em primeiro lugar, cultura são as opiniões que estão enraizadas e mudam pouco ao longo do tempo e, em segundo, o contexto social da comunidade. Alguns autores veem cultura como a soma de atitudes, crenças e estilos de vida. Os gestores internacionais devem estar cientes das atitudes a tomar perante a cultura, a maneira de trabalhar, o tempo, a mudança, a autoridade, a família e tomada de decisão e risco.

De acordo com Dressler e Carn (1969:60), perceber as diferenças culturais capacita os gestores a:

i) Comunicar com as pessoas através do uso de linguagem que seja comummente conhecida por ambos ou que tenham aprendido.

ii) Antecipar como as outras pessoas de negócios e os consumidores em vários mercados estão dispostos a responder às suas ações.

iii) Distinguir entre o que é considerado certo e errado, razoável ou não aceitável, seguro ou perigoso, bonito ou feio.

iv) Identificar-se com outros gestores da mesma categoria e adquirir os conhecimentos e capacidades necessárias para negociar com eles.

Têm sido várias as tentativas para identificar e classificar as diferenças nas caraterísticas das culturas nacionais dos diversos países, mas os trabalhos mais conhecidos devem-se a Geert Hofstede (1980), que identificou diferentes culturas nacionais numa mesma organização multinacional. Como psicólogo da IBM, Hofstede recolheu dados de mais de 100 000 trabalhadores em 64 países e identificou cinco importantes dimensões de cultura nacional que designou por individualismo versus coletivismo, distância ao poder, aversão ao risco, masculinidade/feminilidade e orientação de longo prazo.

Ambiente político

Uma área importante para qualquer tomada de decisão sobre um negócio é avaliar a envolvente política em que a empresa opera. A estabilidade política pode ter um impacto importante no desenvolvimento económico de um país ou de uma região, porque influencia a perceção do risco pelos potenciais investidores. O quadro legal e regulatório de um país pode afetar a viabilidade das empresas operarem no país hospedeiro. Por exemplo, as leis sobre o salário mínimo afetam o preço do fator trabalho e leis sobre a proteção ambiental afetam a tecnologia que pode ser usada, bem como os custos de tratamento dos resíduos (Griffin e Pustay, 2011).

O ambiente político consiste em leis, agências governamentais e grupos de pressão. Para além das leis nacionais de cada país, na União Europeia, a Comissão Europeia desempenha um papel importante politicamente com os seus regulamentos e normas. O ambiente político está intimamente ligado ao ambiente legal. (Kotler *et al* 2005, 109).

O nível de renda, a tributação, a inflação, a poupança, a dívida e a disponibilidade de crédito, entre outros fatores, afetam o poder de compra que molda o ambiente económico.

Mudanças no ambiente político podem ter forte impacto sobre o negócio, por exemplo, a instabilidade económica causando ansiedade entre os clientes, que então reflete o enfraquecimento do poder de compra. A diminuição da demanda por produtos ou serviços da empresa e as mudanças nos preços e no mercado de câmbio são fatores que afetam o sucesso da empresa.

Mudanças adversas nas leis fiscais podem lentamente destruir a rendibilidade das empresas. De igual modo, revoluções e assassinatos de quadros estrangeiros e expropriações de propriedades de empresas são igualmente perigosas para a viabilidade de negócios no estrangeiro (Griffin e Pustay, 2011). Outra área em que os governos podem tentar ajudar é proteger os esforços dos negócios internacionais das empresas que entram nos mercados por formas ilegais por falta de controlo dos canais de distribuição e que prejudicam as empresas instaladas legalmente no mercado.

Ambiente legal

Os fatores legais consistem em leis e regulamentos, por exemplo, no caso de regulamentos da União Europeia e na própria legislação nacional, que estabelecem diretrizes para as operações da empresa. A legislação comercial é feita para limitar a concorrência desleal e proteger os consumidores. Às vezes, os fatores legais aumentam os custos da empresa e, portanto, reduzem o crescimento dos negócios. (Kotler e Keller 2009, 126).

O ambiente legal em que as empresas multinacionais têm que conduzir os seus negócios pode ser visto como um subconjunto do ambiente político, dado que ambos estão interligados (Taggart e McDermott, 1993). Os sistemas legais variam muito entre os países. Dado que não existe um sistema legal global, as empresas internacionais veem-se confrontadas com muitos ambientes legais, consoante o país ou países onde operam. Os sistemas legais diferem de país para país por razões históricas, culturais, políticas e religiosas. As antigas colónias britânicas seguem a lei comum tradicional do Reino Unido, enquanto a maioria dos países ocidentais usa o sistema do direito civil romano. Poucos países, como Irão e Arábia Saudita, usam a lei teocrática que se baseia no código religioso (Griffin e Pustay, 2011). Os sistemas legais variam de país para país consoante os seus princípios, a independência e transparência (Shenkar e Luo, 2004).

Quando há qualquer conflito nos negócios internacionais, deve ser sediado num dos países envolvidos e dirimido de acordo com as leis e regulamentos desse país, a menos que o contrato estipule de maneira diferente. Os gestores internacionais devem conhecer os sistemas dos países hospedeiros nos quais as suas empresas operam, dado que as obrigações legais nesses países diferem das dos seus próprios países. As empresas multinacionais devem estar cientes sobre a facilidade ou dificuldade das leis estrangeiras. Alguns países são mais favoráveis às empresas domésticas e aos cidadãos nacionais do que às empresas multinacionais e aos seus colaboradores. Algumas questões que devem ser tidas em conta quando uma empresa pretende instalar-se em mercados externos são: direitos intelectuais de propriedade industrial, registo de patentes, marcas e direitos de autor.

Os direitos intelectuais de propriedade industrial incluem todos os aspetos de conhecimento tecnológico ou trabalho criativo que um indivíduo ou uma empresa desenvolveu. Diz respeito, por exemplo, ao desenvolvimento de *software*, *design*, inventores, etc. O registo das patentes está baseado no país de origem, o que significa que uma patente registada num país não deve ser alargada a outros países. Por conseguinte, para estar protegida, uma empresa deve requerer os seus direitos de patente nos países onde planeia fazer negócios. A marca é um nome distintivo, um símbolo, uma figura ou a combinação destes elementos que é usada por um negócio para identificar os seus produtos ou serviços. Foi criada para proteger a boa reputação dos produtos ou serviços, evitando que possam ser utilizados pelos concorrentes como sendo seus. A proteção das marcas está coberta por vários acordos internacionais. O direito de autor é um direito legal que protege os trabalhos originais dos autores. Dá ao autor direitos exclusivos de publicar, vender e expor os seus trabalhos.

Ambiente ecológico

A importância crescente dos aspetos ecológicos tem obrigado as empresas a dedicarem uma maior atenção a este fator e a reservarem uma parcela crescente dos seus orçamentos a esta variável do meio envolvente.

4.3. ANÁLISE DO MICROAMBIENTE DE MARKETING OU AMBIENTE COMPETITIVO

O microambiente inclui os *stakeholders* que têm uma relação direta com a organização, como clientes, concorrentes, fornecedores, mercado do trabalho e Estado. De uma forma geral, as organizações procuram ter relações próximas com os seus clientes, estabelecer relações fortes com os seus fornecedores e diferenciar-se dos seus concorrentes.

Análise dos Clientes

Os clientes são os grupos de pessoas ou organizações que adquirem os produtos ou serviços da organização. Como tal, são muito importantes porque determinam o sucesso da organização. Os clientes hoje têm um grande poder sobre as organizações, porque a oferta da generalidade dos produtos e serviços excede a procura e a concorrência é muito forte. Acresce que hoje há formas muito fáceis de aceder aos produtos em boas condições de preço e qualidade, como é o caso das vendas pela *internet* (*e-commerce*), que cada vez assumem mais importância no volume de negócios das empresas.

A *internet* representa uma grande oportunidade para as empresas, na medida em que permite facilmente, e sem custos, alargar a base de clientes a todo o mundo, mas constitui também uma ameaça, porque os clientes insatisfeitos podem afetar diretamente a reputação da organização, através do passa palavra e da publicação de referências pouco abonatórias em *sites ou blogs*.

Análise dos Concorrentes

Os concorrentes podem ser analisados pelas suas estratégias, objetivos, pontos fortes e fracos. É vital que a empresa analise de perto os seus concorrentes para que possa planear uma estratégia eficaz de marketing competitivo. A análise ajuda a suprir as desvantagens competitivas e a realçar as vantagens que a empresa deve focar na sua estratégia de marketing.

Os concorrentes são organizações que oferecem os mesmos produtos ou serviços, produtos ou serviços similares ou produtos ou serviços substitutos na área de negócio em que a empresa opera. Concorrentes são as outras organizações que operam na mesma indústria e que fornecem produtos ou serviços ao mesmo conjunto de clientes. Cada indústria tem o seu nível específico de concorrência. Cada gestor deve conhecer o nível de concorrência da sua indústria e as atividades dos principais concorrentes, designadamente no que se refere ao desenvolvimento de novos produtos, para poderem preparar uma resposta à altura e atempada. A análise da concorrência é necessária para uma empresa sobreviver, crescer e manter-se competitiva. Estudos comprovam que a distração sobre as atividades dos concorrentes constitui uma das principais causas do fracasso ou insucesso de muitas empresas.

Quando se analisa os concorrentes, é importante ter em conta o seguinte conjunto de atividades:

1. Identificar os concorrentes da empresa, atuais e potenciais
2. Os concorrentes estão a ganhar dinheiro e onde: qualidade, serviço, preço, condições de crédito, situação financeira.
3. Perceber os objetivos dos concorrentes.
4. Identificar as estratégias dos concorrentes.
5. Avaliar os pontos fortes e fracos dos concorrentes.

6. Prever as reações dos concorrentes.
7. Selecionar os concorrentes a atacar e os concorrentes a evitar.
8. Em que clientes nossos os concorrentes estão mais interessados.
9. Os fornecedores dos nossos concorrentes são melhores do que os nossos.
10. Em que temos que ser melhores para batermos os nossos concorrentes.

Para responder a estas e outras questões, os profissionais de *business intelligence* utilizam técnicas e instrumentos de gestão estratégica, como a análise SWOT, o modelo das cinco forças competitivas de Porter, o modelo BCG, entre outros, que analisamos em capítulos seguintes.

Análise dos Fornecedores

Os fornecedores são os indivíduos ou organizações que fornecem as matérias-primas e outros materiais que as organizações usam para incorporar nos seus produtos ou serviços. Muitas empresas têm poucos fornecedores com os quais procuram construir relações fortes, tendo em vista assegurar as melhores condições de fornecimento em termos de preço, prazos de entrega, condições de pagamento e qualidade dos materiais fornecidos. As relações entre fabricantes e fornecedores têm sido tradicionalmente adversas, mas hoje em dia os gestores interiorizaram que a cooperação é a chave para pouparem dinheiro, manterem a qualidade e mais rapidamente poderem colocar os seus produtos no mercado.

Análise do Mercado laboral

O mercado laboral representa as pessoas no mercado que podem ser contratadas pela organização. Todas as organizações necessitam de uma oferta qualificada e experiente de pessoas capazes de desempenhar as tare-

128 | MARKETING ESTRATÉGICO

fas da organização. Os sindicatos, as associações patronais e a disponibilidade de certas categorias de trabalhadores podem influenciar o mercado laboral da organização. As forças do mercado de trabalho que afetam as organizações dos nossos dias são a crescente necessidade de literacia em meios computacionais, a necessidade de investimento contínuo em recursos humanos, através de um recrutamento cuidadoso, de formação e aperfeiçoamento e a facilidade de mobilidade da mão-de-obra.

4.3.1. ANÁLISE SWOT E MATRIZ TOWS

A formulação da estratégia começa com a análise **SWOT**, isto é, com o diagnóstico dos fatores internos e externos que afetam a posição competitiva da organização. A análise SWOT visa identificar as forças *(Strengths)* e fraquezas internas da organização *(Weaknesses)*, as oportunidades *(Opportunities)* e as ameaças externas do seu ambiente competitivo *(Threats)*.

Uma importante contribuição da análise SWOT é que os gestores não se devem preocupar apenas com o que se passa no interior da empresa, mas também com as mudanças do seu meio envolvente (Figura 4.3):

Pontos Fortes *(Strengths)*	Pontos Fracos *(Weaknesses)*
. Liderança do mercado	. Inventários elevados
. Produtos de alta qualidade	. Alta rotatividade dos empregados
. Estrutura de custos baixos	. Imagem de marca fraca
. Forte cultura organizacional	. Má gestão
. Boa situação financeira	. Dificuldades financeiras
. Investigação & Desenvolvimento	. Excesso de capacidade produtiva
Oportunidades (Opportunities)	**Ameaças *(Threats)***
. Concorrência fraca	. Saturação do mercado
. Eliminação de barreiras à entrada	. Fraca taxa de crescimento do setor
. Mudanças de hábitos de consumo	. Entrada de novos concorrentes
. Crescimento da economia	. Taxa de câmbio desfavorável
. Mudança da legislação	. Taxa de juro elevada
. Novas tecnologias	. Ameaça de compra da empresa

FIGURA 4.3 Análise SWOT

O primeiro passo da análise SWOT consiste em identificar as forças e fraquezas da organização (análise interna). A Figura 4.3 lista algumas forças importantes, como a liderança do mercado, investigação e desenvolvimento, situação financeira e algumas fraquezas, como dificuldades financeiras, inventários exagerados e elevada rotação dos empregados. O papel dos gestores é identificar as forças e fraquezas da organização, para as potenciar ou atenuar, respetivamente.

A segunda etapa da análise SWOT consiste em identificar potenciais oportunidades e ameaças do meio envolvente que afetam ou podem afetar a empresa no futuro (análise externa). A Figura 4.3 exemplifica algumas dessas oportunidades e ameaças que os gestores devem identificar para a organização aproveitar as primeiras e defender-se das segundas.

Feito o diagnóstico da situação atual e identificados os trunfos e debilidades e oportunidades e ameaças, os gestores estão em condições de continuar o processo de planeamento e determinar as estratégias específicas para cumprir a missão da organização e atingir os objetivos definidos. O resultado da definição dessas estratégias deve capacitar a organização para cumprir os objetivos, aproveitando as oportunidades, contendo as ameaças, potenciando os trunfos e atenuando as fraquezas.

A análise SWOT pode também ser usada como um instrumento para gerar alternativas estratégicas. A **Matriz TOWS** ilustra como as oportunidades e ameaças do mercado podem ser associadas aos trunfos e fraquezas da empresa e gerar quatro possíveis estratégias alternativas (Figura 4.4):

Fatores externos \ Fatores internos	Trunfos (S)	Fraquezas (W)
Oportunidades (O)	Estratégias SO Gerar estratégias que tirem partido dos trunfos para aproveitar as oportunidades	Estratégias WO Gerar estratégias que minimizem as fraquezas e que aproveitem as oportunidades
Ameaças (T)	Estratégias ST Gerar estratégias que utilizem os trunfos para evitar as fraquezas	Estratégias WT Gerar estratégias que minimizem as fraquezas e evitem as ameaças

FIGURA 4.4 Matriz TOWS

A Matriz TOWS é uma ferramenta analítica muito útil para gerar estratégias alternativas que os gestores que não tenham sido consideradas no processo de planeamento estratégico. Pode ser utilizada ao nível da empresa ou ao nível de unidades específicas de negócio.

A diferença entre a análise SWOT e a análise TOWS é que a análise SWOT se limita a identificar os pontos fortes, fracos, oportunidades e ameaças, enquanto a análise TOWS, além de identificar os cenários citados, faz a análise de como se podem combinar aqueles cenários e transformar os pontos negativos em pontos positivos

4.3.2. MODELO DAS CINCO FORÇAS COMPETITIVAS DE PORTER

A concorrência numa indústria não se limita a outras empresas que oferecem produtos ou serviços semelhantes, mas também inclui produtos ou serviços substitutivos que o consumidor pode considerar comprar. Os dois tipos de competição assumem um ponto de vista da indústria ou do mercado, também chamado de concorrência direta e indireta. A concorrência na indústria é refletida no Modelo das Cinco Forças Competitivas de Porter e está mais relacionada com os produtos semelhantes oferecidos no mercado. O ponto de vista do mercado na competição é mais amplo, pois abrange todos os produtos ou serviços que podem satisfazer a mesma necessidade do cliente.

A estrutura do setor em si impulsiona a concorrência e a lucratividade da indústria. Para analisar a indústria como um todo, Michael Porter identificou cinco forças que ajudam a empresa a entender a estrutura da indústria em que está inserida. As outras quatro forças, além da intensidade competitiva do setor, são os clientes, os fornecedores, os potenciais entrantes e os produtos substitutos. A interatividade das forças é mostrada na Figura 4.5:

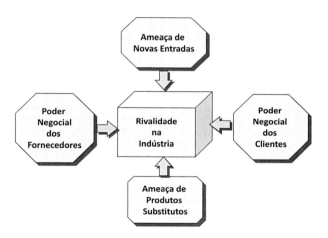

FIGURA 4.5 As Cinco Forças Competitivas de Porter

A atividade em qualquer indústria está sujeita às regras da concorrência. É da compreensão do modo de funcionamento, da estrutura da indústria e da forma como esta afeta a empresa que deve emergir a estratégia competitiva. Porter chegou à conclusão de que o potencial de lucro de uma indústria é determinado principalmente pela intensidade concorrencial na indústria, que depende de cinco forças competitivas:
- Rivalidade entre os concorrentes.
- Ameaça de novas entradas.
- Ameaça de produtos substitutos.

- Poder negocial dos clientes.
- Poder negocial dos fornecedores.

Se todas estas forças forem fortes, então é muito provável que uma empresa que queira entrar no negócio não obtenha uma boa rendibilidade. Segundo este modelo, uma indústria é tanto mais atrativa quanto menor for a intensidade das cinco forças competitivas.

Rivalidade na Indústria

Os determinantes do nível de intensidade competitiva podem consistir em causas internas ou externas à indústria, podendo referir-se a título de exemplo:
- Número de concorrentes.
- Taxa de crescimento da indústria.
- Diferenciação do produto ou serviço.
- Nível de custos fixos.
- Barreiras à saída.
- Importância estratégica do negócio.

Uma forte intensidade competitiva na indústria pode ser vista como uma ameaça porque tende a reduzir os lucros. Pelo contrário, uma fraca intensidade competitiva no setor pode ser vista como uma oportunidade porque pode permitir à empresa obter maiores lucros.

Ameaça de Novas Entradas

A entrada de novos concorrentes tem impacto no desempenho das empresas já instaladas, obrigando-as a tomar atitudes reativas. Porter identificou as seguintes consequências da entrada de novos concorrentes no mercado:

- Aumento da capacidade instalada.
- Luta por quota de mercado.
- Acréscimo no consumo de recursos.

A ameaça de entrada de novos concorrentes num mercado depende da existência de barreiras à entrada e das ações de retaliação dos concorrentes existentes. Uma barreira à entrada é uma obstrução que torna difícil a uma empresa entrar numa indústria. Algumas das possíveis barreiras à entrada são:

- Economias de escala.
- Diferenciação do produto.
- Volume de investimento.
- Política governamental.
- Acesso a canais de distribuição.
- Economia de custos (patentes, curva de experiência,...)

Ameaça de Produtos Substitutos

Um produto substituto é um produto que, embora diferente, pode satisfazer a mesma necessidade que outro produto. Por exemplo, o ipad é um substituto do computador. A pressão exercida sobre o mercado pela ameaça de produtos substitutos incrementa a competitividade na indústria e impõe tetos máximos de preços a praticar. Desta forma, a ameaça de produtos substitutos limita o potencial da indústria, afeta a performance das empresas e conduz à redução dos níveis de preços.

Poder Negocial dos Fornecedores

Os fornecedores podem afetar uma indústria através da sua capacidade de subir os preços ou reduzir a qualidade dos produtos comprados ou dos serviços. Um elevado poder negocial dos fornecedores constitui uma limitação à rendibilidade da indústria, na medida em que pode fazer aumentar os preços ou diminuir a qualidade das matérias-primas ou dos serviços prestados.

Este poder é de facto um fator restritivo da atratividade da indústria e é indispensável o estudo dos fatores que o determinam, tais como:
- A indústria de abastecimento é dominada por poucos fornecedores.
- O seu produto ou serviço é único.
- Os custos de mudança de fornecedor são elevados.
- Importância do volume de compras.
- O custo relativo no total de compras da indústria.
- Ameaça de integração a jusante.
- Concentração de fornecedores.

Por estas razões, a seleção de fornecedores torna-se numa variável estratégica crucial.

Poder Negocial dos Clientes

Os clientes afetam uma indústria pela sua capacidade de forçar a descida dos preços, exigir uma melhor qualidade do produto ou melhores serviços e pôr os concorrentes uns contra os outros. O poder negocial dos clientes assume-se cada vez mais como uma força competitiva que poderá pôr em causa a rendibilidade da indústria, por poder influenciar ou induzir variações de preços. Cada vez mais, o cliente é mais exigente, quer em termos de preço, quer em termos de qualidade, pressionando a concorrência à custa da rendibilidade da indústria.

Analisar os determinantes deste poder é estudar os fatores importantes para qualquer negócio, tais como:
- Importância do cliente na faturação da empresa.
- Ameaça de integração a montante por parte do cliente.
- Custos de mudança.
- Os produtos que compram são pouco diferenciados.

Este modelo permite identificar as caraterísticas básicas estruturais da indústria que determinam as forças competitivas e definem o potencial de lucro do setor, medido em termos de rendibilidade a médio e longo prazo dos capitais investidos.

4.3.3. INTELIGÊNCIA COMERCIAL

Muita da informação sobre o meio envolvente é obtida de uma forma informal e individual. A informação é obtida de uma variedade de fontes, como fornecedores, clientes, publicações das associações e de organismos oficiais, empregados, conferências e internet.

Competitive intelligence ou *Business intelligence* é um programa baseado nas novas tecnologias de informação, que permite obter informação sobre os concorrentes e tirar conclusões que ajudam os gestores a tomar decisões que melhorem a eficiência, a satisfação e lealdade dos clientes e aumentem as vendas e os resultados. É uma das áreas de maior crescimento da gestão estratégica. Estudos recentes mostram que há uma forte relação entre o desempenho empresarial e as atividades de *business intelligence*. Segundo os mesmos estudos, a primeira razão para dispor de um programa de *business intelligence* é obter um melhor conhecimento sobre a indústria, apoiar o processo de planeamento estratégico, desenvolver novos produtos e novas estratégias e novas táticas de marketing.

A principal atividade de *business intelligence* consiste em monitorizar os concorrentes, que são empresas ou organizações que oferecem os mesmos produtos ou serviços, produtos ou serviços similares ou produtos ou serviços substitutos na área de negócio em que a empresa opera. Para conhecer um concorrente, as empresas devem encontrar respostas para as seguintes questões:

1. Porque existem os nossos concorrentes?
2. Onde acrescentam valor — qualidade, preço, condições financeiras ou melhor serviço?

3. Quais os nossos clientes em que os concorrentes estão mais interessados?
4. Quais a estrutura de custos e situação financeira dos nossos concorrentes?
5. Estão os nossos concorrentes menos expostos aos fornecedores do que nós?
6. Qual a estratégia e planos dos nossos concorrentes?
7. De que forma as atividades dos concorrentes afetam a nossa estratégia?
8. Em que temos que ser melhores do que os concorrentes para conquistarmos clientes?
9. Há ameaça de entrada de novos concorrentes nos próximos anos?
10. Se fossemos um cliente escolheríamos os nossos produtos em vez dos produtos dos concorrentes?

Para responder a estas e outras questões, os profissionais de *competitive intelligence* podem usar alguns instrumentos de análise estratégica, como análise SWOT, Modelo das Cinco Forças Competitivas de Porter e análise de *clusters*.

Business intelligence inclui software como *data mining*, que pesquisa e analisa dados de múltiplas fontes internas e externas à organização, para identificar padrões de desempenho e de qualidade total e relações que podem ser importantes para a organização, bem como análises estatísticas e relatórios sobre áreas específicas da organização.

A aplicação *business intelligence* pode ajudar os gestores a otimizar os resultados, adequando o mix de produtos às necessidades do mercado, a evitar arquivos desnecessários de informação e a detetar deficiências na organização, como defeitos na produção e possíveis fraudes.

São várias as fontes de *competitive intelligence*. Muitas empresas recorrem a organizações exteriores para obter dados e informações sobre os concorrentes. As informações sobre as condições do mercado, as normas e regulamentos governamentais, os concorrentes na indústria e novos produtos podem ser obtidas através de empresas especializadas (*brokers*). Algumas empresas criaram as suas próprias bases de dados e sistemas de informação computadorizados para gerir o manancial de informação disponível. Outras recorrem à *internet*, que é uma forma rápida de obter informações sobre a envolvente dos negócios. Outras ainda escolhem a espionagem industrial para obter informação sobre os concorrentes, tecnologias, planos de negócio e estratégias de preço.

4.4. RESUMO DO CAPÍTULO

A análise do ambiente externo envolve a monitorização, a recolha e a avaliação da informação, de modo a compreender a situação atual e as tendências do meio envolvente que podem afetar a organização. A informação obtida nesta fase é utilizada para projetar a empresa no futuro. O fator chave de sucesso das organizações é não assumir que a indústria se manterá na mesma como até agora, mas assumir que muda e que se prever a evolução futura estará em melhores condições de enfrentar as mudanças ou ameaças do meio envolvente. Muitas vezes, os melhores jogadores de futebol não são os que têm mais capacidades atléticas ou os que estão atentos ao local onde a bola se encontra, mas os que são capazes de prever onde irá cair. É esta capacidade de previsão que distingue os jogadores excelentes dos bons jogadores, do mesmo modo que é a capacidade de prever a evolução do meio envolvente externo que distingue os líderes dos gestores.

O sucesso ou insucesso de uma organização pode ser influenciado pelo ambiente interno, pelas oportunidades e ameaças do meio ambiente externo ou pela ação simultânea de ambos e pela adequação da cultura da organização às incertezas e necessidades do meio envolvente. No capítulo seguinte faremos a análise do ambiente interno.

QUESTÕES

1. Descreva o ambiente externo e defina em que medida afeta o sucesso ou o falhanço de uma organização.
2. Distinga entre microambiente e macroambiente de marketing.
3. Quais são as forças do meio envolvente externo que criam incerteza às organizações no mundo atual?
4. Alguns autores afirmam que a importância de cada uma das várias forças do meio envolvente externo difere de indústria para indústria. Concorda? Justifique.
5. Se estivesse a ser entrevistado para um lugar numa empresa e se fosse questionado sobre a importância do conhecimento das forças do meio envolvente, como responderia?
6. Descreva a análise SWOT e qual a sua utilidade para a análise do ambiente externo e interno de uma organização?
7. Descreva o modelo das Cinco Forças Competitivas de Porter e qual a sua utilidade para analisar a atratividade de uma indústria.

ANÁLISE ESTRATÉGICA DO AMBIENTE INTERNO

Analisar e avaliar a envolvente externa de uma organização, para determinar as oportunidades e ameaças, não é suficiente para avaliar a estratégia da organização e assegurar vantagem competitiva. É necessário também fazer uma análise do ambiente interno da empresa, a fim de identificar as possíveis fontes de vantagem competitiva sobre as quais deve basear a sua estratégia.

Neste capítulo, vamos apresentar os principais fundamentos da análise interna, para identificar as principais forças e fraquezas, as atividades, operações e processos que fundamentam a definição e implementação de uma estratégia competitiva. Nessa perspetiva, será feita a análise da cadeia de valor de uma indústria, decompondo uma unidade de negócios nas suas atividades estratégicas relevantes, com o objetivo de identificar as fontes de vantagem competitiva sustentável relativamente aos concorrentes.

OBJETIVOS DE APRENDIZAGEM

Depois de ler e refletir sobre este capítulo, o leitor deve ser capaz de:
- ➤ Saber avaliar os recursos, capacidades e competências de uma organização.
- ➤ Saber determinar as competências distintivas de uma organização.
- ➤ Distinguir competências nucleares (*core competences*) de competências distintivas (*distinctive competencies*).
- ➤ Identificar os fatores internos fonte de vantagem competitiva sustentável.
- ➤ Saber usar a análise SWOT e a análise da cadeia de valor como instrumentos de avaliação de vantagem competitiva de uma organização.
- ➤ Saber como pode uma organização ganhar vantagem competitiva sustentável.

5.1. INTRODUÇÃO

Para avaliar a estratégia futura de uma empresa é importante fazer uma análise interna, com vista identificar as atividades, capacidades, competências, operações e processos que a empresa realiza, com o objetivo de identificar possíveis fontes de vantagens competitivas.

O ambiente interno de uma empresa consiste de variáveis (trunfos e fraquezas) que estão no interior da empresa. Estas variáveis constituem o contexto em que a empresa trabalha e incluem a estrutura, a cultura e os recursos da organização. As forças constituem as competências distintivas que a empresa tem e que pode usar para ganhar vantagem competitiva.

5.2. RECURSOS, CAPACIDADES E VANTAGEM COMPETITIVA

Na literatura sobre estratégia pode encontrar-se diferentes definições de vantagem competitiva. Porter define vantagem competitiva como *"o melhor desempenho das atividades estratégicas de uma organização relativamente aos seus concorrentes"*. De acordo com Porter, o conceito de vantagem competitiva está estreitamente relacionado com as atividades que uma empresa realiza, logo o que diferencia uma empresa de outra é o conjunto de atividades que desempenha e quais as que desempenha melhor do que os concorrentes.

Uma forma mais adequada de medir a existência de vantagem competitiva é o conceito de criação de valor, que compara a rendibilidade obtida pela empresa com o custo dos investimentos efetuados, os quais incluem todos os custos associados à produção e venda, mais a remuneração do capital investido e o risco do negócio.

Os fatores diferenciadores de competitividade que geram vantagem competitiva resultam das vantagens que a empresa seja capaz de conseguir relativamente aos seus concorrentes. Estas diferenças podem resultar de diferentes atividades, dos investimentos que realiza, que permitem produzir a custos mais baixos, da forma como combina essas atividades ou os investimentos, da forma como diferencia o produto do dos concorrentes e do grau de complementaridade entre eles.

São fontes de vantagem competitiva a capacidade de produzir a custos mais baixos ou diferenciar os produtos relativamente aos concorrentes, de forma que as diferenças sejam valorizadas pelos consumidores (Figura 5.1):

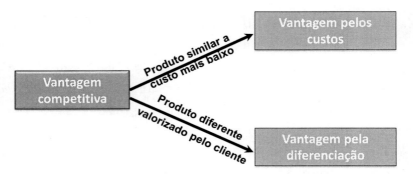

FIGURA 5.1 Fontes de Vantagem Competitiva

A **vantagem pelos custos** consiste em produzir a custos unitários mais baixos que os concorrentes e obter vantagem, quer vendendo a preços mais baixos, quer obtendo margens de lucro mais favoráveis. A vantagem pelos custos pode ser obtida através da ação individual ou conjugada dos seguintes efeitos:

- **Efeito de economias de escala** — especialização e divisão do trabalho.
- **Efeito da curva de aprendizagem** — melhorias organizacionais e rotinas de trabalho que são possíveis de obter em produções em grande escala.
- **Melhoria das técnicas de produção** — inovação e reengenharia.
- **Capacidade de utilização** — redução dos custos unitários fixos.
- **Eficiência de gestão** — motivação, eficiência.

A **diferenciação** traduz-se na capacidade de oferecer uma oferta diferente, que é valorizada pelos clientes e pela qual estão dispostos a pagar mais caro. A chave da diferenciação consiste em criar valor para o cliente. A diferenciação pode ser:

- **Tangível** — tem a ver com as caraterísticas do produto, como tamanho, cor, materiais, desempenho, embalagem e serviços complementares.
- **Intangível** — tem a ver com as caraterísticas não observáveis e subjetivas, como *status*, identidade da marca e desejo de exclusividade.

As marcas de automóveis de luxo, como a Mercedes, a Audi ou a Jaguar, fazem uso desta estratégia, procurando constantemente diferenciar os produtos dos seus concorrentes, através de inovações tecnológicas que melhoram o conforto, o desempenho e a segurança dos seus modelos.

As empresas recorrem também, muitas vezes, ao uso de estratégias híbridas que combinam estratégias de baixo custo (*low cost*) e diferenciação em pacotes atrativos que criam valor para o cliente. É o caso do IKEA que tem um modelo de negócio baseado no conceito de *design* (mobiliário atrativo), boa qualidade, barato e extremamente funcional.

Outro desafio importante que se coloca hoje aos gestores é o uso de novas tecnologias de informação, como a **internet** e o *e-commerce*, que permitem aos gestores e aos trabalhadores obter melhores desempenhos nas suas funções, qualquer que seja o nível hierárquico na organização. É hoje imperativo das melhores empresas a busca de novas tecnologias de informação que as possam ajudar a construir vantagem competitiva sustentável.

As melhores empresas, como a Microsoft, a Hitachi ou a Apple e outras empresas, utilizam exclusivamente sistemas eletrónicos de comunicação, como o email, a internet e a videoconferência, acessíveis através de computadores pessoais, para desenvolver vantagem competitiva.

5.3. VANTAGEM COMPETITIVA SUSTENTÁVEL

Mas não basta que uma empresa tenha vantagem competitiva. É preciso que tenha vantagem competitiva sustentável, ou seja, que permita explorar continuamente as capacidades, os recursos disponíveis e desenvolver competências nucleares e competências distintivas. Capacidades referem-se às aptidões de uma empresa explorar os seus recursos. Pode haver capacidades de marketing, capacidades de produção, capacidades financeiras e capacidades de gestão dos recursos humanos. Competência refere-se à integração e coordenação das capacidades. Por exemplo, uma competência no desenvolvimento de um novo produto pode resultar de várias capacidades, como capacidades de produção ou de investigação e desenvolvimento.

Competências nucleares (*core competences*) são competências transversais à organização e são tudo o que a empresa faz bem. As competências distintivas (*distinctive competences*) são competências que salvaguardam a empresa da ameaça dos concorrentes e são fonte de vantagem competitiva sustentável. Para serem sustentáveis, as competências devem ser valorizadas pelo cliente (*Valuable*), ser raras (*Rare*), o que significa que nenhum concorrente tem essas competências, serem difíceis de imitar (*Inimitable*) e a organização estar preparada para explorar os recursos (*Organization*). Se a resposta a cada um destes atributos é positiva para uma determinada competência, então é considerada ser um trunfo e uma fonte de vantagem competitiva sustentável.

É importante avaliar a importância dos recursos, capacidades e competências da organização para saber se são fatores internos estratégicos, capazes de moldar e sustentar o futuro da organização. Esta análise pode ser feita comparando as medidas destes fatores com o desempenho no passado, com os principais concorrentes e com os indicadores da indústria. Se os recursos, capacidades e competências da empresa são significativamente diferentes, para melhor ou para pior, do que no passado, do que os concorrentes e do que a média da indústria, então os recursos disponíveis são um fator estratégico e devem ser considerados nas decisões estratégicas.

5.4. ANÁLISE DA CADEIA DE VALOR

A análise interna visa identificar e analisar as atividades, operações e processos que a empresa realiza, com o objetivo de identificar possíveis fontes de vantagens competitivas (*core competencies*) sobre as quais deve basear a sua estratégia.

A análise sistemática das atividades individuais da cadeia de valor permite ter um melhor conhecimento das forças e fraquezas internas da empresa (*core deficiencies*). De acordo com Porter, "*as diferenças entre as cadeias de valor dos concorrentes são a fonte chave de vantagem competitiva*".

A cadeia de valor é essencialmente uma forma de análise das atividades de uma empresa, mediante a qual se decompõe uma unidade de negócios nas suas atividades estratégicas relevantes, com o objetivo de identificar as suas fontes de vantagens competitivas e de diferenciação relativamente aos concorrentes.

A cadeia de valor permite descrever a empresa como uma série de atividades, processos ou operações inter-relacionadas, em que cada uma delas é um elo de uma cadeia que explica a forma como a empresa gera a sua margem. O êxito da estratégia de uma empresa baseia-se fundamentalmente na consistência das inter-relações das atividades que leva a cabo num meio envolvente hostil e competitivo. A Figura 5.2 apresenta uma cadeia de valor típica de uma indústria transformadora:

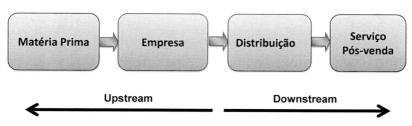

FIGURA 5.2 Cadeia de Valor Típica de uma Indústria

Na maioria das indústrias, produzir e disponibilizar os produtos aos compradores implica construir relações com os parceiros a montante (*upstream*) e a jusante (*downstream*) da cadeia de valor. Os segmentos *upstream* referem-se às atividades a montante na indústria, como o fornecimento de matérias-primas, de componentes, partes ou outros elementos necessários para poduzir um produto. Os segmentos *downstream* referem-se às atividades de marketing que fazem a ligação da empresa com o mercado e os seus clientes.

Cada empresa tem a sua própria cadeia de valor. Para identificar as atividades da cadeia de valor, Porter separa as atividades principais ou primárias, que começam com a logística de entrada (movimentação de matérias-primas e armazenagem), passa pelo processo produtivo em que o produto é manufaturado e continua pela logística de saída (armazenagem e distribuição) até às atividades de marketing e serviço pós-venda, das atividades de suporte ou de apoio. As atividades de suporte ou apoio, como as compras de matérias-primas, máquinas e abastecimentos (*procurement*), investigação e desenvolvimento tecnológico (I&D), gestão de recursos humanos e infraestruturas (contabilidade, finanças, planeamento estratégico) garantem que as atividades primárias da cadeia de valor sejam executadas de forma eficaz e eficiente.

As atividades primárias intervêm diretamente no processo de construção de valor da empresa. Estão associadas aos processos de fabricação do produto ou serviço e à comercialização do mesmo, incluindo a venda e o serviço pós-venda (Figura 5.3):

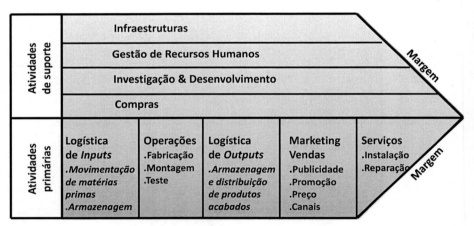

FIGURA 5.3 Cadeia de Valor de Porter

Entre as **atividades primárias** mais frequentes encontram-se:
a. **Logística interna ou de entrada** — são atividades associadas à aquisição de matérias-primas e outros materiais. Contempla atividades como a receção de materiais, armazenagem, distribuição

pelas diferentes etapas do processo produtivo, controlo de inventários de matérias-primas e devoluções de materiais.

b. **Operações** — são atividades associadas ao processo de transformação de materiais em produtos ou serviços, incluindo os produtos intermédios e produtos em vias de fabrico. Considera aspetos como a planificação e programação da produção, processos operativos, manutenção de equipamentos, controlo de qualidade e gestão de produtos defeituosos.

c. **Logística externa ou de saída** — são atividades relacionadas com o transporte da produção para o armazém de produtos acabados e expedição dos produtos até ao ponto de receção pelo cliente. Inclui atividades como receção de produtos acabados, gestão de inventários de produtos acabados, distribuição do produto até às instalações do cliente, gestão da frota de distribuição, processamento das encomendas e programação das entregas.

d. **Marketing e vendas** — são atividades associadas ao processo de comercialização dos produtos e serviços. Inclui atividades como a seleção e gestão dos canais de distribuição, planificação e execução de campanhas de promoção e publicidade, gestão da força de vendas, estabelecimento de políticas comerciais e de crédito e determinação da política de preços.

e. **Serviço pós-venda** — são atividades associadas com a gestão das relações com o cliente. Inclui atividades como a gestão de garantias e gestão das relações comerciais com os clientes.

As **atividades de apoio** são as atividades que permitem que as atividades primárias se desenvolvam da melhor maneira. Apesar de cada empresa ter atividades de apoio diferentes, as mais comuns são:

a. **Infraestruturas** — refere-se às atividades de apoio geral à atividade da empresa. Incluem atividades e processos gerais, como o planeamento, a contabilidade, o apoio jurídico, entre outros.

b. **Gestão dos recursos humanos** — refere-se às atividades relacionadas com a seleção, recrutamento, formação, desenvolvimento de carreiras e compensação das diferentes pessoas que constituem a empresa.

c. **Investigação & Desenvolvimento** — refere-se às atividades que visam o desenvolvimento de conhecimentos, processos, sistemas e qualquer atividade relacionada com a melhoria e inovação de novos produtos ou serviços.

d. **Compras** — refere-se às atividades relacionadas com a aquisição de recursos necessários ao desenvolvimento da empresa.

A análise da cadeia de valor de uma empresa envolve as seguintes três etapas:

1. Análise da cadeia de valor de cada linha de produto em termos das várias atividades envolvidas na produção do produto ou serviço. Que atividades podem ser consideradas trunfos (competências nucleares) ou fraquezas (deficiências nucleares)? Alguma das competências nucleares proporciona vantagem competitiva sustentável (competências distintivas)?

2. Análise das ligações da cadeia de valor em cada linha do produto.

3. Análise das sinergias potenciais entre as cadeias de valor das diferentes linhas de produtos ou diferentes unidades de negócio.

Uma indústria pode ser analisada em termos de margem de lucro gerada em cada ponto da cadeia de valor. A análise sistemática das atividades individuais da cadeia de valor pode levar a um melhor conhecimento das forças e fraquezas da empresa e dos pontos da cadeia geradores de lucros e de prejuízos.

5.5. RESUMO DO CAPÍTULO

Monitorizar o ambiente externo é apenas uma parte da análise do meio envolvente das organizações. A análise da envolvente externa para detetar as oportunidades e ameaças não é suficiente para ganhar vantagem competitiva. Para além da análise externa, os gestores precisam também de analisar o ambiente interno da organização, para identificar os fatores críticos de sucesso, como os recursos disponíveis, as capacidades e competências existentes na organização e averiguar se uma organização será capaz de ganhar vantagem competitiva sobre os concorrentes.

A análise cuidadosa da cadeia de valor da organização permite aos gestores encontrar resposta para as seguintes questões: (1) Quais os trunfos e fraquezas da organização? (2) Como pode a organização ganhar e manter vantagem competitiva sobre os concorrentes?

A resposta a estas questões só poderá ser encontrada se os gestores analisarem cuidadosamente a cadeia de valor da organização. Só analisando a cadeia de valor é possível perceber em que fases do processo produtivo a empresa cria ou destrói valor e tomar as medidas adequadas para ultrapassar essas dificuldades. Uma empresa pode ter várias linhas de produtos ou serviços, mas só uma ou algumas delas podem estar a contribuir para obtenção de lucro e criação de valor, enquanto outras podem estar a gerar prejuízos e a destruir valor.

Só sabendo onde está a criar e a destruir valor o gestor poderá tomar em tempo oportuno as medidas corretivas adequadas. Daí a importância da análise interna da organização.

QUESTÕES

1. Qual a relevância da teoria baseada nos recursos para a gestão estratégica?

2. Quais são os prós e contras em usar a curva de experiência para determinar a estratégia de uma organização?

3. Indique e explique quais das seguintes vantagens competitivas são sustentáveis, segundo a teoria associada à dificuldade de imitação:

   a. Uma empresa de gelados lança uma nova linha de produtos com sabores exóticos.

   b. Uma empresa produtora de automóveis lança uma campanha inovadora de marketing.

4. A inflexibilidade é uma ameaça à sustentabilidade da vantagem competitiva?

5. Deve uma empresa ter competências nucleares? Algumas competências são competências distintivas? Justifique.

6. Deve uma empresa ter vantagem competitiva? Porquê?

7. Qual será o futuro previsível de uma empresa se continuar a percorrer o mesmo caminho que tem vindo a seguir?

8. Como pode a análise da cadeia de valor ajudar a identificar as forças e fraquezas de uma empresa.

FORMULAÇÃO DA ESTRATÉGIA DE MARKETING

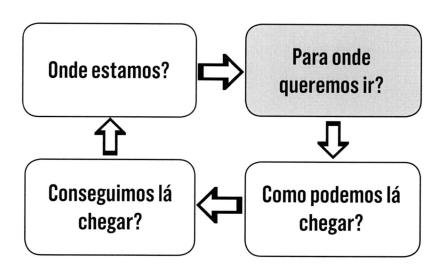

ESTRATÉGIAS DE MARKETING

A última fase do marketing estratégico é a formulação da estratégia de marketing mais adequada para os objetivos da empresa. O planeamento estratégico de marketing começa com a análise dos elementos chave necessários para selecionar a estratégia que melhor se adeque às caraterísticas da empresa e do mercado em que opera, o que implica a análise do mercado, do ciclo de vida dos produtos, as interações entre os elementos do marketing mix e a análise do portfólio de negócios.

A definição das estratégias de marketing implica também analisar as estratégias comerciais a levar a cabo pela empresa e escolher as mais adequadas, que podem ser ofensivas, quando se pretende conseguir uma maior quota de mercado nos mercados atuais ou conquistar novos mercados, ou defensivas, se o objetivo é manter a quota de mercado, proteger as posições competitivas e melhorar a rendibilidade.

OBJETIVOS DE APRENDIZAGEM

Depois de ler e refletir sobre o capítulo, o leitor deve ser capaz de:

- ➢ Compreender o planeamento de *marketing* e os requisitos necessários para a elaboração de um adequado plano de marketing.
- ➢ Conhecer o que é a estratégia de marketing e os diferentes tipos de estratégias de marketing.
- ➢ Conhecer as vantagens que um plano de marketing proporciona à empresa.
- ➢ Conhecer as diversas fases do processo de elaboração de um plano de marketing.
- ➢ Conhecer os mecanismos de controlo sobre os objetivos, procedimentos e responsáveis.
- ➢ Saber distinguir entre mercados de consumo e mercados industriais.

6.1. ESTRATÉGIA DE MARKETING

Uma estratégia de marketing é um conjunto de decisões e ações integradas pelas quais um negócio procura atingir os seus objetivos de marketing e criar valor para os clientes. Deve ser capaz de criar e manter vantagem competitiva relativamente aos concorrentes, com vista a assegurar a sua sobrevivência a longo prazo (Ferrell & Hartline 2011).

Uma estratégia de marketing define a orientação geral e os objetivos de marketing e explica o que a empresa tem que fazer para que os seus produtos cheguem aos clientes. A estratégia de marketing envolve a análise da situação atual da empresa e a formulação, avaliação e seleção das estratégias apropriadas que contribuem para atingir os objetivos da empresa. Inclui a avaliação e análise dos clientes, dos concorrentes e dos mercados alvo, bem como os elementos do ambiente tecnológico, económico, cultural e politico-legal, que podem constituir barreiras ou ter impacto no sucesso do negócio. Quando se faz uma análise intensiva do mercado, é possível desenvolver um perfil estratégico para reconhecer as escolhas do negócio, estabelecer um conjunto de objetivos e definir uma política de marketing mix adequada para atingir esses objetivos.

Uma estratégia de marketing estabelece um objetivo e uma orientação unificada de marketing para a empresa. Uma estratégia de marketing consiste em segmentar o mercado, selecionar o grupo de clientes que estão disponíveis para comprar os produtos da empresa e desenhar uma estratégia de marketing para esse segmento alvo de consumidores (Kotler & Armstrong, 2018).

6.2. PLANEAMENTO ESTRATÉGICO DE MARKETING

O planeamento estratégico de marketing define a orientação estratégica da empresa e assume um papel fundamental na consecução dos objetivos de longo prazo, como o crescimento das vendas, o aumento da quota de mercado e a melhoria dos resultados. As estratégias de marketing de longo prazo estabelecem a direção a seguir relativamente ao portfólio de negócios, que inclui todas as áreas de produto ou mercado atuais e potenciais. O processo de planeamento de marketing deve também escolher as táticas de implementação, ou seja, as formas de usar os instrumentos de marketing mix do produto, do preço, da promoção e da distribuição para atingir e influenciar os potenciais clientes (Crawford & Di Benedetto, 2015).

A Figura 6.1. monstra claramente que o planeamento estratégico de marketing começa com a análise do mercado, seguida da segmentação do mercado e seleção do mercado alvo e das políticas de marketing mix para atingir esse mercado alvo:

Figure 6.1 Marketing Estratégico

O conceito de marketing estratégico enfrenta um conjunto de desafios. Estes desafios surgem devido ao aumento do número de clientes, aos mercados turbulentos, à rápida expansão da tecnologia e à globalização. Há um grande número de segmentos de consumidores, de produtos, de meios de comunicação e canais de distribuição, o que torna difícil aos gestores conhecer que tipo de marketing será mais ajustado aos objetivos que se procuram atingir. Compreender os inputs e outputs dos segmentos de consumidores tem-se tornado muito difícil devido à turbulência e complexidade dos mercados. Os recursos são por natureza escassos e como tal devem ser usados cautelosamente. Nestas condições, torna-se necessário que os marketers conheçam as teorias e estratégias para combater as crescentes ameaças do meio envolvente.

Também a recente crise financeira e a subsequente quebra do consumo tem forçado os gestores a planear estratégias de marketing mais equilibradas e sustentáveis. É sempre um desafio decidir que estratégia de marketing será melhor ajustada a um produto num determinado contexto e num determinado momento.

6.3. DEFINIÇÃO E ANÁLISE DO MERCADO

O conhecimento dos concorrentes, dos potenciais consumidores do produto da empresa, a definição e fixação de objetivos e a análise da carteira de negócios, implica definir previamente os limites do mercado. O mercado é constituído pelo conjunto dos atuais e potenciais compradores de um produto ou serviço. Estes compradores são indivíduos que partilham uma necessidade ou desejo comum que podem ser satisfeitos através de relações de troca. A dimensão de um mercado depende de três fatores: número dos atuais e potenciais clientes, recursos disponíveis e vontade de investir num produto.

São vários os elementos de análise dos limites do mercado. Tradicionalmente utiliza-se como principal medida do nível de concorrência entre os produtos a elasticidade preço da procura, segundo a qual, quanto mais elevada for, mais substituíveis podem ser considerados os produtos.

Os mercados podem classificar-se em mercados de consumo e mercados industriais.

6.3.1. MERCADOS DE CONSUMO (B2C)

Os mercados de consumo são constituídos pelos utilizadores finais do produto ou serviço e incluem indivíduos e famílias que são atuais ou potenciais compradores do produto ou serviço. Os produtos de consumo são produtos comprados por consumidores individuais para seu uso pessoal ou fruição ou para uso de outras pessoas. São produtos destinados ao consumidor final.

Os produtos de consumo podem classificar-se em produtos de conveniência, produtos de consumo corrente (*commodities*) e produtos de especialidade (*specialities*). Os produtos de conveniência referem-se a produtos que os consumidores compram frequentemente, com um esforço mínimo de comparação e baixo envolvimento do comprador. Geralmente os preços são mais baixos e estão disponíveis em vários pontos de venda, como lojas dos chineses ou postos de abastecimento de combustíveis. São divididos em três categorias: produtos básicos ou produtos de primeira necessidade, produtos de impulso de compra e produtos de emergência.

Os produtos de consumo corrente são produtos que satisfazem necessidades básicas e não se distinguem dos produtos concorrentes. São produtos comprados com menos frequência e cuidadosamente comparados em termos de adequação, qualidade, preço, durabilidade, economia, desempenho e modelo. Exemplos desse tipo de produtos são artigos de consumo, como gasolina, eletrodomésticos, televisores, móveis, roupas e equipamentos informáticos. Os consumidores têm mais trabalho na escolha e gastam mais tempo a obter informações sobre o produto e a comparar com outros produtos até efetuarem a compra.

Os produtos de especialidade são produtos diferenciados, exclusivos. Possuem caraterísticas únicas e são dirigidos a um público selecionado, identificado com a marca do produto e que fazem um grande esforço para o adquirir. Exemplos clássicos desse tipo de produtos são as marcas de automóvel de luxo como a Ferrari e a Porshe. O consumidor de produtos de especialidade possui a convicção clara do que quer, faz pouca ou nenhuma comparação entre as marcas e está disposto a pagar a quantia de dinheiro que for necessária para ter o produto.

6.3.2. MERCADOS INDUSTRIAIS (B2B)

Ao contrário dos produtos de consumo, os produtos industriais não são destinados ao consumidor final. São produtos comprados por empresas para serem processados ou incorporados na produção de outros produtos. Por exemplo, um motor elétrico não se destina a ser comprado pelos consumidores individuais, mas para ser incorporado noutros bens, como o automóvel ou eletrodomésticos. É o que diferencia os produtos de consumo dos produtos industriais.

Nos mercados industriais os compradores são indivíduos ou organizações que são atuais ou potenciais compradores de mercadorias e serviços que são usados na produção de outros produtos ou serviços e que, por sua vez, são oferecidos a outros. As empresas compram produtos e serviços para usar na produção de outros produtos e serviços que são vendidos, alugados ou fornecidos a outras empresas. Contudo, embora com objetivos diferentes, os compradores nos mercados industriais basicamente têm as mesmas necessidades, desejos e emoções que os compradores nos mercados de consumo.

Nos mercados industriais os compradores compram produtos ou serviços para beneficiarem com o investimento e alcançarem maiores rendimentos ou custos mais baixos. Dadas as caraterísticas dos mercados industriais, a empresa que vende produtos ou serviços a outras empresas deve compreender os mercados industriais e o comportamento do comprador nas organizações.

6.4. O CICLO DE VIDA DOS PRODUTOS

Os produtos, tal como as pessoas, têm ciclos de vida que vão desde o lançamento ao declínio, passando pelo crescimento e maturidade. O conceito de ciclo de vida descreve as fases em que o produto se encontra no mercado. Uma importante tarefa dos gestores é gerir os seus produtos ao longo dos seus ciclos de vida, podendo incidir sobre o produto, sobre o mercado ou implicar o reposicionamento do produto.

O modelo do ciclo de vida dos produtos descreve a evolução das vendas de um produto no mercado em quatro fases (Figura 6.2):

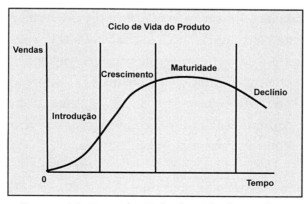

FIGURA 6.2 Fases do Ciclo de Vida do Produto

Em função da fase em que se encontra o produto, as decisões estratégicas serão diferentes. Esta evolução das vendas representa-se em quatro etapas, a saber:

1. **Introdução** — esta fase ocorre quando o produto é introduzido no mercado e carateriza-se por um crescimento lento das vendas e dos lucros, que são mínimos. Esta fase caracteriza-se por uma grande necessidade de investimento no desenvolvimento do produto e em distribuição e promoção.

2. **Crescimento** — esta fase de crescimento ou desenvolvimento carateriza-se pelo rápido crescimento das vendas e pelo aparecimento dos concorrentes. Nesta fase surge a necessidade de melhoria da qualidade do produto, com o objetivo de o diferenciar dos concorrentes e é importante a existência de uma rede de distribuição eficiente.

3. **Maturidade** — esta fase carateriza-se por uma estagnação ou mesmo redução das vendas e dos lucros, em virtude da forte concorrência e da estagnação do mercado. Os mercados começam a ficar saturados e a inovação é limitada. A atenção do marketing é orientada para manter a posição no mercado, através da diferenciação do produto e da fidelização dos clientes atuais.

4. **Declínio** — esta fase ocorre quando as vendas e os lucros começam a cair. Nesta fase há excesso de capacidade, podendo a empresa seguir uma das duas estratégias:

    a. **Abandono** — é a estratégia mais drástica, devendo ser adotada quando o produto começa a gerar prejuízo.

    b. **Colheita** — a empresa decide manter o produto, mas reduz os custos de marketing. O objetivo desta estratégia é manter o produto em laboração para satisfazer as necessidades dos clientes e permitir uma melhor rendibilização de eventuais recursos excedentários noutras áreas da empresa.

O modelo do ciclo de vida do produto é um conceito demasiado simplista. Na verdade, a longitude total do ciclo, a duração de cada uma das fases e a forma da curva variam de produto para produto, sendo certo que, com a rápida evolução da tecnologia e as alterações dos gostos e exigências dos consumidores, o ciclo de vida dos produtos é cada vez mais curto, o que tem consequências ao nível da estratégia de gestão do produto, na medida em que torna mais arriscados os investimentos.

6.5. ANÁLISE DO PORTFÓLIO E PLANOS ESTRATÉGICOS DE MARKETING

Os diversos negócios do portfólio de uma empresa contribuem para os resultados em função da atratividade do mercado e da posição competitiva atual e futura da empresa no mercado. Em função da posição que ocupam na carteira, alguns negócios necessitam de investimentos adicionais para ganhar ou defender a sua posição competitiva, enquanto outros requerem que se reduza a sua posição tendo em vista rendibilizar o negócio. Outros verão reduzida a sua posição se a empresa considerar abandonar essa área de negócio. Dado que os recursos são escassos, torna-se necessário a existência de um plano estratégico de mercado que indique em que negócios apostar e em que negócios desinvestir ou mesmo abandonar.

Para facilitar o processo de planeamento estratégico de marketing, deve partir-se da análise da carteira de negócios que se baseia em duas dimensões estratégicas: **atratividade do mercado** e **posição competitiva**. A **atratividade do mercado** baseia-se na análise das forças do mercado, da intensidade competitiva da indústria e da facilidade de acesso ao mercado:

- **Forças do mercado** — dimensão do mercado, taxa de crescimento do mercado, ciclo de vida do produto e poder de compra dos consumidores.
- **Intensidade competitiva** — número de concorrentes, guerra de preços e facilidade de entrada na indústria.

- **Facilidade de acesso ao mercado** — conhecimento do mercado, facilidade de acesso aos canais de marketing e força de vendas.

Tendo por base estes fatores de atratividade do mercado, é possível construir um índice composto de medição da atratividade do mercado, bastando, para o efeito, atribuir uma ponderação a cada um dos fatores. Os fatores que definem a atratividade do mercado podem variar de indústria para indústria em função das caraterísticas da indústria e do contexto em que faz a análise.

A outra dimensão da matriz do portfólio é a **posição competitiva da empresa** relativamente aos seus concorrentes. Para efetuar a medição das vantagens competitivas, segue-se o mesmo procedimento que a atratividade do mercado, ou seja, analisa-se a posição competitiva do negócio ou mercado em função de três dimensões: diferenciação do produto, vantagem pelos custos e vantagem de marketing no mercado, que se podem agrupar do seguinte modo:

- **Vantagem pela diferenciação** — qualidade do produto, qualidade do serviço e imagem da marca.
- **Vantagem pelos custos** — custos unitários, custos de transação e gastos de marketing.
- **Vantagem de marketing** — quota de mercado, notoriedade da marca e canais de distribuição.

Tal como acontece com a atratividade do mercado, é possível construir um índice composto de medição da vantagem competitiva, atribuindo um coeficiente de ponderação a cada dimensão em função da sua importância relativa.

Com base nos índices de atratividade do mercado e de vantagem competitiva para cada um dos negócios, é possível construir a Matriz GE/McKinsey da carteira de negócios da empresa (Figura 6.3):

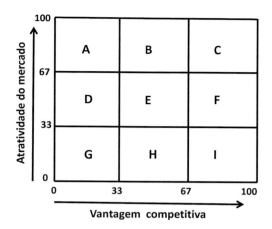

FIGURA 6.3 Carteira de Negócios

Em função dos índices de atratividade do mercado e de vantagem competitiva, constrói-se a Matriz CE/McKinsey que representa a carteira de negócios da empresa, representada pelas letras A a I (Figura 6.3). Os negócios com elevada atratividade do mercado e elevada vantagem competitiva têm maiores possibilidades de apresentar melhores resultados e rendibilidades mais elevadas. Os negócios que se encontram nas posições A, B, C, D, E e F têm mais possibilidades de expansão e tendem a seguir estratégias ofensivas e a apresentar planos estratégicos de investimento para crescer ou proteger as posições competitivas. Os negócios situados nos quadrantes G, H e I tendem a adotar estratégias defensivas e a apresentar planos estratégicas de otimização e rendibilização, ou mesmo de colheita ou desinvestimento e abandono.

6.6. ANÁLISE DO PORTFÓLIO E ESTRATÉGIAS DE MARKETING

Cada posição na Matriz GE/McKinsey recomenda uma estratégia e um plano de marketing diferentes. Os diferentes tipos de estratégias representadas na matriz podem caraterizar-se da seguinte forma:

I — Estratégias ofensivas para fortalecer a posição competitiva

a. **Estratégia de crescimento** — investir em marketing para fortalecer a posição competitiva e melhorar a quota de mercado ou entrar em novos mercados atrativos.

b. **Estratégia de melhoria da posição competitiva** — investir para melhorar ou reforçar a posição competitiva da empresa num segmento atrativo do mercado.

c. **Estratégia de expansão** — investir para conseguir entrar em novos mercados atrativos ou desenvolver novos produtos. As estratégias de desenvolvimento de novos produtos exigem grandes investimentos em marketing, o que pode originar prejuízos enquanto o negócio não atingir o *breakeven*.

II — Estratégias defensivas para maximizar os resultados nos mercados existentes

a. **Estratégia de proteção da posição competitiva** — investir para proteger a quota de mercado e a vantagem competitiva.

b. **Estratégia de otimização da posição** — proteger seletivamente e otimizar o marketing mix para conseguir o máximo de benefícios.

c. **Estratégia de monitorização e rendibilização** — gerir os preços e os recursos de marketing de forma a otimizar os resultados sem abandonar o mercado. As empresas reduzem os investimentos e procuram rendibilizar a sua posição no mercado.

d. **Estratégia de desinvestimento e abandono** — maximizar a rendibilidade e minimizar os gastos. À medida que se reduz o volume de vendas, as empresas aumentam os preços para manterem as margens. As despesas de marketing tendem a reduzir-se.

Ao planos estratégicos ofensivos orientam-se mais para o crescimento que os planos defensivos. Os planos ofensivos são mais adequados para mercados atrativos, enquanto os planos defensivos destinam-se a proteger posições competitivas e a contribuir para gerar fluxos de tesouraria e resultados de curto prazo. Para satisfazer os objetivos de rendibilidade a curto prazo, as empresas devem proteger as suas posições estratégicas e desenvolver posições de liderança, tanto nos mercados atuais como nos novos mercados.

Cada posição da matriz recomenda a adoção de planos estratégicos específicos para cada negócio. Os negócios A, B, C, D, E e F recomendam planos estratégicos ofensivos, tendo em vista melhorar ou manter a posição competitiva. Estes planos traduzem-se em investir para crescer ou melhorar a posição competitiva ou mesmo para conseguir entrar em novos mercados e desenvolver novos produtos. Por sua vez, os negócios G, H e I recomendam planos estratégicos defensivos, tendo em vista proteger e otimizar a posição competitiva ou mesmo desinvestir. Estes planos estratégicos visam proteger a quota de mercado e as vantagens competitivas e gerir a posição de mercado para conseguir o máximo de rendibilidade ou minimizar as perdas.

Consoante a análise que fazem da carteira de negócios e do contexto ambiental, as empresas adotam estratégias ofensivas ou defensivas. As estratégias ofensivas visam ganhar vantagem competitiva relativamente aos concorrentes e obter resultados supranormais, enquanto as estratégias defensivas são úteis para proteger posições competitivas e assegurar a rendibilidade a curto prazo. O planeamento estratégico de marketing deve assegurar o uso equilibrado de estratégias ofensivas e defensivas, o que significa que as empresas devem satisfazer os objetivos de rendibilidade a curto prazo, proteger as suas posições estratégicas e desenvolver posições de domínio, tanto nos mercados atuais como nos novos mercados.

6.7. ESTRATÉGIA DE MARKETING EM NOVOS MERCADOS

Crescer num mercado altamente competitivo implica competir com as outras empresas na indústria, o que significa crescer à custa dos seus concorrentes. Competição é a rivalidade entre os vendedores que procuram alcançar os seus objetivos, como aumentar os lucros, aumentar a quota de mercado e o volume de vendas, variando os elementos do marketing mix — produto, preço, promoção e distribuição. A concorrência força as empresas a desenvolver novos produtos, serviços e tecnologias, com vista a proporcionar aos clientes melhores produtos. Uma das melhores formas de analisar a concorrência é investigar o desempenho de uma empresa em relação aos fatores chave de competitividade.

Conseguir uma oferta de produtos e serviços competitiva ajuda uma empresa a competir e expandir os seus mercados. Uma estratégia competitiva de marketing pode ajudar a desenvolver novos produtos e novos mercados. A análise dos fatores de competitividade numa indústria pode dar uma melhor ideia de como desenvolver uma estratégia de marketing. O objetivo último de analisar os fatores de competitividade é aprender sobre a importância de diferentes fatores e o desempenho das empresas através desses fatores de competitividade (Kim & Mauborgne 2015). Começa com a identificação dos fatores chave de competitividade na indústria e depois estas práticas são percebidas e aplicadas para melhorar o desempenho da indústria. O desempenho atual da empresa é comparado com as melhores práticas da indústria (Kumar, Antony & Dhakar, 2006). A investigação sobre as melhores práticas praticadas na indústria permite às empresas aplicar tais práticas e melhorar o desempenho (*benchmarking*).

A análise dos fatores chave de competitividade pode ser feita através do uso de ferramentas estratégicas como a Estratégia Canvas e a Estratégia Oceano Azul (Kim & Mauborgne 2002; Kim & Mauborgne 2015). Estas ferramentas são usadas com sucesso nos serviços, mas têm vindo a ser pouco aplicadas nos produtos industriais (Kim & Mauborgne 2002; Kim & Mauborgne 2015).

6.7.1. ESTRATÉGIA CANVAS E ESTRATÉGIA OCEANO AZUL

As ferramentas tradicionais de planeamento estratégico de marketing não são capazes de visualizar e clarificar os fatores cruciais para muitos gestores (Kim & Mauborgne, 2007; Kim & Mauborgne, 2017). Kim & Mauborgne (2017) desenvolveram um modelo, conhecido como **Estratégia Canvas e Estratégia Oceano Azul,** para retratar o perfil estratégico ou curva de valor de uma empresa comparativamente aos seus concorrentes, sinalizando num gráfico os vários fatores que afetam a concorrência numa indústria.

A abordagem da Estratégia Oceano Azul consiste em procurar encontrar novos mercados onde não existe concorrência, em vez de procurar combater os concorrentes atuais no mercado atual e conquistar quota de mercado à custa desses concorrentes. O *core* da estratégia oceano azul é criar valor pela inovação que, ao contrário do que preconizava Porter, implica simultaneamente diferenciação e baixo custo. Três critérios definem uma boa estratégia oceano azul: **foco** (manter os custos baixos), **divergência** (das normas usuais da indústria e que formam a base de diferenciação) e uma **linha de produtos atraente** (que possa chamar a atenção do mercado).

6.7.2. ABORDAGEM DA ESTRATÉGIA CANVAS

A abordagem da Estratégia Canvas consiste em desenhar o perfil estratégico da empresa, ou curva de valor, em que mostra o nível de investimento ou nível da oferta no que se refere aos fatores chave de competitividade. A Estratégia Canvas é um modelo analítico que descreve a forma como uma organização configura a sua oferta ou a sua curva de valor junto dos compradores comparativamente à oferta dos seus concorrentes. A empresa comunica de forma clara os quatro elementos chave da sua estratégia: (1) **fatores de competitividade,** (2) **nível de oferta ou investimento relativamente a cada fator,** (3) os **seus próprios perfis estratégicos e dos seus concorrentes** e (4) **estrutura dos custos.** Além disso, mostra onde a empresa e os concorrentes estão atualmente a investir, o produto, serviço e distribuição em que a indústria está a competir e a oferta competitiva dos concorrentes.

Desenhar o quadro da estratégia canvas da indústria na qual a empresa pretende entrar é fundamental, se se pretende criar uma empresa nova, porque se representa num quadro de fácil compreensão a estratégia da empresa. Serve também para apresentar e discutir com potenciais investidores. O respetivo foco estratégico deve ser conhecido dos diferentes stakeholders da empresa, incluindo os clientes.

A Figura 6.4 mostra como pode ser vista uma Estratégia Canvas na indústria hoteleira:

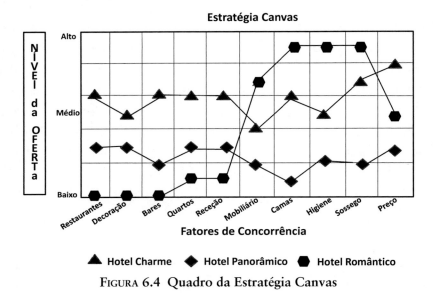

FIGURA 6.4 Quadro da Estratégia Canvas

O eixo vertical indica o grau segundo o qual uma empresa e os fornecedores de serviços alternativos investem nos fatores de competitividade. Um valor baixo no eixo vertical significa que uma empresa investe menos nesse fator e por conseguinte oferece menos nesse fator, enquanto um valor elevado significa que a empresa investe mais e oferece mais aos compradores. O eixo horizontal representa os fatores chave de competitividade em que a indústria tradicionalmente competia e investia. Neste eixo estão representados os fatores chave de competitividade e não os fatores chave de criação de valor para os compradores. Este aspeto é importante porque muitas vezes há uma enorme diferença entre os fatores nos quais as organizações competem e assumem que criam valor para os clientes e os fatores que os clientes realmente valorizam.

Unindo todos os pontos de todos os fatores de cada concorrente obtém-se uma curva que revela os perfis estratégicos da empresa, dos seus concorrentes diretos e as suas principais alternativas. A oferta atual da empresa e dos principais concorrentes ao longo dos fatores no eixo horizontal pode ser desenhada como mostra a Figura 6.4. A curva chama-se curva de valor e mostra o perfil estratégico da empresa e dos seus concorrentes. Podem representar-se os vários fatores de competitividade em função das caraterísticas de cada setor ou cada indústria.

A Estratégia Canvas proporciona uma representação visual sobre a forma como a empresa e os concorrentes estão a investir nos fatores de competitividade e ajuda a comunicar as estratégias de uma maneira fácil e compreensiva capaz de ser compreendida por qualquer pessoa. Há vários casos onde a aplicação da estratégia canvas provou ser uma abordagem bem-sucedida na formulação de estratégias nas empresas. Por exemplo, os Serviços Financeiros Europeus aumentaram os seus rendimentos em 30% com o uso da Estratégia Canvas no desenvolvimento da sua estratégia. Algumas empresas, como a Apple, a Canon, a McDonald's e a Air Asia implementaram com sucesso a Estratégia Canvas. Tem sido também aplicada noutros negócios, como na agroindústria, para criar uma nova curva de valor ou um perfil estratégico.

Apesar das vantagens da estratégia canvas, tem também estado sujeita a algumas críticas. As críticas baseiam-se no facto do trabalho de Kim e Mauborgne ser descritivo por natureza. Os autores foram bons a interpretar o sucesso de diferentes empresas e desenvolveram uma teoria relevante, todavia, o quadro desenvolvido por eles não define um caminho claro, mas apenas indica uma vaga direção futura (Raith, Staak & Wilker, 2007).

A estratégia canvas dá uma clara imagem das debilidades das empresas e mostra onde as empresas devem investir para prosseguirem a sua atividade. Mostra em que áreas as empresas devem apostar, onde devem eliminar ou reduzir investimentos e onde devem aumentar drasticamente os investimentos. Por vezes, podem mesmo criar novos fatores de competitividade, desse modo alterando o perfil geral da indústria.

As respostas às quatro questões da abordagem da Estratégia Oceano Azul acima referidas, ajuda a construir uma grelha — **Eliminar** — **Reduzir** — **Aumentar** — **Criar** — que representa um novo perfil de marketing para a empresa. As decisões podem ser tomadas com a ajuda do **Quadro das Quatro Ações**, também desenvolvido por Kim e Mauborgne, para complementar a Estratégia Canvas. O Quadro das Quatro Ações implica uma decisão sobre que fatores devem ser eliminados, aumentados, reduzidos ou criados, com vista a construir um novo mercado para a empresa.

A Figure 6.5 ilustra o Quadro das Quatro Ações em que se fundamenta a Estratégia Oceano Azul:

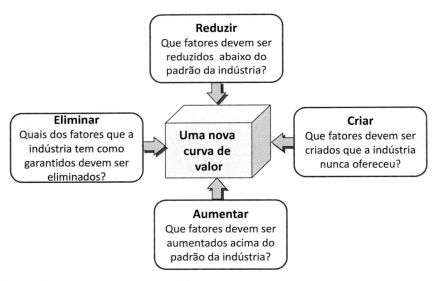

FIGURA 6.5 Fatores Chave de Sucesso para Criar Valor pela Inovação

A aplicação da Estratégia Canvas e a Estratégia Oceano Azul é relativamente nova na indústria. O novo perfil estratégico da indústria ou curva de valor que resulta da Estratégia Oceano Azul tem vindo a ser implementado em determinadas áreas chave. Contudo, a implementação desta estratégia requer um modelo de marketing mix consistente com a nova estratégia.

6.7.3. ETAPAS DO PROCESSO DE CONSTRUÇÃO DA ESTRATÉGIA CANVAS

Para a construção **do Quadro da Estratégia Canvas** deve seguir os seguintes passos:

1. Começar por ter um quadro em branco.
2. Identificar os principais fatores chave de competitividade da indústria em que se insere. Os fatores chave podem estar relacionados com o produto, o serviço ou a distribuição, devendo cada elemento da equipa apresentar de forma independente uma lista de fatores de competitividade que entende serem os mais relevantes e depois procurar chegar a uma lista de consenso.
3. Depois de obtida a lista dos fatores chave de competitividade, deve decidir-se qual dos concorrentes serve como termo de comparação, que normalmente é o líder do setor.
4. Depois de escolhido o melhor interveniente do mercado com o qual a empresa se irá comparar, há que classificar o nível da oferta para cada um dos fatores de concorrência selecionados.
5. Aceitando uma escala de avaliação de 1 a 5 pontos, em que 1 significa muito baixo, 3 a média e 5 muito elevado, há que classificar a empresa e os concorrentes selecionados para cada fator.
6. Desenhar o quadro da estratégia atual unindo os pontos de cada fator chave para a empresa e para os concorrentes.

Construído o quadro da estratégia canvas, a empresa está em condições de comparar o seu perfil estratégico com o dos seus principais concorrentes e verificar se os perfis estratégicos convergem nas mesmas dimensões de concorrência e de ter uma melhor compreensão da natureza da sua oferta comparativamente aos seus concorrentes e das razões do seu comportamento.

6.8. ESTRATÉGIAS DE MARKETING MIX

Um plano estratégico de marketing inclui estratégias de longo prazo, com um horizonte de 3 a 5 anos, mas também estratégias de curto prazo como é o caso da estratégia de marketing mix. As estratégias de marketing mix devem ser revistas todos anos, em função das alterações do meio ambiente, tendo em vista atingir os objetivos de longo prazo do plano estratégico.

Qualquer plano estratégico de marketing requer a definição das estratégias de marketing tático ou operacional, designadamente no que se refere ao posicionamento do produto, à política de preços, à estratégia de comunicação e promoção e aos canais de marketing. O marketing mix tem quatro elementos: o produto, o preço, a distribuição e a promoção. É um quadro concetual que permite a qualquer empresa pôr os seus planos de marketing em prática. As estratégias, as práticas e os fatores de marketing podem ser classificados nas quatro dimensões do marketing mix. Os 4 Ps são fatores competitivos de uma empresa e podem criar uma posição competitiva mais favorável para uma empresa quando comparada com os concorrentes.

Os quatro elementos do marketing mix podem dividir-se em duas partes. A primeira parte refere-se à oferta da empresa (produto, embalagem, marca, preço e serviços), enquanto a segunda parte inclui os métodos e instrumentos para levar o produto ao conhecimento e contacto com o cliente (canais de distribuição, pessoal de vendas, publicidade, promoção de vendas e relações públicas). McCarthy (1964) categorizou os elementos do marketing mix nos bem conhecidos 4 Ps: produto (*product*), preço (*price*), distribuição (*place)* e promoção (*promotion*) (Figura 6.6):

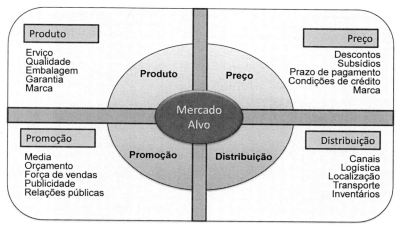

FIGURA 6.6 Variáveis do Marketing Mix

É necessário um bom balanceamento dos elementos dos 4 Ps para se conseguir um correto posicionamento do produto no mercado alvo. A estratégia de marketing mix é extremamente relevante para o sucesso da estratégia de marketing porque os fatores de competitividade podem estar relacionados com qualquer um dos elementos dos 4 Ps. Acresce que quando se define um novo perfil estratégico, a execução do plano estratégico pode ter que ser desenvolvida usando os 4 Ps do marketing mix.

O marketing mix tem sido objeto de várias críticas e a generalidade dos investigadores não estão satisfeitos com o quadro dos 4 Ps, especialmente os investigadores do marketing de serviços que consideram insuficientes, por estarem mais orientados para a produção do que para o cliente. Os autores pensam que os elementos do marketing mix devem também ser vistos da perspetiva do consumidor e por isso propõem que os elementos do marketing mix sejam transformados de 4 Ps para 4 Cs: que o produto seja convertido em solução para o cliente (*customer solution*); o preço em custo para o cliente (*cost*); a distribuição (*place*) em conveniência (*convenience*) e promoção em comunicação (*communication*).

Outra crítica que se faz à teoria do marketing mix é que alguns investigadores consideram o marketing mix incapaz de ter em consideração o comportamento do consumidor. Não envolve a interação com o vendedor nem a construção e gestão da relação com o cliente.

6.9. RESUMO DO CAPÍTULO

Depois de desenhado e interpretado o quadro da estratégia canvas, a empresa possui uma imagem da sua situação atual, os fatores chave da indústria e o grau de competitividade do setor, situação partilhada por todos, uma vez que todos participaram na sua construção.

Se o quadro da estratégia canvas revelar que o perfil estratégico da empresa é inferior aos principais concorrentes, então constitui um forte instrumento para identificar os fatores chave de competitividade e sensibilizar e mobilizar as pessoas para a necessidade de mudança, tendo em vista assegurar vantagem competitiva sustentável.

QUESTÕES

1. Como carateriza os mercados de consumo (B2C) e os mercados industriais (B2B)?
2. Caraterize as fases do ciclo de vida dos produtos.
3. Com base na informação seguinte, desenvolva uma análise do portfólio e uma estratégia de marketing para a empresa:

Produto/Mercado	Quota de mercado (%)	Vendas (milhões de €)	Atratividade do mercado	Vantagem competitiva
A	10	20	20	40
B	33	50	75	80
C	5	10	85	15

4. Em que circunstâncias as empresas desenvolvem estratégias ofensivas de mercado?
5. Em que circunstâncias as empresas desenvolvem estratégias defensivas de mercado?
6. Que papel desempenham os planos estratégicos ofensivos e defensivos nos resultados a curto e médio/longo prazo?
7. Que papel desempenha o plano de marketing mix no processo de planeamento estratégico?
8. Considere a seguinte carteira de negócios:

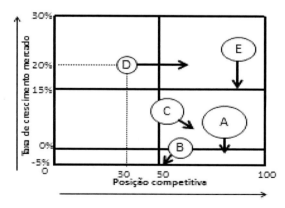

   a. Em que fase do ciclo de vida se encontram os produtos representados na carteira acima?

b. Qual será a estratégia correta de investimento para cada produto?

c. Qual a lógica subjacente às estratégias para cada produto definida na carteira de negócios?

d. Em que fases do ciclo de vida dos produtos se utilizam usualmente estratégias ofensivas e defensivas?

9. Confronte a abordagem da Estratégia Canvas com os modelos tradicionais de planeamento estratégico de marketing.

10. Quais as etapas do processo de construção da Estratégia Canvas?

ESTRATÉGIAS DE SEGMENTAÇÃO, TARGETING E POSICIONAMENTO

Os gestores têm plena consciência de que não podem servir todo o mercado e não podem satisfazer as necessidades e desejos de todos os clientes. As empresas atuam em grandes mercados muito diversificados, onde os consumidores são numerosos, espalhados geograficamente e com gostos e necessidades diversificadas, pelo que não podem ser tratados todos da mesma maneira. Como não podem cobrir todo o mercado, as empresas utilizam cada vez mais a segmentação do mercado como uma estratégia de marketing de fundamental importância para atingir os seus objetivos estratégicos.

O trabalho dos marketers é procurar novas oportunidades de negócio para a empresa e aplicar cuidadosamente a segmentação do mercado para orientar o negócio e desenvolver uma política marketing mix coerente com a estratégia de marketing.

OBJETIVOS DE APRENDIZAGEM

Depois de ler e refletir sobre este capítulo, o leitor deve ser capaz de:

➢ Perceber a importância da segmentação do mercado.

➢ Conhecer os diferentes tipos de estratégias de segmentação.

➢ Compreender como os marketers podem medir a eficácia dos segmentos alvo.

➢ Identificar as várias formas como se podem atingir os segmentos identificados.

➢ Saber identificar os fatores mais importantes na seleção do mercado alvo.

➢ Compreender o conceito e as estratégias de posicionamento e saber como usar ferramentas importantes para construir o mapa percetual.

➢ Compreender a diferença entre segmentação do mercado e diferenciação do produto.

➢ Saber em que circunstâncias é necessário reposicionar a marca ou o produto.

7.1. INTRODUÇÃO

Ao processo de identificar e dividir o mercado em segmentos homogéneos chama-se segmentação do mercado, que se desenvolve em três fases: **segmentação,** *targeting* **e posicionamento.** A segmentação do mercado é vital para o sucesso de uma empresa. O mercado é vasto e os recursos das empresas são limitados. Por essa razão, as empresas utilizam cada vez mais a segmentação do mercado como uma estratégia de marketing, em vez do marketing de massas, ou seja, procuram tratar os clientes de forma personalizada em vez de tratarem todos os clientes da mesma maneira.

O marketing tradicional, cuja principal missão é promover a venda e a promoção dos produtos, já não corresponde aos objetivos das empresas modernas. O trabalho dos responsáveis de marketing é procurar novas oportunidades para a empresa e aplicar cuidadosamente a segmentação do mercado para orientar os negócios na direção adequada e desenvolver um marketing mix coerente com a estratégia de marketing. Daí a importância da segmentação do mercado como instrumento estratégico e a base de toda a estratégia de marketing e de sucesso das empresas.

As três principais fases do processo de segmentação do mercado são a segmentação propriamente dita, o targeting e o posicionamento (Figura 7.1):

FIGURA 7.1 Fases do Processo de Segmentação

Uma vez identificadas as várias possibilidades de segmentação, o passo seguinte envolve a avaliação do potencial de cada segmento e escolher os que apresentam maiores possibilidades de sucesso. O targeting foca-se na forma mais eficiente de atingir os vários segmentos. A última fase do processo de segmentação envolve a avaliação do posicionamento que a empresa pretende para o produto ou serviço no respetivo mapa percetual. O objetivo do posicionamento é que, quando a necessidade surge na mente do consumidor, o produto ou serviço da empresa seja o mais escolhido para comprar.

7.2. SEGMENTAÇÃO DO MERCADO

A segmentação consiste em dividir o mercado em segmentos homogéneos de clientes com caraterísticas, desejos e necessidades comuns, segundo determinados critérios e que podem requerer estratégias de marketing diferentes. Como os públicos são muito diferentes nos seus hábitos, gostos e exigências, é necessário desenvolver metodologias que permitam uma atuação eficaz junto dos clientes alvo.

A segmentação envolve a identificação de um conjunto de clientes no mercado que têm o desejo e a necessidade de adquirir, usar ou usufruir os produtos ou serviços que a empresa produz. Os desejos, necessidades, recursos, localizações, comportamentos e práticas de compra podem variar num determinado mercado. As empresas devem considerar essas diferenças entre os clientes, se pretendem adequar de forma eficiente o produto ou serviço às suas necessidades específicas. Para que isso aconteça, devem segmentar o mercado, isto é, deve dividir o mercado global em segmentos homogéneos de clientes com caraterísticas, desejos e necessidades semelhantes, segundo determinados critérios e que podem requerer estratégias de marketing mix diferenciadas.

Nos mercados de consumo, tal como nos mercados industriais, os compradores podem ser segmentados por diversos critérios, como a localização geográfica, os benefícios procurados, o grau de lealdade, o *status* e a atitude. Podem ser consideradas outras variáveis para segmentar o mercado, tais como fatores geográficos (indústria, dimensão da empresa), caraterísticas operacionais, abordagens de compra, fatores situacionais e caraterísticas pessoais

Este processo implica o desenvolvimento cuidadoso de objetivos estratégicos bem definidos. Existe uma variedade de técnicas e instrumentos que podem ser usados na segmentação do mercado, tendo em conta os vários critérios de segmentação que podem ser usados.

7.2.1. CRITÉRIOS GERAIS DE SEGMENTAÇÃO

Os membros de um segmento, por definição, devem ter traços comuns que determinam as suas decisões de compra. Para identificar os segmentos de consumidores, os gestores de marketing podem utilizar

FORMULAÇÃO DA ESTRATÉGIA DE MARKETING | 181

diferentes critérios, atentas as diferentes influências no comportamento de compra do consumidor. As variáveis mais utilizadas para a segmentação do mercado podem ser classificadas segundo quatro critérios: **segmentação demográfica, segmentação geográfica, segmentação psicográfica e segmentação comportamental** (Figura 7.2):

Critérios demográficos	Exemplos
Género	Perfumaria, calçado, relógios
Idade	Lazer, turismo
Altura, peso	Vestuário, produtos dietéticos
Agregado familiar	Habitação, turismo
Critérios geográficos	**Exemplos**
País	Desenvolvidos, em desenvolvimento
Região	Norte, centro, sul
Relevo	Calçado
Clima	Vestuário, aquecimento
Critérios psicográficos	**Exemplos**
Rendimento	Viagens, automóveis, vestuário
Classes sociais	Habitação, bens supérfluos
Nível de instrução	Livros, revistas, espetáculos
Religião	Alimentos, bebidas
Critérios comportamentais	**Exemplos**
Status do consumidor	Relógios
Grau de fidelidade	Tabaco
Ocasião de compra	Natal

FIGURA 7.2 Critérios de Segmentação

Segmentação demográfica

Este tipo de segmentação permite aos gestores de marketing identificar onde se encontram os clientes, como vivem, quais os seus costumes, valores e locais e ajustar o produto ou serviço de acordo com as suas necessidades específicas. Pela sua grande diversidade, a segmentação demográfica raras vezes proporciona uma via útil para desenvolver estratégias de produto ou comunicação. Tem mais sentido segmentar o mercado pelas necessidades dos consumidores e agrupá-los de acordo com a similitude das suas necessidades.

Segmentação geografica

A segmentação geográfica consiste em dividir o mercado em áreas geográficas, como países, regiões, cidades, ou ainda segmentos mais pequenos, como bairros. Por exemplo, segmentar os clientes por zonas geográficas, como zona norte, zona centro e zona sul.

Segmentação psicográfica

Este tipo de segmentação permite dividir os clientes em grupos de acordo com o seu estilo de vida, as atitudes, os valores, os hábitos e as opiniões. A segmentação psicográfica permite descodificar os elementos emocionais que influenciam a decisão de compra, bem como desmistificar alguns comportamentos dos consumidores.

Segmentação comportamental

Este tipo de segmentação revela a maneira como os clientes se relacionam com a marca ou serviço, como, por exemplo, onde compram e com que frequência ou o momento em que sentem a necessidade de compra. Uma segmentação adequada pode ajudar a expandir o uso de um produto.

7.2.2. ESTRATÉGIAS DE SEGMENTAÇÃO

Tendo em conta a atratividade dos segmentos, o seu potencial de resultados e os recursos disponíveis da empresa, existem várias estratégias de segmentação que uma empresa pode seguir, desde uma estratégia de marketing de massas, em que não há propriamente segmentação, ao marketing one-to-one ou customização, onde a segmentação é total.

7.3. *TARGETING*

Compreender as necessidades dos clientes e identificar as oportunidades do mercado é o ponto de partida para a formulação de uma estratégia de marketing. Depois de dividir o mercado em segmentos homogéneos, a empresa deve escolher e avaliar a atratividade dos segmentos específicos e selecionar os que pretende escolher como mercados alvo para vender os seus produtos ou serviços. A chave do desenvolvimento de uma estratégia de marketing de sucesso é decidir qual o mercado alvo a servir e como o podemos alcançar de uma maneira efetiva com os menores custos.

Para fazer uma escolha acertada dos mercados alvo, o gestor deve fazer as três perguntas seguintes, que constituem o foco da estratégia de targeting e encontrar respostas para elas:
- Onde competir?
- Como competir?
- Quando competir?

7.3.1. CONCEITO DE *TARGETING*

Targeting é o processo de identificar os clientes para quem a empresa pretende otimizar a sua oferta. São vários os critérios para avaliar e selecionar os mercados alvo, mas há fundamentalmente quatro critérios diferentes de avaliar os segmentos:

1. Atratividade do segmento.
2. Dimensão atual e potencial de crescimento do segmento.
3. Concorrência potencial.
4. Viabilidade e compatibilidade com os objetivos da empresa.

A avaliação da atratividade de um segmento inclui a observação da dimensão atual e potencial de crescimento, por exemplo, escolher entre um segmento que tem uma elevada taxa de crescimento e uma elevada margem de lucro ou um segmento mais pequeno e menos atrativo mas que pode ser potencialmente mais lucrativo. A atratividade a longo prazo de um segmento pode ser analisada com a ajuda do Modelo das Cinco Forças Competitivas de Porter.

A atratividade de um segmento específico de mercado está relacionada com os objetivos e recursos da empresa. A análise da posição atual da empresa no mercado e as suas competências e capacidades pode definir se a empresa tem possibilidades de ser bem sucedida no segmento. A projeção das caraterísticas do segmento nos objetivos a longo prazo da empresa pode ajudar a decidir que segmentos escolher. Esta análise ajuda também a empresa a detetar a falta de recursos necessários para atingir os objetivos pretendidos, designadamente a falta de capacidades ou competências para competir no segmento. Depois de avaliar os possíveis segmentos de mercado, a empresa está em condições de decidir que segmentos escolher para desenvolver a sua atividade.

7.3.2. ESTRATÉGIAS DE *TARGETING*

Escolhidos os segmentos a apostar, a fase seguinte no processo de *targeting* consiste na seleção das estratégias mais adequadas para identificação do mercado alvo. O processo de identificar os clientes alvo é orientado pela capacidade da empresa para desenvolver uma oferta que satisfaça as necessidades desses clientes melhor do que os concorrentes e o faça de uma maneira que crie valor para os clientes e gere lucro para a empresa.

No desenvolvimento do processo de targeting, podem ser adotadas algumas das seguintes estratégias de *targeting* alternativas (Kotler & Keller, 2012) (Figura 7.3):

- **Estratégia de marketing indiferenciado ou marketing de massas** — quando as diferenças nas necessidades dos consumidores são pequenas ou as caraterísticas demográficas não são distintivas, os responsáveis de marketing podem usar uma estratégia de marketing indiferenciado ou marketing de massas (*mass marketing*). O foco do *marketing* de massas está na satisfação de necessidades comuns dos consumidores e na utilização de um só marketing mix. Neste caso, não há segmentação.

  A empresa produz, distribui e promove em massa um produto para todos os compradores (*commodities*). A Coca-Cola, Sony, Marlboro, Phillips, Toyota, bem como muitas outras empresas multinacionais bem conhecidas, usam uma estratégia de marketing global, embora, por vezes, modifiquem os seus produtos e as estratégias de comunicação de marketing com vista a satisfazer as necessidades específicas dos seus clientes em mercados internacionais.

- **Estratégia de marketing concentrado ou marketing de nicho** — dividir o mercado em segmentos homogéneos, ou seja, grupos de pessoas com necessidades idênticas, não é nunca um processo perfeito de segmentação. Mesmo quando os clientes num dado segmento partilham necessidades comuns, há sempre diferenças demográficas ou nos comportamentos que não podem ser perfeitamente satisfeitas por uma estratégia dirigida a esse segmento.

  O foco no marketing concentrado está em adquirir uma forte quota de mercado num ou em poucos segmentos de mercado (nicho). São os casos da Rolls Royce, Porsche, etc., em que as estratégias de segmentação são customizadas às necessidades específicas, estilos de vida e comportamentos dos clientes do nicho.

- **Estratégia de marketing diferenciado ou marketing segmentado** — a empresa usa políticas de marketing mix diferentes para segmentos distintos e concentra-se no que é específico às necessidades do consumidor, como é o caso da Renault. Neste caso existe alguma segmentação. Desenvolve produtos diferentes, com níveis de qualidade e estilos diferentes para consumidores com gostos diferentes. Usa compostos de marketing adequados aos segmentos a que se destinam.
- **Estratégia de marketing individual ou micromarketing** — a empresa usa um marketing mix personalizado para cada indivíduo (customização), como são os casos do Smart, Fiat 500 ou IKEA, que customizam os produtos aos gostos dos consumidores. O objetivo desta estratégia de segmentação é a criação de um produto único ou específicopara cada cliente.

FIGURA 7.3 Estratégias de *Targeting*

7.4. POSICIONAMENTO DO PRODUTO OU SERVIÇO

Depois de identificados os segmentos de mercado e definidos os segmentos alvo, importa posicionar o produto ou serviço no mercado. O posicionamento refere-se ao lugar que o produto ou serviço ocupa na mente do consumidor quando se compara com os produtos da concorrência. Uma empresa deve destacar-se dos seus concorrentes para ter sucesso nos segmentos de mercado escolhidos. Os clientes tendem a comprar os produtos que lhes dão maior valor, pelo que a empresa deve tentar satisfazer o mercado alvo. Para determinar a imagem da empresa e a personalidade da marca é conveniente analisar os principais concorrentes e como se posicionam no mercado.

Enquanto a segmentação está relacionada com a forma como são identificados os grupos de clientes no mercado, o posicionamento está relacionado com a maneira como os clientes percebem as alternativas de compra que têm à sua disposição. O posicionamento é a forma como o produto se diferencia na mente dos consumidores em relação aos produtos concorrentes, tendo em vista os benefícios que possui e que são valorizados pelos consumidores.

O posicionamento é uma tentativa de gerir como os potenciais clientes percebem um produto ou serviço e selecionar o marketing mix mais apropriado para o segmento ou segmentos alvo escolhidos. Para Kotler & Armstrong (2018), o posicionamento de um produto é "a maneira como ele é definido pelos consumidores no que diz respeito a atributos importantes. É o lugar que ele ocupa nas mentes dos consumidores". É o complexo grupo de perceções, impressões e sentimentos que o consumidor tem sobre um produto em comparação com os concorrentes.

7.4.1. POSICIONAMENTO, DIFERENCIAÇÃO E MAPA PERCETUAL

O posicionamento é um passo fundamental na definição da estratégia de marketing, uma vez que define claramente como a empresa pretende ser reconhecida pelo mercado em relação ao seu produto ou serviço. É um processo de reconhecimento do mercado que comporta dois aspetos complementares:

- **Identificação do produto ou serviço** — escolha da categoria a que o produto fica associado na mente dos consumidores (de que género de produto se trata?).
- **Diferenciação do produto ou serviço** — as várias particularidades que distinguem um produto dos concorrentes, ou seja, o que distingue o produto dos outros produtos similares. Muitos clientes estão dispostos a pagar um preço mais elevado por produtos que lhes trazem benefícios. Diferenças na qualidade, na fiabilidade e no desempenho dos produtos podem atrair clientes que procuram produtos com desempenhos acima da média. A qualidade de um serviço pode também ser uma importante fonte de diferenciação quando se definem estratégias de posicionamento. A qualidade de um serviço tem dimensões similares à qualidade de um produto.

Diferenciação de um produto consiste em criar diferenças tangíveis em duas ou mais dimensões chave de um produto ou serviço em relação à concorrência (desempenho, formato, fiabilidade, *design*, durabilidade, etc.), desde que o consumidor seja capaz de perceber e valorizar as diferenças, enquanto **posicionamento** é a escolha das estratégias que asseguram que essas diferenças ocupam uma posição distinta na mente dos consumidores.

Definidos os segmentos em que atua e o posicionamento que pretende adotar, a empresa ou organização pode desenvolver políticas consistentes de marketing mix, ao nível do produto, do preço, da distribuição e da promoção.

Uma empresa deve sobressair dos seus concorrentes para ter sucesso na escolha dos segmentos de mercado. Na mente dos consumidores a empresa ou os seus produtos e serviços estão associados a ativos tangíveis ou intangíveis. Através destes ativos, a empresa posiciona as suas ofertas nos mercados alvo que estão nas mentas dos consumidores. Os clientes tendem a comprar os produtos que lhes dão o maior valor pelo que a empresa deve tentar satisfazer o mercado alvo de uma forma superior.

Para determinar a imagem da empresa e a personalidade da marca, é sensato analisar os principais concorrentes e como se posicionam no mercado. Para uma estratégia de diferenciação bem-sucedida a empresa deve ganhar vantagem competitiva oferecendo mais do que os seus concorrentes. Para construir vantagem competitiva há duas importantes estratégias: **diferenciação e baixo custo**. A empresa que se foca na diferenciação pode realçar os seus produtos ou serviços para explicar o preço mais alto como, por exemplo, o desempenho, a qualidade, a fiabilidade, a conveniência, a distribuição e/ou o serviço.

Uma estratégia de baixo custo significa que um produto ou serviço tem vantagem sustentável pelo custo, por exemplo, quanto mais produzir menores são os custos unitários (economias de escala) ou através de uma maior quota de mercado.

O **mapa percetual** é a representação visual da posição que a marca da empresa ocupa nas mentes dos consumidores, comparativamente às marcas dos concorrentes. Os mapas de posicionamento refletem as perceções dos compradores de uma oferta relativamente às ofertas dos concorrentes. Os mapas de posicionamento resultam das avaliações dos consumidores de vários aspetos das ofertas disponíveis num determinado mercado.

A Figura 7.4 representa um exemplo de um mapa percetual de uma variedade de produtos de chocolate de várias marcas, dadas as perceções dos consumidores de chocolate:

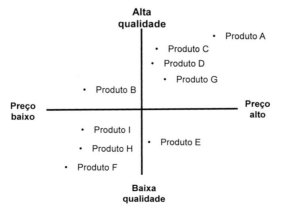

FIGURA 7.4 **Exemplo de um Mapa Percetual**

Neste exemplo de mapa percetual, as dimensões são o preço e a qualidade e destacam-se dois principais grupos face às dimensões escolhidas: o grupo de marcas de chocolate de alta qualidade e preço alto e o grupo de marcas de menor qualidade e preço baixo, cada qual com o seu público-alvo.

Dado que o posicionamento reflete a posição que a marca ou produto têm no mercado, o elemento estratégico chave associado ao posicionamento é apresentar uma mensagem clara e consistente ao mercado alvo, já que o posicionamento implica um grande investimento e leva muito tempo a consolidar-se no mercado. Uma empresa que está constantemente a mudar o seu posicionamento acaba por confundir o mercado alvo e revelar-se uma estratégia suicida para a empresa.

7.4.2. POSICIONAMENTO DO PRODUTO E QUOTA DE MERCADO

O objetivo de uma estratégia de posicionamento é criar uma relação preço-qualidade do produto que seja atrativa para o cliente e que gere lucro à empresa. A conquista de um determinado nível de quota de mercado é um fator chave para o êxito da estratégia de marketing. A quota de mercado depende da posição competitiva e do esforço de marketing da empresa. A quota de mercado depende do posicionamento do produto e do esforço de marketing (Figura 7.5).

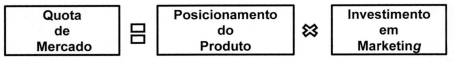

FIGURA 7.5 Conceito de Quota de Mercado

O posicionamento do produto é determinado por múltiplas variáveis, como a diferenciação do produto, o preço, a linha de produtos, a imagem da marca, a qualidade dos serviços associados ao produto.

Se o efeito destas variáveis for superior à concorrência, o posicionamento do produto e da empresa melhorará e os seus produtos tornam-se mais atrativos para os consumidores. Por sua vez, o investimento em marketing depende da força de vendas, da distribuição, da publicidade, da promoção e da qualidade do serviço prestado ao cliente.

A conjugação destes dois factores, ou seja um posicionamento atrativo e um ponderado investimento em marketing, determina um reforço da quota de mercado. Se um destes dois fatores falhar, mesmo que o outro seja reforçado, ou seja, um fraco posicionamento, mesmo que acompanhado de um forte investimento em marketing ou um posicionamento atrativo, se não for acompanhado de um esforço de investimento, dificilmente a empresa conseguirá o nível de quota de mercado desejado.

7.4.3. ESTRATÉGIAS DE POSICIONAMENTO

A construção de um nível de posicionamento atrativo de um produto requer toda a atenção e um esforço continuado por parte da gestão da empresa. A primeira tarefa é desenvolver uma estratégia de posicionamento orientada para satisfazer as necessidades do mercado. Para o efeito, precisa de encontrar respostas para as seguintes questões:
- Quem são os nossos clientes?
- Qual é o posicionamento pretendido para os nossos produtos?
- Será a nossa estratégia de posicionamento capaz de criar um valor superior para os nossos clientes?

Para cada estratégia de preços, a empresa precisa decidir o tipo de posicionamento pretendido, que pode ser uma estratégia de preços baixos ou de diferenciação do produto e preços mais elevados, que seja atrativa para os consumidores. A diferenciação pode conseguir-se à custa do produto, dos serviços associados ou da marca.

Partindo das necessidades dos clientes, as empresas têm que decidir uma estratégia de posicionamento para os seus produtos que, de alguma forma, seja superior ao posicionamento dos produtos dos concorrentes. Em mercados com grande sensibilidade aos preços, o posicionamento do produto requer uma estratégia de preços mais baixos que os produtos dos concorrentes, dado que a diferenciação não é valorizada pelo cliente. Nos casos em que a diferenciação é valorizada pelos clientes, a empresa pode adotar uma estratégia de posicionamento do produto mais atrativa que a concorrência.

Em função dos atributos e benefícios proporcionados pelo produto e das caraterísticas do mercado, a empresa poderá adotar uma das seguintes estratégias de posicionamento do produto:

1. **Posicionamento por atributo único** — enfatiza na comunicação a caraterística distintiva mais importante do produto.

2. **Posicionamento por atributo duplo** — enfatiza na comunicação as duas caraterísticas distintivas mais importantes do produto.

3. **Posicionamento por benefício único** — enfatiza na comunicação o benefício distintivo mais importante do produto.

4. **Posicionamento por benefício duplo** — enfatiza na comunicação os dois benefícios mais importantes do produto.

5. **Posicionamento por preço-qualidade** — enfatiza na comunicação a melhor relação preço-qualidade em comparação com os concorrentes.

6. **Posicionamento racional** — enfatiza na comunicação os benefícios ou atributos distintivos, dirigido ao lado racional do cliente/ /consumidor.

7. **Posicionamento emocional** — enfatiza na comunicação os benefícios ou atributos não explícitos, visando provocar reações emocionais favoráveis ao produto. É dirigido ao lado emocional da mente do consumidor.

8. **Posicionamento social** — enfatiza na comunicação, de forma explícita ou implícita, os benefícios sociais da posse ou uso do produto (estima, status, prestígio, reconhecimento, aceitação).

9. **Posicionamento por concorrente** — enfatiza, pela propaganda comparativa, os benefícios e atributos do produto relativamente aos concorrentes.

10. **Posicionamento por categoria do usuário** — a comunicação é feita a uma categoria específica de usuário e enfatiza que o produto é feito para ele, pois atende ao que mais deseja, procurando identificá-lo com o produto.

O posicionamento do produto pressupõe também escolher e gerir um nome da marca que seja sugestivo e comunique adequadamente o posicionamento desejado para o produto. O nome da marca proporciona uma identidade ao produto ou serviço, permitindo uma rápida compreensão dos seus benefícios, sejam racionais ou emocionais.

Depois de desenvolver uma estratégia de posicionamento, a empresa deve comunicar claramente a sua posição aos consumidores e dirigir todos os esforços comerciais no sentido do seu posicionamento no mercado. Um posicionamento eficaz necessita de um programa coerente e prolongado, com o apoio de toda a estrutura organizacional, desde a gestão de topo aos trabalhadores e vendedores.

7.4.4. REPOSICIONAMENTO DO PRODUTO

Há produtos que se têm mantido muito tempo na mesma posição, mas atualmente, devido ao aumento da concorrência, à globalização dos mercados e às constantes inovações tecnológicas, sentem a necessidade de modificar a sua posição no mercado, ou seja, necessitam de um reposicionamento. O reposicionamento do produto é a mudança de lugar que o produto ocupa na mente dos consumidores em relação aos produtos da concorrência. Por exemplo, a Johnson & Johnson tinha um champô para bebé, mas quando verificou que o mercado estava a cair, a empresa optou por reposicionar o produto para o mercado familiar. Frequentemente, as empresas decidem reposicionar os seus produtos ou linhas de produtos numa tentativa de aumentar as vendas. Uma empresa pode reposicionar um produto alterando um ou mais dos quatro elementos do marketing mix.

Há fundamentalmente quatro razões que motivam as empresas a reposicionar os seus produtos:

1. A primeira razão acontece porque o bom posicionamento do produto da concorrência está a afetar negativamente as vendas da empresa e a sua participação no mercado.

2. A segunda razão prende-se com o reconhecimento de mudanças no comportamento de compra dos consumidores. As mudanças das tendências dos consumidores podem levar à necessidade de reposicionamento dos produtos. O crescente interesse dos produtos dietéticos, que são benéficos para a saúde, tem levado muitas empresas a reposicionarem os seus produtos para capitalizar essa tendência. Os fabricantes de produtos alimentares reposicionaram os seus produtos para farinha de aveia, por se reconhecer que se trata de um produto sem glúten, de baixo colesterol, para reduzir o risco de doenças cardíacas.

   Como atualmente os consumidores estão preocupados com o peso, as grandes empresas fabricantes de bebidas e de alimentos oferecem versões dos seus produtos com baixos índices de hidratos de carbono, sem gorduras, sem açúcar, ricos em fibras e promessas de melhoria das funções intestinais, entre outras. Este segmento de mercado tem vindo a crescer exponencialmente e a gerar lucros às empresas, com tendência ainda a aumentar.

3. A terceira razão prende-se com as mudanças tecnológicas dos produtos disponíveis no mercado e com a necessidade de criar valor para os clientes, quer baixando o preço, quer aumentando a qualidade dos produtos. Entre os vários exemplos que se podiam apontar, o setor dos eletrodomésticos é um dos que melhor podem ser associados a este fenómeno e em especial à necessidade de alterações das estratégias do produto no que se refere ao reposicionamento no mercado.

4. A quarta razão prende-se com a entrada de novos concorrentes no mercado, que pode implicar a necessidade de reposicionamento dos produtos existentes. O aparecimento de novas marcas e novos

produtos, com identidades e posicionamentos diferenciados, fornecem um novo quadro de referência de julgamento e perceção para os consumidores.

7.6. RESUMO DO CAPÍTULO

A segmentação consiste na identificação dos subconjuntos de consumidores que têm desejo ou necessidade dos produtos ou serviços que a empresa produz. Para ser bem-sucedido, este processo deve ser desenvolvido de acordo com a estratégia e os objetivos da empresa. Há várias técnicas e instrumentos que podem ser usados de acordo com os critérios de segmentação utilizados.

Uma vez identificados os vários segmentos, o processo seguinte envolve a avaliação do potencial de cada segmento e só os que demonstram potencial devem ser escolhidos. A fase seguinte consiste em saber como atingir os vários segmentos escolhidos e identificar os públicos-alvo dentro de cada segmento.

A última fase do processo de segmentação envolve a avaliação do espaço percetual que os produtos ocupam na mente dos consumidores dos segmento-alvo para assegurar que ocupam o topo dos produtos da sua classe. Com esta posição, pretende-se que quando o consumidor deseja ou tem necessidade de um produto ou serviço, o primeiro de que se lembra é o produto ou serviço da empresa, ou seja, pretende-se que o cliente esteja fidelizado. O posicionamento e a diferenciação do produto constituem elementos fundamentais para o êxito de qualquer estratégia de marketing.

QUESTÕES

1. Explique porquê a segmentação é vital para o sucesso de uma empresa.
2. Como conseguiu a estratégia de reposicionamento da Samsung aumentar as vendas e os resultados?
3. Explique como as empresas do Vinho do Porto identificam segmentos de mercado atrativos e como escolhem uma estratégia de targeting.
4. Que critérios podem ser usados para determinar os segmentos de marketing.
5. O que é um mapa de posicionamento?
6. Em que consiste o reposicionamento e em que circunstâncias as empresas sentem necessidade de reposicionar os seus produtos?

ESTRATÉGIAS DE GESTÃO DA MARCA

Os produtos têm um papel importante nas vendas e nos lucros e criam oportunidades de crescimento das empresas e a marca é a principal componente da estratégia do produto. As marcas comunicam informação valiosa ao cliente e um perfeito entendimento do que a marca significa para o cliente é uma parte essencial do marketing estratégico. As percepções dos clientes sobre uma marca são uma parte fundamental da gestão da marca e devem ser cuidadosamente analisadas e tidas em conta na estratégia da empresa.

Os gestores devem ser capazes de perceber o que a marca realmente significa e como é valiosa não apenas para os clientes alvo, mas também para a gestão da empresa. Os gestores devem constantemente procurar formas de melhorar a eficácia e eficiência da marca, mas também proteger a marca contra decisões que possam confundir os clientes leais e pôr em causa as relações construídas ao longo dos anos.

Neste capítulo examinamos a natureza das marcas e apresentamos um conjunto de sugestões para ajudar os gestores a criar, manter e incrementar o valor da marca.

OBJETIVOS DE APRENDIZAGEM

Depois de ler e refletir sobre este capítulo, o leitor deve ser capaz de:

➢ Proporcionar uma visão da natureza complexa da marca.

➢ Perceber como os gestores podem melhorar a rendibilidade da marca

➢ Identificar as formas como os gestores podem estrategicamente criar relações entre as suas marcas e os consumidores e obter vantagens competitivas.

➢ Apresentar várias ferramentas que ajudam os gestores a avaliar a natureza do significado da marca e ajudam a reforçar e revitalizar a marca.

8.1. INTRODUÇÃO

A marca é o elemento distintivo do produto mais importante e a principal componente da estratégia do produto. A marca comunica informação valiosa ao consumidor e o que a marca significa para o consumidor é uma parte essencial da estratégia de marketing. Neste capítulo vamos analisar a natureza complexa da marca e apresentar algumas estratégias que ajudam o gestor a criar, manter e valorizar este valioso ativo da empresa. De facto, o valor da marca é, para muitas empresas, o mais valioso ativo intangível, muitas vezes superior à totalidade dos ativos fixos da empresa. Basta lembrarmo-nos da CocaCola em que o valor da marca é infinitamente superior ao valor da totalidade dos ativos fixos da empresa.

O comportamento de compra dos clientes, seja no mercado dos bens de consumo, seja nos mercados de bens industriais, é muito influenciado pelo nome da marca. A importância que os clientes dão aos benefícios da marca reforça o posicionamento do produto e é fonte de vantagem competiviva.

8.2. FUNDAMENTOS DA MARCA

Tal como acontece com as pessoas, para se ser sério não basta ser, é preciso parecer, com as marcas sucede algo de semelhante. Para ser uma marca forte é preciso ter produtos líderes e para ter produtos líderes é preciso apostar em investigação e desenvolvimento dos produtos e investir em novas metodologias de marketing, que permitam conhecer a evolução do mercado e identificar os aspetos que os consumidores querem que sejam melhorados nos produtos e os preços que estão dispostos a pagar.

O produto é o principal elemento do marketing mix e o principal embaixador da marca, pelo que deve ser coerente com a identidade da marca. Um bom produto é a principal via para criar valor da marca. Muitos dos atributos do produto podem ser uma parte importante da identidade da marca. A marca Volvo está associada a um automóvel seguro, já que a marca privilegia a segurança.

Tal como acontece com o produto, a gestão do preço é um fator chave para se conseguir marcas fortes. O preço é um elemento fundamental da estratégia de marketing e todo o processo de marketing acaba por se focar na decisão do preço. Um simples erro na fixação do preço pode anular todas as outras atividades do marketing mix, dado que as decisões de preço determinam o tipo de clientes e concorrentes que uma empresa atrai.

O preço afeta a quantidade vendida e o lucro porque afeta diretamente tanto os ganhos como os gastos (Figura 8.1):

FIGURA 8.1 Determinação do Preço

A procura de um produto determina o teto do preço a praticar, enquanto os gastos, particularmente os gastos variáveis, determinam o patamar do preço. O preço deve, pelo menos, cobrir os custos variáveis unitários, caso contrário a venda implica prejuízos. As perceções e a sensibilidade ao preço dos consumidores determinam o preço máximo a praticar.

O preço de um produto depende de vários fatores:
❑ Qualidade e valor percebido pelo consumidor
❑ Imagem da marca
❑ Estrutura de custos
❑ Comportamento dos consumidores

Os consumidores estão dispostos a pagar mais por um produto ou serviço de uma determinada marca que por outro idêntico em atributos mas sem marca. A marca é um dos elementos que comunica valor e os consumidores percebem maior ou menor valor não apenas pelos atributos tangíveis mas também intangíveis.

Nos mercados de consumo a marca é um dos atributos que pode fazer aumentar o preço do produto ou serviço. Se compararmos o preço dos telemóveis Apple vemos que têm um preço médio maior que a Samsung, embora sejam quase iguais. Nos mercados industriais o valor criado para o comprador é muito mais sensível porque os critérios de compra são diferentes.

Depois de definido o posicionamento da marca e se ter tomado as decisões sobre o produto e definida a política de preço, devemos ponderar a melhor maneira o desenvolvimento de programas de comunicação para construir o valor da marca. A comunicação e dentro desta a publicidade, são hoje elementos fundamentais no processo de construção da imagem da marca e fatores estratégicos na gestão da marca. Poucas marcas, mesmo as marcas líderes, podem dispensar estas variáveis tendo em vista conquistar e manter vantagem competiviva.

Para além da publicidade, que se realiza através de meios passivos, ou seja, não permite conhecer a resposta às suas mensagens por parte dos consumidores a quem são direcionados, hoje utiliza-se meios de comunicação mais interativos, ou seja, bidirecionais, como a internet, patrocínios, marketing direto e promoções.

Finalmente, a distribuição assume também um papel crucial no valor da marca. A maneira como um produto é distribuído e a facilidade e rapidez com que é colocado ao alcance dos consumidores tem uma forte influência nas vendas de uma marca. Uma boa gestão dos canais de marketing é indubitavel que gera valor da marca da mesma forma que uma má gestão pode afetar gravemente a marca. A escolha dos distribuidores, especialmente os retalhistas, que são quem tem um contacto próximo com os consumidores, tem também grande influência no valor da marca dos produtos que vendem.

8.3. NOME, SÍMBOLO E CORES DA MARCA

Quando se lança um produto novo no mercado, a escolha do nome é importante porque pode facilitar o conhecimento e as perceções do produto por parte dos consumidores e estimular a primeira compra. Decidir o nome de uma marca para um produto constitui um desafio importante e difícil, devendo o nome da empresa, da marca ou da submarca ser sugestivo relativamente ao posicionamento da empresa e ser fácil de expressar e decorar. São quatro as técnicas que podemos usar para criar uma nova marca que seja sugestiva:

1. **Nomes funcionais** — um nome funcional deve fazer subentender o que faz a empresa ou o produto. As marcas Lactogal, Telecom Portugal ou Microsoft são marcas funcionais.

2. **Nomes inventados** — podem ser iniciais do nome da empresa ou nomes dos fundadores, como as marcas TAP, BPI, Caetano ou IKEA.

3. **Nomes ligados a experiências** — são nomes que estão ligados a experiências, como Safari ou Red Bull.

4. **Nomes evocativos** — são nomes de marcas criadas para evocar o posicionamento de uma empresa ou dos seus produtos, como é o caso da União de Bancos Portugueses ou da Apple.

O nome da marca é importante, mas a sua importância aumenta quando se lança um produto novo no mercado, na medida em que o significado do nome que utilizamos é o primeiro que os consumidores associam à marca, quando utilizamos nomes que podem ter um significado negativo para os consumidores ou quando utilizamos nomes que se utilizam para outro tipo de produtos que podem prejudicar a imagem de ambos, como será o caso de se utilizar um nome que não tem nada a ver com a atividade da empresa.

Os símbolos que acompanham muitas vezes os nomes da marca funcionam como identificadores das marcas e obedecem a dois motivos. Por um lado, o símbolo tem um significado e um conteúdo mais rico que o mero nome da marca e serve como complemento do nome. A maça da Apple identifica imediatamente a marca e a flor de laranjeira do BPI é muito mais sugestiva que o nome. Por outro lado, o símbolo é mais estético para a sua utilização em publicidade. Os símbolos devem ser entendidos num sentido lato, incluindo imagens de pessoas, bonecos ou outros, incluindo o tipo de letra da marca.

São as seguintes as principais vantagens da utilização de símbolos:

- São identificadores das marcas e, como tal, as diferenciam das marcas dos concorrentes — e estrela da Mercedes ou os círculos da

Audi identificam imediatamente as respetivas marcas e diferenciam das marcas concorrentes.

- Permitem dotar as marcas de conteúdo, contribuindo para reforçar e incrementar as associações que os consumidores fazem às marcas.
- São mais estéticos que os próprios nomes das marcas.

Quando se pretende comunicar aos consumidores que algo mudou na empresa ou nos produtos ou que a empresa se está a modernizar, a maneira mais fácil e mais eficaz de o fazer é modernizar os símbolos, sem perder a identidade, designadamente as formas, o estilo, o *design* ou o tipo de letra por outro que seja mais moderno. As empresas recorrem à modernização dos seus nomes ou símbolos para modificar as percepções dos consumidores sobre as empresas ou os seus produtos.

Outro dos identificadores a que as empresas recorrem para ajudar a diferenciar as suas marcas é a utilização de cores. As cores têm significados próprios em função das culturas, pelo que é natural que as empresas procurem usar as cores em função do seu significado e da imagem que pretendem transmitir ao mercado.

Tal como é habitual nas estratégias comerciais, não há regras fixas no que se refere à utilização das cores, tudo dependendo do público a que se destinam e das culturas dos países em que se inserem, mas a utilização das cores é mais uma questão de estética do que de outro tipo. Todavia, quando nos referimos aos próprios produtos, a utilização das cores pode ter um papel mais determinante porque pode influir nas perceções dos consumidores sobre os atributos do produto e nas decisões de compra. Por exemplo, as cores dos detergentes não são indiferentes podendo influir na escolha de um ou outro produto porque podem interferir com as perceções dos consumidores sobre as suas qualidades de higiene.

As cores influenciam as perceções dos compradores e as suas decisões de compra. O mesmo se poderá dizer das cores das embalagens que, para além de terem a função de proteger o produto, servem também para diferenciar as marcas e os produtos na mente dos consumidores.

8.4. IDENTIDADE E VALOR DA MARCA

O valor da marca é um conjunto de ativos e passivos ligados ao nome e símbolos de uma marca que cria ou destrói o valor de um produto ou serviço. David Aaker define valor da marca como o "conjunto de ativos e passivos ligados a uma marca, o seu nome e símbolo que acrescenta ou diminui o valor proporcionado por um produto ou serviço a uma empresa e/ou aos clientes de uma empresa". Por conseguinte, valor da marca é a síntese dos diversos valores ligados ao conhecimento da marca, à fidelidade à marca, à qualidade da marca e outros ativos ligados à marca. David Aaker distingue quatro aspetos da identidade ou significado da marca:

- A marca como um produto, que respeita aos atributos e benefícios associados ao produto, como o sabor ou a fiabilidade.
- A marca como uma organização, ligada à identidade e herança de uma organização mãe.
- A marca como uma pessoa, que inclui a personalidade da marca.
- A marca como um símbolo, que diz respeito ao significado da marca e à ligação desse significado à própria imagem do cliente.

Todos estes aspetos da identidade da marca podem não ser relevantes para todas as marcas, mas para melhor compreender o valor da marca temos que comparar os componentes ativos e passivos das marcas e fazer uma avaliação rigorosa e viável do valor da marca. São seis os tipos de **ativos** que devem ser considerados quando avaliamos uma marca:

- Notoriedade da marca
- Fidelidade à marca
- Conhecimento da marca
- Reputação da qualidade percebida
- Associações à marca
- Direitos intelectuais

As empresas que têm marcas de grande notoriedade podem introduzir mais facilmente no mercado novos produtos e entrar mais facilmente em novos mercados. A fidelidade à marca é a medida da ligação que o cliente tem à marca. Reflete a maneira como um cliente seja capaz de se ligar a outra marca, especialmente quando essa marca faz a diferença, quer em preço quer nas caraterísticas do produto. A pirâmide de fidelidade à marca é constituída pelos seguintes comportamentos:

- Comprometimento do comprador
- Gosta da marca — considera a marca um amigo
- Comprador satisfeito com os custos de mudança
- Comprador habitual — não tem razão para mudar
- Sensibilidade ao preço
- Indiferente — não há lealdade à marca

A fidelidade à marca assume que clientes leais divulgam sentimentos positivos através do passa-palavra (*word-of-mouth*) e ajuda a atrair novos clientes. Assume também que clientes leais têm condições mais favoráveis, designadamente ao nível do preço, o que constitui uma forte barreira à entrada de novos concorrentes. O nível de fidelidade à marca pode medir-se através dos seguintes indicadores:

- Padrões de comportamento de compra
- Análise dos custos de mudança
- Índice de satisfação dos clientes

O valor estratégico da fidelidade à marca traduz-se na redução dos custos de marketing, na alavancagem dos canais de distribuição e na atração de novos clientes e pode conseguir-se através de:

- Tratamento correto dos clientes
- Manter relações amistosas e estreitas com os clientes
- Medir e gerir a satisfação do cliente
- Proporcionar extras ao cliente

O conhecimento da marca é a capacidade de um potencial comprador reconhecer que a marca é um membro de uma determinada categoria de produto. O conhecimento da marca pode conseguir-se, sendo diferente, pela publicidade ou pelo patrocínio de eventos. Se um consumidor está consciente da existência da marca está mais próximo a ser um candidato a comprar o produto.

A qualidade percebida é a perceção dos clientes da qualidade ou superioridade de um produto ou serviço relativamente aos produtos ou serviços similares. A qualidade percebida é influenciada pelo desempenho e qualidades do produto, por corresponder às especificações do produto, pela fiabilidade, durabilidade e capacidade e por corresponder às espectativas do consumidor. Por sua vez, o que influencia a qualidade percebida do serviço é a aparência, a fiabilidade, a competência, a responsabilidade e a empatia.

As associações à marca envolvem as várias conexões e associações feitas pelos consumidores sobre a marca, como os atributos do produto, os benefícios para o cliente, o preço relativo, o estilo de vida, associação a personalidades ou celebridades e o uso ou aplicação do produto. Consegue-se manter a associação à marca sendo-se consistente ao longo do tempo, o que significa que não se pode alterar constantemente os elementos do programa de marketing e gerindo-se as crises, com vista a minimizar os prejuízos. Por exemplo, não se pode alterar constantemente os elementos do programa de marketing, como o design, as cores ou o lettering ou se ocorrer um defeito no produto deve-se recolher imediatamente o produto e proceder às reparações necessárias sem custos para o cliente.

O último nível de ativos envolve os direitos intelectuais associados à marca, como direitos de autor, patentes e marcas registadas.

São **passivos** associados à marca:

- **Insatisfação dos clientes** — as queixas e reclamações constantes sobre os produtos ou serviços da empresa fazem desvalorizar o valor da marca.
- **Prática de ações contra o ambiente** — a prática de ações contra o ambiente fazem também desvalorizar o valor da marca.
- **Problemas com os produtos ou serviços** — algumas falhas nos produtos, como por vezes acontece nalgumas marcas automóveis ou

o que aconteceu com as baterias de um modelo de telemóvel da Samsung, podem destruir o valor de uma grande marca.

- **Litígios e boicotes** — os litígios e boicotes dos consumidores podem originar responsabilidades às empresas e a consequente perda de valor da marca.
- **Práticas empresariais condenáveis** — práticas empresariais reprováveis ou com falta de ética divulgadas pela comunicação social podem causar grandes danos às empresas e, consequentemente, desvalorizar o valor da marca. A Nike, por exemplo, viu diminuir o valor da marca pela prática de condições de trabalho a que submete os seus empregados nalguns países.

8.5. GESTÃO ESTRATÉGICA DA MARCA

Gerir uma marca consiste em conseguir que os consumidores comprem mais, paguem mais e sejam mais fiéis à marca, o que significa que comprem muitas vezes. A compreensão da complexidade das marcas é o ponto de partida para o desenvolvimento de uma efetiva estratégia de marketing da perspetiva da gestão da marca. A gestão da marca envolve uma variedade de diferentes escolhas estratégicas da marca e uma avaliação do impacto dessas escolhas nos vários grupos de consumidores.

O posicionamento de um produto requer escolher e gerir o nome da marca que seja capaz de comunicar o posicionamento escolhido. O nome da marca identifica a identidade do produto ou serviço na medida em que permite compreender a qualidade e os benefícios do produto. As marcas Mercedes, BMW ou Audi por si sós permitem de imediato aos consumidores a identificação das caraterísticas e qualidade do produto, sejam as motivações do cliente racionais ou emocionais.

Uma boa gestão da marca requer o desenvolvimento de determinadas práticas de marketing. Uma empresa que tem um bom conhecimento do comportamento do cliente está em melhores condições para definir uma identidade da marca do que uma empresa que não conhece os clientes e não faz um acompanhamento permanente dos gostos e comportamentos de consumo dos clientes.

Quando se pretende desenhar a identidade da marca, o primeiro passo é definir o posicionamento que se pretende para o produto e a proposta de valor para o cliente. Se não forem definidas estas condições prévias, a identidade da marca centrar-se-á mais nas caraterísticas do produto do que nos benefícios para os clientes e corre o risco de se perder ou deteriorar rapidamente.

A primeira decisão estratégica que se coloca na gestão da marca é a criação de um nome que corresponda à imagem da empresa e vá ao encontro dos objetivos da empresa. A marca pode ser uma "marca umbrela", que significa que pode abarcar uma variedade de produtos a comercializar em diversos mercados. É o caso da Camel que, sob a mesma marca, comercializa uma variedade de produtos, desde o tabaco ao vestuário, ou da *General Electric* que comercializa produtos desde sistemas de geração de energia aos sistemas médicos ou aviões, motores elétricos ou mesmo serviços financeiros.

Muitas empresas utilizam o nome da empresa como nome da marca. É uma estratégia muito utilizada por muitas empresas da indústria automóvel. A Ford, por exemplo, utiliza sempre a marca umbrela Ford para o lançamento dos seus modelos de automóveis, seguida de submarcas, como Focus, Land Rover ou Mustang e letras ou números. Outras empresas utilizam a estratégia de usarem só nomes de marca para cada produto. Por exemplo, a Procter & Gamble utiliza marcas distintas para os diversos produtos do seu portfólio de negócios, tudo dependendo do posicionamento que deseja para os seus produtos. Cada marca tem um enfoque próprio e a sua estratégia de posicionamento no mercado, como é o caso dos detergentes, que têm marcas exclusivas sem qualquer submarca, letras ou números, como é o caso do Tide ou Bold, cujo benefício está ligado à marca e não ao fabricante.

8.6. EXTENSÕES DA MARCA

Estender a marca significa utilizar a mesma plataforma de reconhecimento que ela já tem no mercado, para lançar e desenvolver outros produtos ou linhas de produtos ou novos mercados. Depois de longos períodos de investimento na construção de uma imagem de marca reconhecida e sólida, nada mais natural do que aproveitar essa imagem para expandir os negócios a novas áreas do mercado ou a novos segmentos de mercado.

Extensão da marca a novos produtos

Extensão de marca é um processo bem mais complexo do que extensão de linha de produtos, porque obriga a empresa a descobrir novas formas de operar em novas áreas de negócio, que não domina e que lhe são mais ou menos desconhecidas. Os diversos tipos de Coca Zero são uma extensão de linha, já os ténis, as calças, as camisas e outros produtos da Coca-Cola, são exemplos de extensão de marca, tal como os perfumes Mercedes ou os produtos Camel.

A extensão de marca obriga a um exercício de inteligência de mercado para que, ao entrar na nova área de negócio, a marca não seja trucidada pelas marcas dominantes do setor. Algumas empresas preferem lançar os novos produtos da marca em segmentos em que o público-alvo seja o mesmo, aproveitando a credibilidade da marca mãe.

Apesar das dificuldades e ameaças, os benefícios das extensões de marca são enormes, como formas de expansão de negócios. A extensão da marca é uma ferramenta de marketing muito atraente quando comparada com a criação de uma nova marca, pelas seguintes razões:

1. Os gastos de extensão de uma marca são muito mais baixos do que criar uma marca nova a partir do zero, num novo setor de negócio.

2. A extensão da marca para novos negócios pode ser uma forma de fortalecer a própria marca mãe. As extensões da marca não são apenas uma estratégia de abertura a novos mercados para os produtos da marca. São também uma forma de desenvolvimento do poder da marca original. Trata-se de uma forma engenhosa de incrementar o valor da marca, não só do ponto de vista comercial, mas também em termos financeiros. As extensões da marca incrementam os fluxos de rendimento gerados pela marca e a rendibilidade da empresa. Uma família de produtos da mesma marca, gera naturalmente um maior fluxo de rendimentos do que um único produto.

3. O terceiro motivo aplica-se particularmente ao mercado *business-to-consumer*. É mais fácil a uma marca já existente, reconhecida e prestigiada, conquistar novos mercados e assegurar uma rede adequada de distribuição dos seus produtos. A sua credibilidade e seu relacionamento com o cliente, gera muito mais segurança, do que os riscos de uma marca nova ainda desconhecida. A extensão de uma marca já conhecida e respeitada torna as negociações muito mais fáceis e aumenta as possibilidades de conseguir espaços nas áreas de distribuição, com muito menos necessidade de investimento.

4. O quarto e último motivo é a intensificação da relação com os consumidores. As extensões de marca aumentam o valor que cada cliente ou consumidor tem para a empresa, o que contribui para intensificar e fidelizar as relações com os clientes.

Podemos dizer que cada vez mais as empresas procuram alargar as famílias de produtos em torno das marcas mãe. Há, porém, alguns riscos quando as marcas procuram estender as suas marcas para novos mercados, que importa acautelar. São as seguintes algumas cautelas a ter em consideração quando uma empresa decide estender a sua marca para outros territórios:

1. Avaliar se a marca tem a força necessária para atuar e se impor no novo mercado. Quando a marca mãe está fortemente implantada

na mente dos consumidores, estes estão muito mais recetivos a aceitar e comprar o novo produto da marca.

2. Calendarizar cuidadosamente o lançamento dos novos produtos da marca, de modo a que sejam absorvidos pelos consumidores. Não é possível que uma avalancha de novos produtos em pouco tempo seja retida na mente dos consumidores.

Antes de estender a marca a novos produtos, as empresas devem ter o cuidado de acautelar o registo da marca para os novos produtos e respetivas patentes para o segmento de mercado pretendido.

Extensão da marca a novos segmentos de mercado

Esta forma de extensão da marca diz respeito à ampliação da marca a novos consumidores, como, por exemplo, alargar uma linha de produtos, destinada a um público consumidor jovem, a um público adulto, ou alargar de um público masculino a um público feminino. Neste caso, o produto mantém-se praticamente o mesmo, sujeito naturalmente às necessárias adaptações e procura-se alargar a novos segmentos de mercado.

Um exemplo típico de extensão da marca a novos segmentos de mercado é o caso da Mercedes que, constatando que a sua gama de veículos não cobria o segmento jovem, acabou por lançar os modelos Classe A, tipicamente destinados a um público-alvo mais jovem.

Co-branding

Outra forma de alargar a marca é o *co-branding*, que consiste em uma marca se associar a outra marca, aproveitando as sinergias de ambas. É o caso de uma marca de yogurt se associar a uma marca de cereais, criando uma nova marca que transporta o nome das duas marcas associadas. Esta estratégia da marca permite ao novo produto entrar facilmente no mercado, sem necessidade de elevados gastos em marketing ou publicidade e permite às empresas associadas estenderem as suas linhas de produtos sem custos elevados. Noutro domínio, a Intel faz co-branding com a Dell no que se refere aos microprocessadores, ou o caso da Smart que faz co-branding com a Mercedes no que se refere aos motores incorporados nas viaturas. A incorporação na viatura do logo "powered by mercedes" em todas as viaturas foi a forma económica de co-branding encontrada por ambas as marcas. Esta estratégia de *co-branding* traz benefícios para ambas as marcas.

Bundling

Bundling é uma tática de marketing que faz aumentar as vendas pela combinação num pacote de unidades individuais de um produto, usualmente mais barato do que se vendidos separadamente. Produtos separados são produtos que servem diferentes mercados. As razões para o uso de estratégias *bundling* podem ser várias, tais como, reduzir custos, expandir o mercado e melhorar o desempenho.

Normalmente a literatura distingue entre três tipos de estratégias de *bundling* – soluções integradas puras, soluções mistas e soluções parciais. A estratégia de soluções integradas puras acontece quando os vendedores só vendem o pacote e não os produtos individualmente. Numa estratégia de solução integrada mista o cliente tem a possibilidade escolher entre a aquisição dos produtos separadamente ou adquirir o pacote a um preço mais barato. As soluções parciais acontecem quando os vendedores só vendem os produtos individualmente e não em pacote. A decomposição de um produto em soluções parciais pode resultar também numa opção muito lucrativa. Em muitos produtos industriais, os clientes especializados preferem comprar peças ou componentes e integrá-los por sua conta e risco numa configuração que se adapta melhor às suas necessidades. O IKEA usa esta estratégia na venda de móveis, dando a possibilidade aos clientes de comprarem os móveis em partes que melhor se adaptam às suas necessidades.

A literatura distingue também entre pacote de preços e pacote de produtos. Pacote de preços envolve a venda de dois ou mais produtos num pacote com um desconto, enquanto pacote de produtos envolve a venda dos produtos num pacote, independentemente do preço.

8.7. RESUMO DO CAPÍTULO

A marca é uma entidade que serve para identificar uma empresa ou um produto e é útil tanto para vendedores como para compradores. Uma marca estabelece associações na mente dos consumidores-alvo e estas associações facilitam a construção da identidade e do valor da marca. As perceções dos consumidores sobre uma marca fazem parte da gestão da marca e devem ser cuidadosamente analisadas para manterem a sua relevância junto dos consumidores. Os gestores devem estudar constantemente formas de melhorar a eficácia e a eficiência da marca já que é um importante ativo da empresa.

A gestão estratégica da marca requer um entendimento dos custos e rendibilidade da marca, mas também o conhecimento das perceções do consumidor sobre o significado da marca, a imagem e o valor. Decisões táticas que visam reduzir os custos e aumentar a eficiência podem produzir resultados imediatos, mas podem também revelar-se desastrosas em termos do valor da marca a longo prazo.

O crescimento das empresas requer que estas procurem sinergias entre o conhecimento do produto, as suas capacidades produtivas, os sistemas de marketing e o valor da marca. As estratégias para a linha de produto constituem uma excelente oportunidade para desenvolver as empresas. As extensões da linha de produtos sobre as marcas existentes ou sobre novas marcas constituem excelentes oportunidades para conseguir um crescimento sustentável. As estratégias de *bundling* constituem também excelentes estratégias do produto e do preço que podem ser atrativas para determinados mercados.

QUESTÕES

1. Quais são os principais benefícios da marca para compradores e vendedores?
2. Como pode um gestor avaliar o valor da marca?
3. Porquê a identidade da marca é tão importante para uma efetiva gestão estratégica da marca?
4. Em que medida as estratégias de *co-branding* e de *bundling* ajudam ao crescimento das empresas e ao aumento dos lucros?
5. Como carateriza a extensão da linha de produtos da McDonald's e em que medida reforça as vendas e os lucros?
6. Em que medida uma empresa como a Ford poderia praticar *co-branding* com a Bauer para criar uma única marca dentro da linha de produtos Ford SUV?

ESTRATÉGIAS DE GESTÃO DA RELAÇÃO COM O CLIENTE

Vivemos num ambiente competitivo em rápida mudança, com o desenvolvimento de novas tecnologias de informação, que está a provocar uma evolução profunda no conceito de marketing, passando de uma estratégia de conquista de novos clientes para uma estratégia de retenção e fidelização dos clientes atuais.

O marketing relacional e a orientação para o mercado são duas modernas filosofias de marketing muito importantes para o sucesso das empresas no contexto atual dos negócios. Normalmente uma empresa não terá sucesso se o foco for realizar transações isoladas, pelo simples facto de que, para ter sucesso a longo prazo, precisa da realização continuada de negócios lucrativos.

Segundo a lei de Pareto, 20% dos clientes representam 80% dos negócios, pelo que é vital a empresa prestar especial atenção e estes 20% melhores clientes e não dispersar esforços pelos 80% que, apesar de muitos, poucos negócios aportam à empresa. A questão que se coloca aos gestores de marketing é que os principais clientes devem ser acompanhados e fidelizados de modo a continuarem a comprar os produtos da empresa.

OBJETIVOS DE APRENDIZAGEM

Depois de ler e refletir sobre este capítulo, o leitor deve ser capaz de:

➢ Analisar a importância de construir e desenvolver relações com os clientes.

➢ Examinar as várias formas como os gestores podem construir relações de lealdade com os clientes.

➢ Explicar a importância da gestão da relação com o cliente (CRM)

➢ Analisar as diferenças entre relações com os consumidores (B2C) e relações com os compradores industriais (B2B).

➢ Explicar as estratégias que ajudam a criar relações de longo prazo com os clientes que podem criar vantagem competitiva sustentável.

9.1. INTRODUÇÃO

O objetivo deste capítulo é apresentar as várias formas pelas quais as empresas podem construir e manter relações fortes e lucrativas com os seus clientes, com vista a conseguir vantagens competitivas que sejam sustentáveis a longo prazo.

Marketing relacional é o desenvolvimento de relações de longo prazo lucrativas e amigaveis entre compradores e vendedores. O marketing relacional implica comunicações abertas e a capacidade para conhecer o cliente e o consumidor de tal forma que as mudanças nos desejos e necessidades possam ser antecipadas antes que se tornem críticas, o que significa que as empresas devem comunicar de forma aberta e efetiva com os seus clientes ou com os consumidores. A dificuldade do marketing relacional é que nem todos os clientes são iguais e nem todos têm o mesmo grau de fidelidade e lealdade à marca.

9.2. ESTRATÉGIA DE MARKETING RELACIONAL

A atração de novos clientes sempre foi um dos principais objetivos da gestão de marketing. Mas a atração de novos clientes é difícil e dispendiosa, especialmente em mercados maduros e altamente competitivos, envolvendo investimentos avultados, designadamente em campanhas publicitárias e em incentivos à força de vendas. Por esse motivo, modernamente a atenção das empresas tem-se voltado mais para a retenção dos clientes atuais e para a construção de relações duradouras e lucrativas, do que procurar conquistar novos clientes.

Baines, Fill & Page (2011) sugerem que a abordagem tradicional do marketing enfatiza a importância do produto, baseia-se no conceito de marketing mix (4 Ps) e reconhecem que alguns gestores e académicos consideram que é uma explicação inapropriada da forma como o marketing funciona. Modernamente, o marketing tende mais a ser visto em termos de interações com os consumidores, enfatizando a importância do serviço ao cliente. O **marketing tradicional** coloca a ênfase no marketing mix e nas transações individuais, enquanto o **marketing relacional** coloca a ênfase no processo de identificar, estabelecer e manter relações duradouras e lucrativas com os clientes (Figura 9.1):

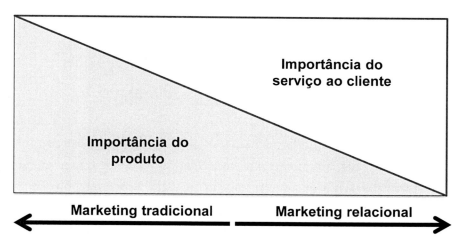

FIGURA 9.1 Marketing Tradicional e Marketing Relacional

No mesmo sentido, Dibb et al. (2006) definem a era do marketing relacional como o período atual em que o foco não está apenas na simples transação individual, mas na construção e desenvolvimento de relações duradouras e lucrativas com os clientes e na construção de redes de marketing.

O marketing relacional distingue-se do marketing de massas (*mass marketing*) nas seguintes caraterísticas:

Marketing de Massas	Marketing Relacional
Transações pontuais	Transações contínuas
Ênfase no curto prazo	Ênfase no longo prazo
Comunicação unilateral	Comunicação bilateral (colaboração)
Foco centrado na venda	Foco centrado na retenção do cliente
Partilhar o mercado	Partilhar a mente do cliente

O objetivo do marketing relacional é criar valor a longo prazo para os clientes, sendo a medida do sucesso de marketing o grau de satisfação dos clientes. O marketing relacional exige que todos os departamentos da organização trabalhem em conjunto para o mesmo objetivo, que é servir o cliente e criar um clima de satisfação e lealdade do cliente.

Para terem sucesso, as organizações devem identificar os clientes com os quais é vantajoso desenvolver relações de longo prazo, a fim de intensificar o volume de negócios e aumentar a rendibilidade.

9.3. GESTÃO DA RELAÇÃO COM O CLIENTE (CRM)

Uma organização moderna não se define apenas pelo seu produto, mas também pelos seus clientes, podendo mesmo dizer-se que os clientes são o principal ativo de uma organização. Para vencerem, ou mesmo sobreviverem, em mercados altamente competitivos, como os que caraterizam os nossos dias, as empresas necessitam de uma nova filosofia de marketing. Devem procurar criar e manter relações de confiança com os seus clientes e não apenas produzir e vender produtos. As empresas devem ser proativas e anteciparem as necessidades e desejos dos clientes.

A gestão da relação com o cliente (*Customer Relationship Management-CRM*) é uma ferramenta de gestão transversal a toda a organização que, fazendo uso das novas tecnologias de informação, analisa e influencia o comportamento do cliente, com vista ao desenvolvimento de relações sustentáveis de longo prazo que contribuem para aumentar a angariação, retenção e fidelização do cliente. É o processo estratégico de modelar as interações entre os clientes e a organização, de forma a mantê-los satisfeitos e maximizar o valor dos clientes para a organização.

O CRM é uma abordagem ou uma filosofia de gestão que enfatiza o valor do cliente e a importância de construir e desenvolver relações duradouras e lucrativas com os clientes, através de um melhor entendimento sobre as suas necessidades e expectativas (Figura 9.2):

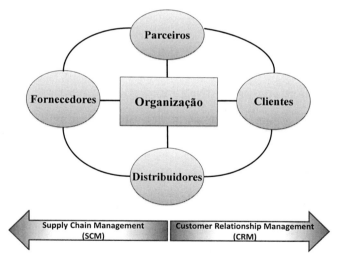

FIGURA 9.2 Gestão da Relação com o Cliente

Para construir e gerir as relações com os clientes, as organizações necessitam de informação relevante sobre os clientes, a armazenagem da informação em bases de dados adequadas (*data mining*) e o uso dessa informação para ajustar a oferta da empresa com vista a construir relações cada vez mais fortes e rendíveis com os principais clientes. Mas a informação é escassa e está muitas vezes dispersa pelos vários departamentos da organização. Para ultrapassar estes problemas, cada vez mais, as empresas usam o CRM para avaliar o valor de cada cliente, identificar os clientes mais valiosos para os tratar de uma forma mais personalizada e customizar os produtos ou serviços às suas necessidades específicas.

O recurso às novas tecnologias de informação, nomeadamente o uso de bases de dados (*data warehouse*), facilita a fidelização dos clientes, na medida em que permite mais facilmente customizar os produtos ou serviços às necessidades específicas de cada cliente. Mas o CRM é muito mais do que dispor de uma base de dados sobre os clientes. Um verdadeiro CRM advoga relações *one-to-one* com os clientes e uma efetiva participação dos clientes nas decisões da empresa que lhes dizem respeito.

Os analistas de CRM desenvolvem e analisam bases de dados e usam técnicas sofisticadas de recolha de dados, arquivo e processamento de informação sobre clientes, mercados, produtos e processos (*data mining*) para explorar ao máximo as informações sobre os clientes. *Data warehouse* é a centralização num arquivo eletrónico de toda a informação existente na empresa sobre os clientes, com o objetivo de permitir aos gestores disporem, de uma forma integrada, de toda a informação disponível na empresa sobre os seus clientes. O *data mining* pode ajudar na seleção dos clientes alvo (*target customers*) ou identificar segmentos de clientes com comportamentos e necessidades similares. O *data warehouse* e o *data mining* são cruciais para a funcionalidade e eficácia dos sistemas CRM, uma vez que é fundamental, para uma boa gestão da relação com o cliente, a existência de uma base de dados única que integre todas as informações relevantes sobre os clientes (Figura 9.3):

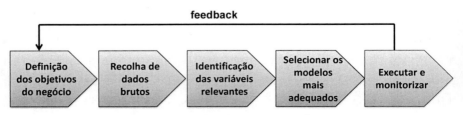

FIGURA 9.3 Processo de *Data Mining*

O CRM é implementado com recurso a programas informáticos sofisticados e ferramentas analíticas que integram a informação sobre os clientes, analisam os dados e usam os resultados para construir relações fortes com os clientes. A implementação de um programa de gestão da relação com o cliente bem sucedido pressupõe a existência de quatro etapas fundamentais:

1. Qualificação dos clientes atuais com base no seu valor potencial para a empresa.
2. Perceber as necessidades individuais de cada cliente, as preferências sobre os produtos e os seus comportamentos de compra.
3. Criar soluções individualizadas com base nas necessidades individuais de cada cliente e estabelecer relações *one-to-one* para construir e manter relações sustentáveis.
4. Acompanhar todos os aspetos da satisfação do cliente para assegurar que são alcançados elevados níveis de satisfação e lealdade.

As tecnologias CRM podem dividir-se em três categorias:

1. **CRM operacional** — visa melhorar as operações de *front-office* da empresa, como a automação e melhoria do atendimento e apoio ao cliente, a automação do marketing e da força de vendas, gestão de encomendas e faturação, entre outras funções.
2. **CRM estratégico** — baseia-se na recolha, tratamento, interpretação, distribuição e arquivo de informação sobre os clientes, recolhida pelas ferramentas do CRM operacional e outras fontes de informação.
3. **CRM colaborativo** — é como que uma interpenetração de CRM operacional e CRM estratégico. Envolve e prepara as interações entre a empresa e o cliente. Pode ser um portal, uma aplicação de gestão de relações com parceiros, canais de distribuição, entre outros. Com CRM, os clientes deixam de ser apenas compradores mas passam também a ser parceiros integrados no processo de negócio, Nguyen & Mutum (2012).

Um verdadeiro CRM tem muitos benefícios para a organização e para os clientes, porque ajuda a vender os produtos ou serviços de forma mais eficaz e contribui para aumentar os rendimentos, na medida em que:

- Conhecendo melhor os clientes, é possível proporcionar níveis mais elevados de satisfação do produto ou serviço e desenvolver relações mais fortes com os clientes.
- Compradores leais tendem a repetir a compra (retenção de clientes) e estão mesmo dispostos a pagar um preço mais elevado.
- Consumidores satisfeitos tendem a comprar outros produtos da organização (*cross-selling*).
- Clientes fidelizados são mais fáceis de servir.
- Clientes satisfeitos fazem publicidade gratuita dos produtos ou serviços da empresa para outros consumidores.

Os sistemas CRM baseiam-se em bases de dados sobre as necessidades dos clientes e englobam três fases: **captação, retenção e atração de novos clientes.** A captação de novos clientes tem por objetivo aumentar o volume de vendas, a qual, modernamente, pode fazer-se recorrendo a canais digitais, como o comércio eletrónico (*e-commerce*), e-mails, etc. A atração de novos clientes é difícil e dispendiosa, especialmente em mercados em maturidade e altamente competitivos, pelo que a retenção de clientes atuais deve ser uma das prioridades e desafios das organizações.

9.4. RELAÇÕES SUSTENTÁVEIS E VANTAGEM COMPETITIVA

A chave do marketing relacional é converter as relações entre o comprador e o vendedor em relações lucrativas de longo prazo. Naturalmente que construir relações entre compradores e vendedores requer confiança e envolvimento de ambas as partes. Esta relação de confiança é um desafio maior nas relações B2B do que nas relações B2C, uma vez que manter a lealdade do consumidor torna-se mais difícil quando o preço do produto ou serviço baixa, mas as empresas que cultivam e alimentam estas relações têm mais possibilidades de transformar as relações de curto em longo prazo e com isso criar vantagem competitiva. A questão que se coloca é saber se este tipo de vantagem competitiva é sustentável ou não.

A medida e acompanhamento da relação de longo prazo é vital para assegurar o sucesso. A experiência demonsta que não há relações de longo prazo sem a existêncoa de confiança entre as partes. Quanto mais forte e mais longa for a relação entre o comprado e o vendedor e criarem uma relação de confiança entre eles, maior será o envolvimento e comprometimento em que a relação permaneça. Principalmente no marteging B2B, a confiança na outra parte forma-se usualmente como resultado das capacidades da outra parte para oferecer não um produto, mas soluções e seja capaz de adaptar às mudanças de circunstâncias quando abertamente trocar opiniões e sugestões. Como resultado, o fornecedor deve medir regularmente, partilhar e gerir o processo de mudança.

Mas a confiança será suficiente para reforçar as relações de longo prazo? Para transformar relações de curto prazo em relações de longo prazo é necessário que o relacionamento entre o comprador e o vendedor seja também emocional, criando um envolvimento emocional do cliente com a empresa e os seus produtos ou serviços.

Há seis importantes fases no processo de construção de relações emocionais com os clientes:

1. **Envolver os clientes** — a empresa deve envolver de alguma forma os clientes nos processos da empresa, designadamente no processo produtivo.

2. **Comprometer os clientes** — a empresa deve ouvir e conversar com os clientes de forma que os clientes compreendam que os seus produtos são diferentes.

3. **Atualizar os clientes** — a empresa deve manter os clientes informados sobre os produtos e o mercado.

4. **Dar confiança** — a empresa deve ser confiável e mostrar ao cliente que pode confiar.

5. **Ser consistente** — a empresa deve mostrar ao cliente que tem sistemas de controlo que garentem a qualidade da oferta.
6. **Saber reconhecer a lealdade** — a empresa deve saber recompensar a lealdade dos clientes mais fiéis.

Ter clientes fidelizados traz grandes benefícios para a empresa, nomeadamente porque dizem bem da empresa, trazem novos clientes, toleram mais facilimente os erros e omissões da empresa, dão feedback se detetam um problema, não poêm ações judiciais à empresa e não discutem pequenas diferenças de preços.

9.5. RESUMO DO CAPÍTULO

Depois de desenvolverem e implementarem o processo de segmentação, targeting e posicionamento, as empresas devem procurar criar e manter relações amistosas com os seus clientes. Angariar novos clientes é bem mais difícil e mais caro do que reter os clientes existentes e construir relações de fidelização e lealdade com os principais clientes permite às empresas perceber as mudanças nos seus desejos e necessidades e tomar as medidas corretivas designadamente melhorando os produtos ou serviços oferecidos. Mas manter relações com maus clientes pode ser problemático porque podem custar mais do que o rendimento que geram, ou seja, podem ser fonte de geração de prejuízos. A empresa deve analisar cuidadosamente os clientes com quem pretende construir relações e trabalhar no sentido de preservar essas relações frutuosas para a empresa.

O uso de sistemas CRM requer um planeamento cuidadoso e um empenhamento de toda a organização no sentido da orientação para o cliente.

QUESTÕES

1. O que é o marketing relacional e como pode contribuir para construir e manter relações fidelizadas com os clientes?
2. Avalie as diferenças entre marketing relacional B2C e B2B.
3. Porque é importante a base de dados (data mining) para a construção de relações com os clientes?
4. Como podem as relações com os clientes ser usadas para criar vantagem competitiva sustentável?

Parte IV

IMPLEMENTAÇÃO DA ESTRATÉGIA DE MARKETING

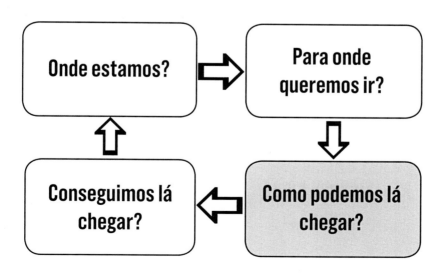

ESTRATÉGIAS DE GESTÃO DO PRODUTO

Depois de escolher uma estratégia de marketing competitiva, a etapa seguinte consiste em planear um programa de marketing mix detalhado. Com um programa de marketing mix, a empresa controla as ferramentas de marketing operacional e todas elas têm influência na procura dos produtos da empresa.

As estratégias de marketing mix consistem no conjunto de conceitos e ações que uma organização deve desenvolver com o objetivo de criar valor para os seus clientes, através da atuação ao nível de quatro variáveis, designadas por 4 Ps de marketing, para produzir a resposta que deseja no mercado alvo: produto (product), preço (price), distribuição (place) e promoção (promotion). Com estes conceitos, a empresa é capaz de planear e orientar as suas atividades de marketing e criar, comunicar e distribuir valor aos consumidores.

OBJETIVOS DE APRENDIZAGEM

Depois de ler e refletir sobre este capítulo, o leitor deve ser capaz de:
- ➤ Entender o que é o produto na perspetiva de marketing.
- ➤ Conhecer os diversos níveis do produto e saber distinguir entre produto atual e produto aumentado.
- ➤ Conhecer as diferentes estratégias de marketing relacionadas com a introdução de novos produtos no mercado.
- ➤ Conhecer as diferentes estratégias de linhas de produtos.
- ➤ Conhecer as estratégias mix dos produtos

10.1. CONCEITO DE PRODUTO

O conceito de produto é muito mais que um produto físico que o comprador pretende utilizar. Os compradores não compram produtos porque gostam deles. Compram os produtos porque gostam do que os produtos lhes podem proporcionar, tanto fisicamente como emocionalmente. Para ter sucesso, um produto deve possuir as caraterísticas adequadas e oferecer os benefícios requeridos pelo consumidor.

Podemos afirmar que um produto é tudo o que possa ser oferecido ao mercado para satisfazer necessidades e desejos dos consumidores (produtos de consumo), ou as necessidades dos compradores (produtos industriais).

Um produto pode ser algo tangível que pode ser usado para uso pessoal ou para negócio, que pode ser visto, tocado, consumido, experimentado, como por exemplo mercadorias físicas, ou algo intangível que cria benefícios para os consumidores ou para o negócio (Figura 10.1):

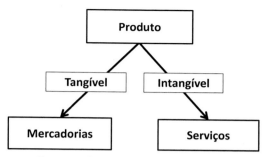

FIGURA 10.1 Conceito de Produto

Os clientes compram o produto para seu benefício, isto é, para satisfazer uma necessidade ou um desejo, criando assim o núcleo do produto. No topo do núcleo, encontra-se o produto atual com as suas caraterísticas, como o nível de qualidade, as caraterísticas do produto e serviço, o estilo, a marca e a embalagem.

Mas o produto pode ser pensado como tendo várias camadas, cada uma das quais acrescenta valor ao produto e cria valor percebido para o cliente. A empresa constrói à volta do produto principal um produto aumentado, criando benefícios adicionais para o cliente (Figura 10.2).

FIGURA 10.2 Níveis de Produto

A diferenciação do produto e a concorrência no mercado começam ao nível do produto aumentado, resultando a agregação de valor aos produtos na perceção dos consumidores em vantagem competitiva para a empresa. As empresas de sucesso são as que oferecem melhores benefícios aos consumidores, ou seja, as que diferenciam a oferta e conseguem aumentar o valor para o cliente.

10.2. DECISÕES SOBRE PRODUTOS

As decisões sobre produtos incidem sobre os atributos do produto, a marca, o rótulo e os serviços de apoio ao produto (Figura 10.3):

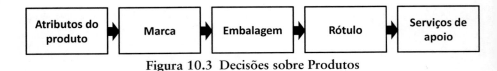

Figura 10.3 Decisões sobre Produtos

Atributos do produto

Para desenvolver uma boa gestão do produto, é preciso compreender que o produto é um complexo conjunto de fatores que visam gerar uma perceção mais favorável ao cliente do que o produto oferecido pelos concorrentes. Esses benefícios são facultados por quatro atributos básicos: **qualidade do produto percebida pelo cliente, forma, caraterísticas e estilo e *design* do produto**. A qualidade do produto para a empresa pode ser diferente da qualidade percebida pelo cliente. Entender o que é qualidade do produto para o cliente é fundamental, pois só esse entendimento pode ajudar uma empresa a inovar e introduzir melhorias na qualidade dos seus produtos.

Quanto à forma, os produtos podem ser oferecidos de diversas formas, tamanhos ou formatos. A empresa deve adotar a forma que mais satisfaz o cliente, quer em termos de comodidade de utilização, quer em transporte ou armazenagem. Também os produtos podem ser oferecidos com diferentes caraterísticas, desde o modelo básico ou clássico sem acessórios a modelos com mais dispositivos, que funcionam como elementos diferenciadores dos produtos da concorrência. Basta lembrarmo-nos do setor automóvel em que os diversos modelos apresentam cada vez mais acessórios numa tentativa de se diferenciarem dos produtos concorrentes.

Finalmente, vamos ao último atributo que é o estilo e *design*. Estilo é a aparência visual do produto e a sensação que transmite ao consumidor, o status que proporciona e o estilo de vida que se supõe dos usuários do produto. Os consumidores pagam mais caro por um Porshe porque faz pressupor um estilo de vida elevado. O estilo é uma fonte de diferenciação porque dificilmente pode ser copiado.

O *design* tem a ver não só com o aspeto visual exterior, mas também com a facilidade e segurança de utilização do produto e ainda com a simplicidade e economia de produção e distribuição. O *design* contribui para a utilidade, funcionalidade e desempenho do produto. Basta lembrarmo-nos do design do WC Pato para percebermos a utilidade do design do produto.

Marca

Um outro aspeto muito importante na política do produto refere-se à gestão da marca. A marca constitui o elemento comum identificador do produto. A identidade da marca carateriza-se pelas seguintes aspetos:
- Nome
- Embalagem e *design*
- Componentes
  - Logotipo
  - Símbolos
  - Assinatura
  - Códigos gráficos

A marca desempenha as seguintes funções:
- Identificação
- Qualidade
- Segmentação
- Imagem
- Satisfação pessoal/benefícios
- Lealdade

Embalagem

A embalagem é o conjunto de elementos materiais que, sem fazer parte do próprio produto, são vendidos com ele, com o fim de permitir ou facilitar a sua proteção, transporte, armazenagem, apresentação, identificação e utilização pelos consumidores.

Funções da embalagem:
- Técnicas
  - Proteção e conservação do produto.
  - Comodidade de utilização.
  - Facilidade de transporte, armazenagem, arrumação e eliminação.
  - Proteção do ambiente.
- Comunicação
  - Impacto visual.
  - Reconhecimento — cor, grafismo, carateres originais, material particular ou forma original.
  - Identificação — light, aromas, etc..
  - Expressão do posicionamento — evocar os traços marcantes do produto.
  - Informação ao consumidor.
  - Criar impulso de compra.

Gama

A gama refere-se ao facto de as empresas poderem fabricar produtos muito diversos. Se os produtos pertencerem a diferentes classes, então cada uma dessas classes constitui uma gama de produtos. Exemplo: a Marlboro produz cigarros, que é o seu produto base, mas produz também roupa. São duas gamas distintas.

As gamas podem ser definidas em torno de:
- Uma mesma tecnologia
- Um mesmo negócio
- Um mercado
- Um segmento de mercado

A dimensão da gama baseia-se em noções de preço e qualidade (relação preço/qualidade), distinguindo-se as seguintes gamas:
- **Gama baixa** — baseia-se em estratégias de baixo custo para facilitar a entrada no mercado.
- **Gama média** — baseia-se em estratégias de preços apelativos ou referências ligadas à imagem.
- **Topo de gama** — topo de gama de um produto não é necessariamente produtos de luxo.
- **Produtos de luxo** — neste tipo de produtos a imagem é determinante e a comunicação assenta mais nas relações públicas e no passa-palavra do que na publicidade. A difusão destes produtos é restrita e o controlo da distribuição é primordial. Os mercados de luxo são geralmente internacionais, pelo que se pratica o marketing global.

Serviços associados

Os serviços associados são o conjunto de serviços ligados ao produto que, não constituindo parte integrante do mesmo, contribuem para o valorizar aos olhos do consumidor e facilitar a sua compra. São serviços associados, por exemplo, os seguros, o transporte do produto a casa do cliente, a montagem, as reparações, o crédito, os quais assumem cada vez mais importância na gestão dos produtos. O conjunto do produto base e dos produtos e serviços associados é designado por produto aumentado.

10.3. ESTRATÉGIAS DE LINHAS DE PRODUTOS

No ponto anterior estudámos questões relacionadas as estratégias do produto, como atributos do produto, marcas, embalagens, gamas de produtos e serviços associados ao produto. Neste ponto, vamos analisar as estratégias de linhas de produtos.

Linha de produtos é um grupo de bens estreitamente relacionados, por funcionarem de forma semelhante, serem vendidos para grupos de consumidores idênticos, lançados no mesmo mercado por intermédio de tipos similares de distribuidores ou por estarem dentro dos mesmos limites de preço.

10.3.1. EXTENSÃO DA LINHA DE PRODUTOS

O principal desafio que se coloca hoje aos gestores de marketing é administrar estrategicamente a linha de produtos e do mix de produtos, *visando o* máximo potencial de rendimento e de lucro. Uma estratégia para conseguir esse objetivo consiste em alargar a linha de produtos a outras versões do produto ou a produtos complementares, numa tentativa de valorizar a notoriedade da marca. Não confundir extensão da linha de produtos com extensão da marca. Extensão de linha de produtos é um processo mais simples, na medida em que não tira a marca de seu território natural. Um fabricante de sumos que lança um novo sabor, ou um fabricante de automóveis que lança um novo modelo com mais funcionalidades ou com funções inovadoras, está a estender a sua linha de produtos. Extensões da marca obrigam a marca a penetrar em novas áreas de negócio.

Extensão vertical ou extensão da linha de produtos

A extensão da linha de produtos pode conseguir-se através das extensões verticais da marca estrela, criando novos produtos derivados do produto principal, como é o caso da Nestlé que, à base do café cria produtos derivados, como café clássico, café com cereais e café com chicória. Estas extensões verticais ou extensões da linha de produtos procuram facultar aos consumidores o acesso a uma variedade de novos gostos e novos sabores ou novos usos que podem atrair novos consumidores de outros tipos de café ou consumidores que pela primeira vez são atraídos para o consumo de café.

Para Kotler & Armstrong (2018), linha de produto é um grupo de bens estreitamente relacionados por funcionarem de forma semelhante, serem vendidos para grupos de consumidores idênticos, lançados no mesmo mercado por intermédio de canais de marketing similares ou por estarem dentro dos mesmo limites de preço. Por exemplo, o Grupo Super Bock possui seis linhas de produtos, como cervejas, refrigerantes, águas, sidras, vinhos e sangrias.

A extensão da linha de produtos dirige-se normalmente aos consumidores atuais da marca, mas podem também contribuir para alargar a base de clientes. Por exemplo, o lançamento do leite sem lactose visou captar um segmento de pessoas menos tolerantes à lactose que, por essa razão, não consumiam o leite integral. Outra vantagem da extensão da linha poderá ser dotar a marca de uma maior variedade de produtos e manifestar ao mercado o caráter inovador da marca.

Extensão horizontal ou extensão a novos produtos

As extensões horizontais de uma linha de produtos propõem atrair à linha produtos distintos, mas complementares, do produto que sustentou a marca inicialmente. As linhas de produtos podem ser alargadas para baixo, para cima ou nos dois sentidos (Figura 10.4).

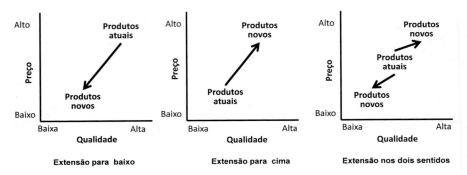

FIGURA 10.4 Decisões sobre Extensão de Linhas de Produtos

O alargamento para baixo representa a inserção de novas linhas de produtos com preços mais baixos e qualidade inferior. O alargamento para cima representa a inserção de produtos de qualidade superior e preço mais alto e a ampliação nos dois sentidos revela a intenção de introduzir vários produtos de preços e qualidades diversas e a intenção de atingir vários segmentos de mercado.

Trata-se de uma estratégia mais arriscada porque corre o risco de despersonalizar a marca e prejudicar a sua identidade. Este risco é ainda maior quando se trata de produtos sem afinidades entre si. Estamos perante uma extensão horizontal quando marcas famosas, como a Camel, a Diesel ou a Levis ou mesmo a Mercedes que, para além dos seus produtos originais, passam a vender outros produtos, como artigos de moda ou perfumes, aumentando o valor da marca e fazendo aumentar as vendas e os lucros.

A extensão nos dois sentidos, ou seja a entensão horizontal e vertical, revela a intenção da empresa em atingir um grande número de segmentos de marcado. As extensões verticais e horizontais proporcionam excelentes oportunidades de crescimento do negócio, mas as possibilidades estão longe de se esgotarem nestas formas de extensão da marca. Quando as possibilidades de alargamento do mercado se esgotam, as marcas com notoriedade procuram extender o nome da marca a outros produtos ou aplicações. É o caso das marcas de automóveis que, aproveitando a notoriedade da marca, alargam a sua gama de produtos a outras áreas do produto-mercado, como a fabricação de motocicletas, motos de água, veículos todo o terreno ou instrumentos de jardinagem. As novas áreas de produto-mercado têm alguma relação com a marca original e aproveitam a imagem de qualidade da marca.

10.3.2. DECISÕES ESTRATÉGICAS SOBRE O MIX DO PRODUTO

A definição de produto é muito ampla mas, de uma maneira simplificada, pode dizer-se que é algo que pode ser oferecido ao mercado para satisfazer um desejo ou uma necessidade, ou seja, é um bem ou serviço destinado a satisfazer uma necessidade. A estratégia de marketing mix começa com o produto, já que sem ele não faz qualquer sentido tomar decisões sobre preço, canais de distribuição ou promoção.

A política de produto não diz respeito apenas às suas caraterísticas intrínsecas, mas também a outros aspetos, tais como, o *design*, a marca, a embalagem, os serviços associados e a política de gama. Neste sentido, o conceito de produto está relacionado com os benefícios percebidos pelo cliente quando realiza uma compra. Os benefícios do produto podem ser de três categorias:

- o **Benefícios funcionais** — dizem respeito às funções específicas esperadas do produto.
- o **Benefícios sociais** — referem-se aos valores que estão associados ao consumo de um bem ou à utilização de um serviço.
- o **Benefícios psicológicos** — correspondem às necessidades pessoais que se procuram satisfazer com o consumo do bem ou serviço.

As caraterísticas intrínsecas referem-se aos atributos tangíveis e intangíveis do produto, que podem agrupar-se em três grandes categorias:

- **Fórmula do produto** — descrição técnica dos componentes do produto.
- **Desempenho** — caraterísticas observáveis pelos clientes quando os estão a consumir.
- **Qualidade do produto** — é o grau em que o seu desempenho corresponde às expectativas que o cliente tem sobre o produto.
- **Vantagem do produto** — caraterística intrínseca distintiva do produto relativamente aos concorrentes. Deve possuir quatro caraterísticas:
  - ➢ Corresponder a uma verdadeira expectativa dos clientes.
  - ➢ Ser facilmente percetível pelos consumidores.
  - ➢ Não provocar um aumento do preço de venda que seja inibidor da compra.
  - ➢ Não possa ser facilmente copiado pelos concorrentes.

10.4. INOVAÇÃO E DESENVOLVIMENTO DE NOVOS PRODUTOS

Neste ponto vamos analisar a inovação e desenvolvimento de novos produtos do ponto de vista do marketing estratégico. Vamos analisar a necessidade de inovação permanente no portefólio de produtos das empresas. Neste mundo globalizado e altamente competitivo em que vivemos, a vantagem competitiva de uma empresa está diretamente relacionada com a sua capacidade de introduzir no mercado novos bens e serviços, com conteúdo tecnológico e caraterísticas de qualidade, desempenho, custo e distribuição, que satisfaçam às exigências dos consumidores. Na literatura são apresentadas diversas metodologias para o desenvolvimento de novos produtos, cabendo às empresas encontrar ou adequar aquelas que melhor se adaptem à sua realidade e cultura organizacional.

10.4.1. CONCEITO DE INOVAÇÃO

O conceito de inovação tem várias aceções, podendo incluir coisas tão diversas como a adoção de novas soluções tecnológicas ou de novos processos de fabrico, o lançamento de novos produtos, a competição em novos mercados, o estabelecimento de novos acordos com clientes ou fornecedores ou inovações nos métodos de gestão.

Desde que Schumpeter (1934) considerou que inovação e invenção são dois conceitos diferentes e que a inovação desempenha um papel muito importante no sistema económico, o conceito de inovação tem vindo a ser um tema de discussão entre os académicos e os gestores. Hoje é tópico de investigação das várias disciplinas das ciências empresariais, desde o marketing à sociologia organizacional, passando pela gestão empresarial e comportamento organizacional.

Apesar das divergências entre os autores acerca do conceito de inovação, os académicos em geral concordam que a inovação é a adoção de uma ideia nova ou de um novo comportamento por uma organização. O conceito de inovação é muito vasto, podendo referir-se a novos produtos, novos serviços, novas tecnologias ou novos métodos de trabalho ou novos processos operativos.

Basicamente, as definições de inovação podem classificar-se nas quatro categorias seguintes:

1. *Óptica do produto* — os partidários desta corrente enfatizam os resultados da inovação a nível da produção e a medida da inovação é baseada em produtos específicos.

2. *Óptica do processo* — segundo esta perspetiva, os investigadores pensam que a inovação é um processo e avaliam a inovação como uma sequência de processos ou estádios.

3. *Óptica do produto e do processo* — os partidários desta corrente pensam que o conceito de inovação pode definir-se tanto do ponto de vista do produto como dos processos e os resultados devem ser integrados.

4. *Óptica múltipla* — os investigadores desta perspetiva pensam que quer a óptica do produto quer a óptica do processo apenas consideram a vertente da inovação técnica, incluindo o produto, o processo ou o equipamento e ignoram a vertente da inovação de gestão, pelo que reclamam que a inovação de gestão também deve ser considerada na definição de inovação.

10.4.2. TIPOS DE INOVAÇÃO

A revisão da literatura mostra que a classificação de inovação varia com os diferentes pontos de vista dos investigadores. Entre as numerosas tipologias avançadas na literatura relevante, três pares de tipos de inovação têm conquistado especial atenção: **inovação administrativa versus inovação tecnológica, inovação do produto versus inovação de processos e inovação radical versus inovação incremental.**

A distinção entre inovação administrativa e inovação tecnológica é importante porque está relacionada com uma distinção mais ampla entre estrutura social e tecnologia. A inovação administrativa e a inovação tecnológica potencialmente implicam diferentes processos de decisão e juntas representam mudanças introduzidas num vasto conjunto de atividades numa organização. As inovações tecnológicas respeitam a produtos, a serviços e a tecnologia dos processos de produção; estão relacionadas com actividades básicas e podem respeitar a produtos ou processos. As inovações administrativas envolvem a estrutura organizacional e os processos administrativos; estão indiretamente relacionadas com as atividades básicas de uma organização e estão mais diretamente relacionadas com a gestão.

Knight apresentou um esquema baseado em quatro categorias de inovações altamente relacionadas, o que significa que uma inovação de um tipo é capaz de criar mudanças adicionais numa ou em mais das outras três categorias:

1. *Inovações nos produtos ou serviços* — referem-se à introdução de novos produtos ou serviços que a organização produz ou vende.
2. *Inovações no processo produtivo* — referem-se à introdução de novos elementos nas tarefas da organização, na decisão e no sistema de informação ou à adoção de novos elementos ou novas metodologias na produção ou na tecnologia.
3. *Inovação na estrutura organizacional* — refere-se às mudanças na divisão do trabalho, nos sistemas de comunicação ou no sistema de incentivos.
4. *Inovação no pessoal* — refere-se às mudanças nos efetivos de uma organização, como admissões e despedimentos, ou à modificação técnica dos comportamentos dos membros da organização, como a educação ou a psicanálise.

As inovações de cada um destes quatro tipos podem ter um efeito positivo ou negativo nos resultados de uma organização.

Daft, por sua vez, pensa que há dois tipos de inovação:

1. *Inovação administrativa* — refere-se às políticas de recrutamento, alocação de recursos e à estruturação de tarefas, à estrutura organizacional e ao sistema de incentivos.
2. *Inovação tecnológica* — é uma ideia para um novo produto, um novo processo ou um novo serviço.

As inovações tecnológicas estão usualmente relacionadas com a tecnologia e as inovações administrativas estão relacionadas com a estrutura social da organização.

Estudos levados a cabo por Henderson & Clark (1990) concluíram que a tradicional classificação de *inovação incremental* e *inovação radical* é incompleta e alargam o conceito a quatro grupos (Figura 10.5):

FIGURA 10.5 Matriz da Definição de Inovação

A Figura 10.5 mostra dois tipos extremos de inovação: *inovação modelar* versus *inovação arquitectural* e *inovação incremental* versus *inovação radical*, caracterizadas como segue:

1. **Inovação incremental** — faz pequenas alterações nas componentes dos produtos existentes. Fortalece e alarga as funções dos produtos existentes sem alterar a estrutura dos produtos e as conexões entre os componentes.
2. **Inovação modelar** — faz alterações inovadoras revolucionárias de várias componentes e das caraterísticas principais dos produtos existentes, sem mudar a estrutura dos produtos e as conexões entre os componentes.
3. **Inovação arquitectural** — quase não há alterações nos componentes e nos desenhos dos produtos, mas as estruturas dos produtos são reconstruídas e a adaptação às novas estruturas pode implicar alterações nos tamanhos dos componentes existentes e nas suas funcionalidades ou implicar alterações no desenho dos produtos, sem implicar alterações no desenho básico de cada componente.
4. **Inovação radical** — criação um novo conceito do produto, o que pode implicar a adaptação a esse novo produto de novos componentes e novas estruturas para fazer as necessárias conexões. Este tipo de inovação resultará no aparecimento de um novo desenho dominante.

10.4.3. O PROCESSO DE DESENVOLVIMENTO DE NOVOS PRODUTOS

O processo de desenvolvimento de novos produtos pode definir-se como um conjunto de atividades por meio das quais as empresas procuram obter produtos mais eficientes, mais funcionais, mais inovadores e mais económicos, ou seja, obter produtos a custos mais baixos através de inovações tecnológicas. Conceber ou desenvolver novos produtos é um desafio constante que se coloca aos responsáveis de marketing, os quais devem ter em conta o fator de mudança que estiver presente, como a tecnologia, as mudanças nos gostos e necessidades dos clientes e as alterações das condições económicas.

O processo de desenvolvimento de novos produtos engloba várias fases, designadamente (Figura 10.6):

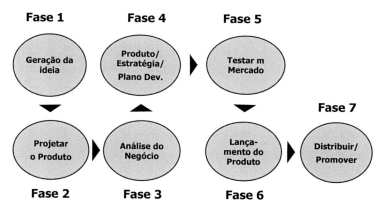

FIGURA 10.6 Fases de Desenvolvimento de Novos Produtos

Fase 1. **Geração da ideia** — o desenvolvimento do produto começa com a procura de ideias para novos produtos. A geração da ideia tem como objetivo avaliar as oportunidades do mercado e iniciar o processo de desenvolvimento do produto.

Fase 2. **Projeção do produto** — após a aprovação da ideia, a empresa deve definir claramente o produto, identificar as vantagens competitivas, esclarecer as funcionalidades do produto e determinar a viabilidade do desenvolvimento num grau mais detalhado do que a fase 1. Nesta fase, deve também proceder à construção de um ou mais protótipos o mais próximos possível dos produtos finais.

Fase 3. Análise do negócio — o objetivo é avaliar a aceitação por parte do público, bem como realizar estudos de viabilidade tecnológica, económica e de produção.

Fase 4. Plano de desenvolvimento do produto — se o lançamento do novo produto for aprovado na fase anterior, a empresa inicia os investimentos necessários à produção, em logística e distribuição, visando o lançamento da produção no novo produto no menor prazo possível.

Fase 5. Testar o mercado — com visa a minimizar os riscos do lançamento do produto e permitir ajustar o produto e os componentes do marketing mix, a empresa pode optar pela realização de um teste de mercado, lançando o novo produto numa área geográfica reduzida e controlada. O risco nesta fase é a reação da concorrência, que poderá lançar em grande escala um seu produto, antecipando-se ao lançamento em grande escala do produto da empresa.

Fase 6. Lançamento do produto no mercado — se os resultados do teste de mercado forem favoráveis, a empresa inicia o lançamento do novo produto.

Fase 7. Promoção e comercialização — se os resultados do teste do mercado forem positivos, a empresa começa a produzir em pleno e a comercializar o produto. Nesta fase é criada a força de vendas, são definidos os canais de distribuição e preparadas as pessoas envolvidas no atendimento e preparados os materiais de marketing necessários à promoção do produto no mercado.

Uma empresa quando se lança no desenvolvimento de novos produtos deve ter em consideração que há uma elevada mortalidade das ideias e que se trata de um processo arriscado e que envolve a disponibilidade de tempo e a alocação de recursos consideráveis. Há estudos que mostram que são necessárias 50 ideias de novos produtos para gerar um produto que chegue à fase de comercialização. Cerca de 15 ideias sobrevivem ao teste da ideia, 5 sobrevivem à análise do negócio, 3 sobrevivem ao desenvolvimento do produto, 2 são testados no mercado e apenas 1 passa à fase de comercialização.

10.4.4. ESTRATÉGIAS DE INOVAÇÃO E NOVOS PRODUTOS

A inovação de novos produtos pode fazer-se, quer modificando o produto ou o mercado, quer reposicionando o produto na mente dos consumidores, estratégias que apresentam diferentes graus de complexidade e de risco.

Estratégia de Modificação do Produto

A inovação ao nível do produto envolve a modificação das caraterísticas do produto, como a qualidade, o desempenho ou a aparência, com o intuito de aumentar as vendas. No setor automóvel tem havido constantes inovações no sentido de os tornar mais baratos, mais seguros, com maior comodidade e com menor consumo de combustível. Têm sido usados novos aromas e novas embalegens nos produtos alimentares para mudar as caraterísticas dos produtos. As marcas de shampoos e produtos de beleza estão constantemente a lançar novos produtos tendo em vista manter-se no mercado e aumentar as vendas.

Estratégia de Modificação do Mercado

Outra estratégia de inovação consiste em modificar o mercado com vista a criar novos consumidores, aumentar o uso de um produto por parte dos consumidores existentes ou criar novas situações de uso do produto. Também se pode inovar criando novas utilizações para os produtos existentes. Por exemplo, as indústrias de lubrificantes podem estabelecer protocolos com determinadas indústrias de automóveis no sentido de lançarem um novo tipo de óleo lubrificante com a marca do fabricante de automóveis, recomendando a utilização da marca própria.

Estratégia de Reposicionamento do Produto

Muitas vezes uma empresa decide reposicionar o seu produto ou linha de produtos porque verifica que, com o posicionamento atual, as vendas estão a cair e a empresa está a perder quota de mercado. O reposicionamento do produto consiste na mudança do lugar que o produto ocupa na mente do consumidor, em relação aos produtos dos concorrentes. Uma empresa pode reposicionar o seu produto alterando qualquer elemento do marketing mix.

São várias as razões que podem levar uma empresa a sentir necessidade de reposicionar o seu produto, mas fundamentalmente prendem-se com o posicionamento mais favorável dos concorrentes que está a afetar as vendas e a quota de mercado da empresa, ao reconhecimento de que o mercado está a mudar e o produto da empresa já não corresponde às necessidades e desejos dos consumidores e à necessidade de atuar sobre os preços de modo a criar mais valor para o cliente, quer aumentando os preços com melhoria da qualidade do produto pela agregação de novos materiais ou novos serviços, quer rduzindo o preço e a qualidade, como é o caso da companhias de aviação que aumentam o número de lugares e reduzem a qualidade do serviço prestado.

10.5. CICLO DE VIDA DO PRODUTO

Os produtos que atingem a fase de comercialização vão passar por diversas fases, mais rápidas ou mais lentas, dependentes da capacidade do produto de atrair clientes ao longo do tempo, designadas por **ciclo de vida do produto**. Alguns produtos, como o Volkswagen Carocha, teve um ciclo de vida muito longo, enquanto outros, como o cubo mágico de Rubik, tiveram um ciclo de vida muito curto.

O ciclo de vida do produto, como quase tudo na vida, é um processo natural segundo o qual os produtos nascem, crescem, entram na maturidade e finalmente declinam e morrem (Figura 10.7):

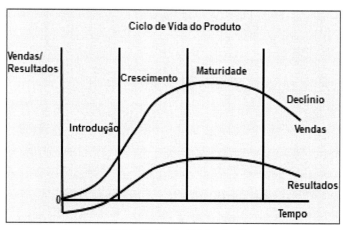

FIGURA 10.7 Ciclo de Vida do Produto

A fase de **lançamento ou introdução** coincide com o início da comercialização do novo produto. Durante esta fase, o principal esforço é fazer com que os potenciais consumidores tomem conhecimento do produto e dos benefícios que proporciona e fiquem desejosos de o adquirir. Dados os elevados gastos de promoção e desenvolvimento, nesta fase o produto não gera lucros, podendo mesmo gerar prejuízos.

Se o novo produto atrai e satisfaz os consumidores, então tem tendência para se mover para a **fase de crescimento ou desenvolvimento**, em que as vendas crescem rapidamente e o produto começa a gerar lucro. É nesta fase que os concorrentes começam a reagir rapidamente no sentido de introduzir as suas próprias versões do produto.

Na **fase de maturidade** as vendas começam a crescer mais lentamente ou mesmo a decair no final desta fase. Nesta fase o produto gera o maior nível de lucro, mas a concorrência acrescida tem tendência a forçar a empresa a baixar progressivamente os preços e consequentemente os lucros. No final desta fase, as empresas veem-se forçadas a deslocalizar a produção para regiões onde os gastos com os fatores produtivos são mais baixos.

Esta tendência de deslocalização da produção para regiões de mais baixos custos de produção acentua-se à medida que o produto caminha para a **fase de declínio**. Durante esta fase, as vendas e os lucros continuam a cair. Os novos produtos na fase de introdução ocupam o mercado dos produtos em declínio. As empresas muitas vezes reduzem ou eliminam os gastos de promoção, mas devem manter o produto enquanto gerar lucro.

Sem surpresa, a estratégia dos responsáveis das empresas é alargar o mais possível a fase de maturidade do ciclo de vida dos seus produtos. Mas o começo do declínio das vendas na fase de maturidade não é necessariamente o tempo para começar a abandonar um produto. Pelo contrário, muitas vezes é o tempo de procurar novas abordagens, designadamente a diferenciação dos produtos relativamente aos seus concorrentes e que essa diferenciação seja valorizada pelos clientes.

10.6. RESUMO DO CAPÍTULO

Os produtos são a razão de ser das empresas. As suas caraterísticas e os benefícios que oferecem aos compradores são a fonte dos resultados da empresa. No desenvolvimento dos produtos, os gestores devem ter em conta o mercado para os seus produtos e o nível de concorrência na indústria.

As sete etapas do processo de desenvolvimento de novos produtos são a geração de ideias, a definição do produto, a análise do mercado, a elaboração de protótipos do produto, o teste do mercado e a comercialização. Muito poucas ideias para novos produtos sobrevivem até à fase de comercialização.

Quando os produtos são lançados no mercado, têm um ciclo de vida que começa com a sua introdução no mercado e progride através das fases de crescimento e maturidade até ao declínio. Não surpreende que na fase de lançamento ou introdução um produto não gere lucro ou dê mesmo prejuízo, dado que ainda vende pouco e tem necesssidade de investimentos e tem que suportar elevados gastos de desenvolvimento e marketing.

QUESTÕES

1. Indique e caraterize as fases de desenvolvimento de novos produtos.
2. Descreva o papel da inovação no desenvolvimento de novos produtos.
3. Distinga entre inovação incremental, radical e disruptiva.
4. Explique a importância da marca, embalagem e rotulagem de produtos.
5. Indique e caraterize as fases do ciclo de vida do produto em termos de vendas e resultados.
6. Em que consiste e qual a importância da extensão da linha de produtos para o sucesso da empresa?
7. Em que medida a extensão da linha de produtos contribui para obter maiores níveis de rendibilidade da empresa?
8. Como conseguiu a estratégia de reposicionamento da Samsung aumentar as suas vendas e os seus resultados?

ESTRATÉGIAS DE GESTÃO DO PREÇO

O preço constitui o elemento do marketing mix mais importante em qualquer tipo de compra. Em maior ou menor grau, todos os clientes são sensíveis ao preço, o que não significa que alguns clientes estejam dispostos a pagar um preço superior se considerarem que o produto ou serviço lhe propicia benefícios adicionais que valoriza. O preço constitui a ponta do iceberg, havendo muitos outros custos para o cliente, por vezes até superiores, como custos financeiros, custos de instalação e reparação, entre outros.

A escolha de uma estratégia de preços adequada é imprescindível para que um produto tenha êxito e gere benefícios para a empresa e para os consumidores. Uma estratégia de preços inadequada pode prejudicar completamente as estratégias do produto, de distribuição e de promoção.

OBJETIVOS DE APRENDIZAGEM

Depois de ler e refletir sobre este capítulo, o leitor deve ser capaz de:
- ➢ Saber o que é o preço e conhecer as diferentes estratégias de fixação de preços.
- ➢ Analisar o papel do preço na estratégia de marketing.
- ➢ Analisar as estratégias de fixação de preços.
- ➢ Descrever a elasticidade preço da procura e a sua importância no processo de decisão de fixação do preço.
- ➢ Descreva os instrumentos usados pelos gestores para medir o impacto da fixação de preços na rendibilidade das empresas.

11.1. DEFINIÇÃO

A segunda e mais importante componente do marketing mix é o preço, que é a soma dos valores monetários que o comprador ou o consumidor final estão dispostos a pagar pelo benefício de possuir ou usufruir de um produto ou serviço. O preço é uma variável estratégica extremamente importante do marketing mix, porque reflete o posicionamento da empresa e a imagem do produto no mercado e tem um impacto direto nas decisões de compra dos consumidores e nos objetivos da empresa.

O preço vai determinar a importância do segmento a atingir e a natureza das reações da concorrência. Idealmente, os responsáveis de marketing pretendem ser proativos na fixação dos preços em vez de reagirem ao mercado e aos concorrentes, mas a verdade é que o preço é uma variável que parece ter sido negligenciada relativamente às outras variáveis do marketing mix, não porque os responsáveis do marketing desvalorizem a política de preços, mas porque, muitas vezes, têm uma margem de manobra muito limitada, porque o preço a praticar depende da concorrência e das condições do mercado.

11.2. ESTRATÉGIAS DE PREÇOS

A estratégia de preço é determinada pela estratégia da empresa, mas está condicionada por fatores internos e externos, como os custos, a procura e a concorrência, que limitam a capacidade de atuação dos gestores:

1. **Fatores externos** — procura, fornecedores, distribuidores e fiscalidade.

2. **Fatores Internos** — custos de produção, margens de comercialização pretendidas e nível de rendibilidade exigida pelos sócios ou acionistas.

3. **Grau de sensibilidade dos consumidores ao preço** — de acordo com os produtos e o momento de compra.

4. **Importância do mercado** — mercado atual e mercado potencial para um determinado preço.

5. **Estratégia dos concorrentes** — grau de rivalidade e nível de intensidade competitiva da indústria ou setor.

Antes de decidirem o nível de preços, os gestores devem ponderar o impacto potencial que os preços a praticar podem provocar ao nível das vendas e dos resultados. São várias as estratégias a que os gestores podem recorrer para a determinação dos preços, como os preços fixados com **base nos custos** (preço de venda = custo das vendas + margem de lucro) ou preços **baseados no valor** (o preço é baseado nas perceções do valor do produto por parte do cliente), que podem ser usadas separadamente ou em conjunto (Figura 11.1):

Preço baseado no custo

| Desenhar o produto | Determinar os custos | Determinar o preço a praticar | Convencer o cliente do valor do produto |

Preço baseado no valor

| Avaliar as necessidades do cliente e o valor percebido | Determinar o preço que o mercado aceita | Determinar os custos pra produzir o produto | Desenhar o produto ao preço que o mercado aceita |

FIGURA 11.1 Teorias de Determinação dos Preços

De acordo com a teoria baseada nos custos, são os custos que determinam os preços. A partir do desenho do produto e dos custos de produção determina-se o preço a praticar, acrescentando a margem de lucro. Segundo a teoria de preços baseada no valor, é o valor do produto percebido pelo cliente que determina o preço, a partir do qual se monta uma estrutura de custos condizente para se desenhar o produto final.

11.2.1. ESTRATÉGIAS DE PREÇOS PARA PRODUTOS EXISTENTES

Uma empresa basicamente pode adotar três estratégias diferentes na fixação dos preços para produtos já existentes no mercado:

1. Pode fixar os preços dos seus produtos **acima dos preços do mercado** para produtos similares, na assunção de que preços altos significam melhor qualidade. Empresas como a Rolls Royce ou Porshe têm sucesso com esta estratégia de preços.

2. Pode fixar os preços dos seus produtos **abaixo dos preços do mercado,** oferecendo um produto de qualidade comparável ao produto mais caro dos concorrentes, mas a um preço mais baixo. Esta estratégia de preços pode ter sucesso se a empresa consegue oferecer um produto de qualidade aceitável, suportando custos mais baixos do que as opções dos concorrentes que praticam preços mais altos.

3. Pode fixar os preçosdos seus produtos **ao nível ou muito próximo dos preços do mercado.** Nalgumas indústrias, a empresa líder do mercado estabelece os preços dos produtos e as outras empresas seguem o líder. Nos produtos de consumo corrente (*commodities*), como os combustíveis e produtos alimentares, usam normalmente esta estratégia de preços. Estes produtos normalmente diferem muito pouco uns dos outros em termos de qualidade. As empresas conpetem entre si através de outras variáveis do marketing mix, como a publicidade, venda pessoal e qualidade do serviço e não do preço.

11.2.2. ESTRATÉGIAS DE PREÇOS PARA NOVOS PRODUTOS

Quando as empresas lançam um novo produto no mercado defrontam-se com um problema de posicionamento do produto *versus* produtos concorrentes, em termos de qualidade e preço. Na fixação dos preços, as empresas podem seguir duas estratégias: fixação de **preço por desnatação** (*skimming*) ou fixação de preço por **penetração no mercado** (*penetration*) (Figura 11.2):

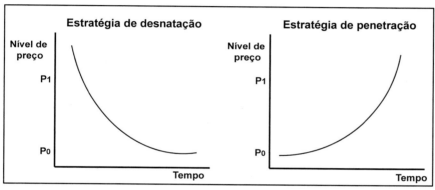

FIGURA 11.2 Estratégias de Fixação dos Preços

As estratégias de preço por **desnatação** consistem em praticar preços altos para se obterem receitas iniciais mais elevadas. Como tal, dirigem-se aos segmentos mais altos do mercado, podendo posteriormente reduzir o preço e atingir progressivamente outros segmentos. Esta estratégia de preço só deve ser utilizada se a qualidade e imagem do produto forem elevadas e se os concorrentes não conseguirem lançar no mercado produtos idênticos com preço mais baixo.

Na estratégia de preço por **penetração** praticam-se preços baixos no início para entrar no mercado rapidamente, conseguindo um elevado número de compradores e conquistando grandes volumes de vendas. Esta estratégia de preço só deve ser utilizada se o mercado tiver grande sensibilidade ao preço, isto é, se pequenas descidas de preço provocarem elevados aumentos de vendas, se os custos unitários de produção e distribuição diminuirem à medida que o volume de vendas aumenta e se a concorrência tiver dificuldade em acompanhar os custos baixos de produção e/ou de distribuição.

O preço tem um papel importante na mente do consumidor. Dependendo do produto ou serviço oferecido, o preço pode ser fixado ou modificado de acordo com as decisões da empresa e a estratégia de preços.

Dependendo da dimensão da empresa, o decisor sobre a política de preços varia de empresa para empresa. Nas pequenas empresas é muitas vezes o patrão que fixa os preços, enquanto nas grandes empresas os preços podem ser estabelecidos pelos gestores intermédios, geralmente os gestores de linha dos produtos ou o gestor financeiro, preferencialmente este, com a gestão de topo a fixar as políticas de preço e a ter a última palavra.

O ambiente de preços nos nossos dias está a mudar rapidamente e está a ocorrer uma verdadeira guerra de preços. As empresas que apenas vendem com base nos preços podem enfrentar maiores dificuldades com os lucros a caírem. Em vez de venderem com base nos preços baixos, as empresas devem vender com base no valor, justificando o preço ao cliente com base nos maiores benefícios recebidos.

A empresa deve olhar para todas as variáveis do marketing mix quando decidem sobre os preço. Se o posicionamento do produto se baseia em fatores que não o preço, então a qualidade, a promoção e a distribuição afetam o preço. no preço. Se o posicionamento se baseia no preço, então as decisões sobre as outras variáveis do marketing mix são fortemente afetadas.

11.3. POLÍTICAS DE PREÇOS

A procura e o aumento das vendas depende do nível de preços. Se os preços forem elevados, a procura tende a diminuir porque os clientes não podem entrar no mercado ou não estão dispostos a pagar esse preço pelo produto que lhes é apresentado. Se o preço baixa, a procura tende a aumentar. Tudo depende da elasticidade preço da procura.

A elasticidade preço da procura é uma medida do comportamento do consumidor que indica a variação na procura de um produto ou serviço em resposta a variação no preço. Diz-se que um produto é elástico se uma pequena variação no preço aumenta ou diminui substancialmente a procura. Um produto é inelástico se uma pequena variação no preço é acompanhada de uma pequena variação na quantidade procurada.

A fórmula da elasticidade preço da procura é dada pela seguinte expressão:

$$\text{Elasticidade Preço da Procura} = \frac{\%\ \text{Variação na Quantidade Procurada}}{\%\ \text{Variação no Preço}}$$

Se a elasticidade é maior que 1, significa que a percentagem da variação na quantidade procurada é maior do que a percentagem da variação no preço. Neste caso diz-se que a procura é **elástica**. Na procura elástica, a curva da procura é relativamente pouco inclinada, o que significa que uma pequena percentagem de aumento no preço induz uma grande redução na procura. A Figura 11.3 mostra a curva da procura para uma relativa elasticidade preço da procura (elasticidade preço = 3,03).

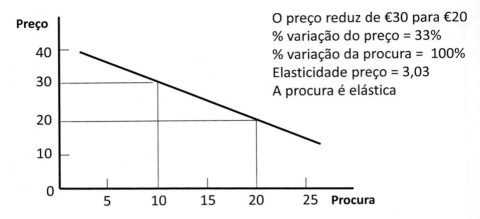

Figura 11.3 Elasticidade Preço da Procura Elástica

Se a elsticidade é menor que 1, significa que a percentagem da variação na quantidade procurada é mais pequena do que a percentagem da variação no preço. Neste caso diz-se que a procura é **inelástica**. Na procura inelástica, a curva da procura é relativamente pouco íngreme, o que significa que uma pequena percentagem de aumento no preço causa uma pequena redução na procura. A Figura 11.4 mostra a curva da procura para uma relativa inelasticidade preço da procura (elasticidade preço = 0,555

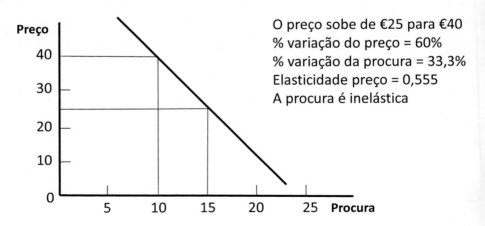

Figura 11.4 Elasticidade Preço da Procura Inelástica

11.4. INSTRUMENTOS DE FIXAÇÃO DE PREÇOS

Qualquer que seja o objetivo de preços, antes de fixarem os preços, os gestores devem medir o seu impacto na rendibilidade da empresa. Frequentemente são usadas três ferramentas com esse objetivo: comparação da oferta e da procura, preços baseados nos custos e a análise do ponto crítico de vendas (*breakeven*). Muitas vezes são usados estes instrumentos em conjunto para determinar os preços que permitem à empresa atingir os seus objetivos em termos de vendas e de rendibilidade.

11.4.1. LEI DA OFERTA E DA PROCURA

Basicamente, a **procura** é a vontade e capacidade dos consumidores comprarem um produto ou serviço. A **oferta** é a vontade e capacidade dos produtores oferecerem um produto ou serviço para venda. A lei da procura estabelece que os comprdores estarão dispostos a comprar mais quantidade de um produto se o preço baixar. Contrariamente, a lei da oferta estabelece que os produtores estão dispostos a oferecer mais para vender se o preço subir.

No mercado para um produto, a lei da oferta e da procura interagem para alcançar o equilíbrio entre o preço e a quantidade em que os compradores e os vendedores concordam em efetuar a transação. A Figura 11.5 mostra o resultado da interação das curvas da procura e oferta, em que ao preço de € 20 os compradores estão dispostos a comprar o produto e os vendedores fornecem 10 toneladas do produto:

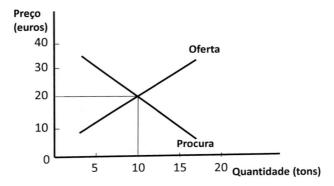

FIGURA 11.5 Lei da Oferta e da Procura

Esta abordagem procura estimar a procura total para um produto, identificar o montante da procura do produto por parte dos consumidores e os preços praticados pelos produtores. A interseção das duas curvas dá-nos o melhor preço para o produto que é de € 20. A este preço, o número de unidades procuradas e o número de unidades oferecidas são iguais, o que significa que € 20 é o preço de equilíbrio.

11.4.2. PREÇO BASEADO NO CUSTO

A principal debilidade da abordagem de preços da teoria económica do equilíbrio da oferta e da procura é que não considera se as empresas ganham dinheiro a esse preço, ou seja, não tem em conta se as empresas têm rendibilidade ao preço praticado. Também considera que os produtos de todos os fornecedores são idênticos, o que nem sempre é verdade.

A estratégia de preços baseada nos custos tem em conta que a empresa necessita de cobrir os custos unitários de produção, pelo que acrescenta aos custos da oferta uma margem fixa, que constitui a margem de lucro. O preço de venda deve ser suficiente para pagar todos os custos de produção e distribuição, despesas variáveis e fixas e impostos, além de gerar lucro para a empresa.

Se assumirmos que o custo de um produto é de € 9,00 e se o produto for vendido a este preço, a empresa não tem qualquer lucro.

Para assegurar a rendibilidade e a sustentabilidade da empresa, o gestor deve acrescentar uma margem de lucro, que se designa *markup*. A aplicação de um markup de € 6,00 neste produto resultaria num preço de venda de € 15,00.

O lucro é usualmente calculado com base numa percentagem do preço de venda, pelo que, a percentagem do *markup* calcula-se como segue:

$$Markup\ (\%) = \frac{Markup}{Preço\ de\ venda}$$

$$Markup\ (\%) = \frac{€\,6,00}{€\,15,00} = 40\%$$

Outra forma de calcular o lucro consiste em aplicar o markup como uma percentagem do custo em vez de um percentagem do preço de venda. Neste caso, a percentagem do markup seria 66,7%. Há retalhistas que preferem discutir o *markup* usando o método baseado no custo, enquanto outros preferem a abordagem baseada no preço de venda.

11.4.3. ANÁLISE DO PONTO DE EQUILÍBRIO OU *BREAKEVEN*

A análise do ponto crítico ou ponto de equilíbrio é um instrumento muito útil para avaliar o benefício potencial e o risco associado a uma estratégia de preços. O ponto de equilíbrio dá o número de unidades de produto que é preciso vender para que a empresa não tenha lucro nem prejuízo e a partir do qual começa a ter lucros. A análise do ponto crítico é também importante para as empresas que usam a abordagem de preços baseasda nos custos. Uma empresa que usa esta abordagem pode considerar os custos totais ou os custos variáveis na fixação do preço. São custos variáveis aqueles que variam mais ou menos proporcionalmente com a produção e custos fixos são os custos que, embora variem, não variam com a produção. Os custos totais são a soma dos custos fixos com os custos variáveis.

Sem a análise do ponto crítico uma empresa não sabe quantas unidades precisa de vender para cobrir todos os custos fixos e a partir de que nível de produção e vendas pode praticar preços baseados nos custos variáveis (Figura 11.6):

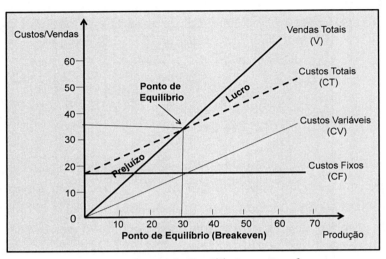

FIGURA 11.6 Ponto de Equilíbrio ou *Breakeven*

O nível de produção correspondente ao ponto de equilíbrio define-se como o total de unidades que a empresa precisa de vender para recuperar os custos fixos, dada uma determinada margem unitária. Se as vendas se situarem abaixo de 30 unidades, a empresa tem prejuízo; se excederem as 30 unidades, a empresa tem lucro.

Na Figura 11.6 apresenta-se a representação gráfica da análise do ponto de equilíbrio, cujo cálculo pode ser obtido através da seguinte fórmula:

$$\text{Ponto de equilíbrio} = \frac{\text{Total gastos fixos}}{\text{Margem de contribuição unitária}} \quad \text{(Em unidades)}$$

$$\text{Ponto de equilíbrio} = \frac{\text{Total gastos fixos}}{\text{Preço} - \text{Gastos variáveis unitários}} \quad \text{(Em unidades)}$$

Quanto menor for o valor do ponto de equilíbrio maior será o potencial de lucro, o qual está condicionado pela capacidade produtiva da empresa e pelas condições do mercado.

11.5. RESUMO DO CAPÍTULO

O preço do produto determina o seu sucesso no mercado. A maximização do lucro, a quota de mercado e outros objetivos comerciais podem ser relevantes para a decisão de fixação do preço. A fixação do preço é uma decisão crucial tanto para a perceção do valor do cliente como para a rendibilidade do cliente.

Preços elevados podem proporcionar margens mais elevadas, mas podem originar um diminuição do volume de vendas. Nos mercados competitivos em que a diferenciação é possível, a fixação dos preços baseada na análise do mercado parte da análise do comportamento dos clientes, da análise da concorrência, do posicionamento da empresa e da margem pretendida. A lógica da fixação dos preços com base nos custos, parte do custo de fabricação, custos de distribuição e custos administrativos e da margem desejada e daí parte para a definição do preço a praticar no mercado. Nos mercados em que a diferenciação é possível, a fixação dos preços baseada nos custos da empresa pode levar a que os preços da empresa sejam superiores aos da concorrência.

A política de preços envolve também escolhas ao nível da estratégia de preços. Para novos produtos podem ser usadas a estratégia de desnatação ou a estratégia de penetração. Para produtos existentes pode ser usada uma estratégia de preços acima ou abaixo dos preços de mercado para produtos similares, tudo dependendo dos outros elementos do marketing mix.

QUESTÕES

1. Em que medida o conhecimento do comportamento dos clientes e da concorrência influenciam a definição das estratégias de preços?
2. Que estratégia de preços adotaria para o lançamento de um novo modelo de automóvel marca Porche?
3. Quando recomendaria às empresas a utilização do sistema de preços baseado nos custos?
4. É possível que uma diminuição do preço, que aumenta o volume de vendas, pode ocasionar redução dos resultados?
5. Que estratégia de preços recomendaria à Gillette no lançamento de uma nova marca de lâmina de barbear?
6. Que fatores influenciam a escolha da estratégia de preços no lançamento de novos produtos?

ESTRATÉGIAS DE CANAIS DE MARKETING

O produto, o preço e a promoção podem não representar muito, se a empresa não for capaz de criar valor para o cliente, isto é, se não assegurarr a disponibilidade do produto no tempo certo, na quantidade desejada e no local onde o cliente precisa.

A terceira componente do marketing mix é a distribuição, que consiste no estudo da melhor forma de fazer chegar o produto ao consumidor final. A distribuição dos produtos ou serviços é feita através dos canais de distribuição, que são os meios através dos quais os produtos ou serviços saem das instalações das empresas e chegam aos consumidores para utilização ou consumo.

A estratégia de distribuição tem influência direta em todas as variáveis de marketing e na logística de saída, é um elemento vital na criação de valor e contribui fortemente para os resultados da empresa.

OBJETIVOS DE APRENDIZAGEM

Depois de ler e refletir sobre este capítulo, o leitor deve ser capaz de:
- ➤ Descrever a importância dos canais de marketing na estratégia de distribuição.
- ➤ Explicar o significado dos canais de marketing e porque os intermediários de marketing são necessários.
- ➤ Fazer a distinção entre canais tradicionais e canais eletrónicos de marketing.
- ➤ Descrever os fatores que afetam a escolha dos canais de marketing e a gestão de um canal de marketing.
- ➤ Descrever em que diferem os grossistas, retalhistas e agentes/ /brokers nas suas atividades.
- ➤ Compreender a relação entre canais de marketing, logística e gestão da cadeia de abastecimentos (SCM).
- ➤ Descrever como a gestão da cadeia de abastecimento de uma empresa se articula com a estratégia de marketing.

12.1. DEFINIÇÃO

A variável distribuição agrupa todas as decisões que possibilitam que o produto ou serviço chegue ao mercado e aos clientes no momento certo e no lugar onde são precisos. O principal elemento do sistema de distribuição de uma empresa é o canal de distribuição ou canal de marketing, que é o meio pelo qual os produtos ou serviços cheguem do produtor ao consumidor final.

A estratégia de distribuição implica a tomada de decisão sobre as funções e objetivos dos canais de marketing, tipos de canais, número de pontos de distribuição a nível grossista e retalhista e a definição das regras de gestão dos canais.

12.2. CANAIS DE MARKETING

A distribuição diz respeito à conceção e gestão do itinerário percorrido por um produto ou serviço, desde a produção até ao consumidor final. Pode ser feita de diversas formas, consoante o tipo de produto, as caraterísticas do mercado, a natureza da concorrência e a capacidade da empresa (Figura 12.1):

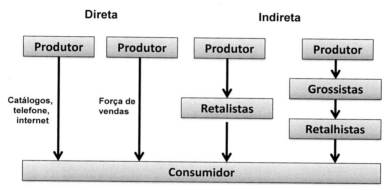

Figura 12.1 Canais de Marketing

Nos sistemas de distribuição direta, os produtores vendem diretamente os seus produtos ao consumidor final, sem recurso a intermediários. Os sistemas de distribuição direta incluem a utilização de uma força de vendas própria, o marketuing direto, o comércio eletrónico, o recurso a representantes do fabricante ou a utilização de agentes. Em todos estes casos, a empresa mantém a propriedade dos produtos e a responsabilidade das ações de venda, distribuição, serviço pós-venda e o recebimento dos produtos vendidos. Com o comércio eletrónico esta forma de distribuição tem vindo a aumentar consideralvelmente.

A força de vendas é o conjunto de pessoas que têm como missão principal vender ou fazer vender os produtos da empresa, por meio de contactos diretos com os principais clientes, distribuidores ou prescritores. A utilização de uma força de vendas própria tem vantagens, nomeadamente pelo contacto com o cliente, mas revela-se muitas vezes demasiado cara. Uma forma de reduzir os custos de distribuição é recorrer a representantes ou agentes. Estes assumem a responsabilidade das ações de venda e recebem uma comissão pelo seu trabalho. Os canais de e--marketing são baratos, podem ser muito eficientes e oferecem uma maior possibilidade de interação com o cliente.

A utilização de sistemas de distribuição direta é muito cara e tem acesso a um número limitado de clientes. Por essa razão, muitos produtores recorrem a sistemas de **distribuição indireta,** em que a distribuição é feita por intermediários de marketing, como grossistas, retalhistas, agentes ou *brokers,* que são um conjunto de indivíduos ou organizações que comercializam os produtos fabricados pelo produtor e os fazem chegar ao consumidor final. Os grossistas, por norma, vendem aos retalhistas que, por sua vez, vendem ao consumidor final. São vários os tipos de grossistas, como os armazenistas, as cooperativas, *cash and carry* e agentes (*brokers*), que não têm a posse dos produtos, limitando-se a estabelecer a ligação entre os compradores e os vendedores.

Mas a distribuição pode também ser feita através de canais retalhistas, como lojas de retalho, cadeias de distribuição, franchising, cooperativas de consumidores e máquinas de *vending*, porta a porta, encomendas por correio ou telefone e comércio eletrónico pela internet (*e-commerce*).

Em muitos casos, a distribuição pode ser feita através de **sistemas verticais** integrados e controlados pelo produtor em cooperação com os distribuidores, ou através de **sistemas horizontais** de marketing, em que a distribuição é feita através de alianças entre empresas que trabalham ao mesmo nível no mesmo setor.

12.3. ESTRATÉGIAS DE DISTRIBUIÇÃO

As decisões estratégicas de distribuição variam segundo sejam tomadas pelo produtor ou pelo intermediário (Figura 12.2):

Decisões Estratégicas de Distribuição	
Decisões Estratégicas do Produtor	**Decisões Estratégicas do Intermediário**
<ul><li>A primeira decisão a tomar é se a distribuição é direta ou indireta.</li><li>Se a distribuição for indireta, há que escolher o canal e os intermediários mais adequados.</li><li>Também há que definir as relações com os restantes membros do canal.</li><li>Se a distribuição for direta, deverá planificar a localização e o desenho dos pontos de venda ao público.</li></ul>	<ul><li>Definição do sistema de venda.</li><li>Definição da carteira de produtos a distribuir.</li><li>Decidir se vai comercializar com a marca do fabricante ou com marca própria.</li><li>Estudar a forma de relacionamento com os outros membros do canal.</li><li>Se for retalhista , estudar a localização e o desenho dos pontos de venda.</li></ul>

Decisões Estratégicas do Produtor e do Intermediário
Distribuição física do produto: transporte, armazenamento, gestão das encomendas

FIGURA 12.2 Decisões Estratégicas de Distribuição

12.3.1. DISTRIBUIÇÃO PELO PRODUTOR

As decisões estratégicas de distribuição, quando são tomadas pelo produtor, podem ser de dois tipos:

1. **Decisão sobre a estratégia de distribuição** — depende do tipo de produto e da estratégia de promoção e distribuição, podendo o produtor adotar dois tipos de estratégias (Figura 12.3):

   i. Estratégia *push* — a estratégia do produtor é dirigida aos intermediários e não diretamente aos consumidores. A estratégia push consiste em "empurrar" o produto, através dos revendedores, ao longo do canal até ao consumidor final. A força de vendas desempenha nesta estratégia um papel muito importante. Uma estratégia push típica consiste em conceder descontos para grandes volumes de compras.

   ii. Estratégia *pull* — o produtor dirige a sua estratégia ao consumidor final, pelo que, nesta estratégia, o intermediário perde importância estratégica. O produtor promove o produto junto do consumidor final, através de campanhas de publicidade dirigidas diretamente ao consumidor final, criando um vácuo na procura que "puxa" o produto através do canal.

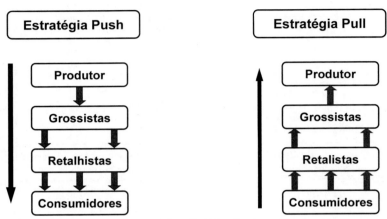

FIGURA 12.3 Estratégias de Distribuição *Push* e *Pull*

2. **Decisão sobre a cobertura do mercado alvo** — significa o público--alvo a quem se dirige a estratégia, podendo assumir três graus de densidade de distribuição:
   a. **Distribuição intensiva** — o produto é distribuídos pelo maior número possível de regiões geográficas, segmentos de mercado ou retalhistas. Este tipo de distribuição aplica-se a produtos de consumo corrente ou *commodities*.
   b. **Distribuição seletiva** — o produtor seleciona poucos retalhistas numa área específica para colocar os seus produtos. Este tipo de distribuição aplica-se a determinados modelos de eletrodomésticos ou perfumes.
   c. **Distribuição exclusiva** — o produtor seleciona um retalhista ou uma rede de retalhistas numa região geográfica. Este tipo de distribuição aplica-se, por exemplo, aos distribuidores oficiais de determinadas marcas de automóveis.

12.3.2. DISTRIBUIÇÃO PELOS INTERMEDIÁRIOS DE MARKETING

Os intermediários de marketing podem classificar-se fundamentalmente em grossistas e retalhistas, em função do papel que desempenham na cadeia de distribuição (Figura 12.4):

Classificação dos Intermediários de Marketing	
Grossistas	Retalhistas

Segundo a vinculação.
  • Grossistas independentes
  • Centrais de compras
• **Segundo a Localização**
  • Grossistas de origem
  • Grossistas de destino
• **Segundo a função**
  • Função completa
  • Função parcial
	Segundo a estratégia de distribuição
	  ▪ Comércio tradicional
	  ▪ Supermercados
	  ▪ Lojas de conveniência
	  ▪ Armazéns populares
	  ▪ *Outlets*
	  ▪ Lojas *duty free*
	• **Segundo a localização**
	  • Ruas de comércio
	  • Mercados
	  • Galerias comerciais
	  • Centros comerciais

FIGURA 12.4 Classificação dos Intermediários de Marketing

Os grossistas são intermediários que se caraterizam por adquirir produtos a produtores ou a outros grossistas e vender os produtos a fabricantes que os incorporam no seu processo produtivo ou a outros grossistas ou retalhistas que, por sua vez, os vendem aos consumidores finais. As funções dos grossistas no canal de distribuição são as seguintes:

- Desenvolvimento de relações com os produtores.
- Armazenamento das mercadorias e assunção dos riscos que podem surgir, designadamente roubos, deterioração, ou obsolescência.
- Comprar os produtos a vários fabricantes.
- Assunção do controlo de parte do processo de distribuição física, como transporte, gestão de inventários, processamento de encomendas, armazenamento.
- Transmitir informação ao produtor acerca das necessidades do mercado.

Existem dois tipos de grossistas em função do grau de vinvulação ao canal:

- Grossistas independentes — atuam de forma individual.
- Centrais de compras — os grossistas têm vínculos com outros membros do canal, designadamente vínculos de compropriedade. Trata-se de associações de empresas de distribuição que agrupam as compras com o objetivo de conseguiram uma maior capacidade de negociação e melhores preços dos produtores.

Os grossistas podem desempenhar todas as funções ligadas à distribuição, ou desempenharem apenas algumas funções específicas, como despacho das mercadoris, transporte, cash and carry, comissionistas, representantes e agentes, *dealers* ou *brokers*.

Os retalhistas são intermediários que vendem diretamente aos consumidores finais as mercadorias ou serviços que adquiriram aos produtores ou grossistas. As suas principais funções são as seguintes:

- Grupagem de produtos de diferentes fabricantes e criação de packages para o consumidor final.
- Armazenagem.
- Colaboração dos fabricantes nas técnicas de *merchandising*.
- Conceder condições de pagamento e facilidades de crédito aos consumidores.
- Prestação de serviços ao consumidor, como garantia, serviço pós-venda, instalação e manutenção.

De acordo com a estratégia de distribuição, os retalhistas podem assumir diversas formas, tais como comércio tradicional, comércio especializado, supermercados, lojas de conveniência, armazéns populares, outlets, centros comerciais (*shopings*), galerias comerciais, feiras ou *duty free*.

12.4. LOGÍSTICA E GESTÃO DA DISTRIBUIÇÃO

Uma questão crítica na gestão dos inventários é a movimentação eficiente de matérias-primas na empresa e o envio dos produtos acabados aos clientes. A logística refere-se à gestão da movimentação de materiais na empresa, o recebimento de matérias-primas dos fornecedores e o despacho de produtos para os clientes (Figura 12.5).

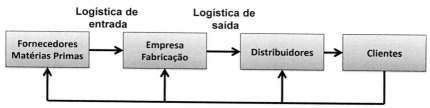

FIGURA 12.5 Logística e Cadeia de Abastecimento

Algumas empresas desenvolvem os seus próprios sistemas logísticos internos, enquanto outras recorrem a *outsourcing*, como plataformas logísticas que estão em desenvolvimento em todo o mundo.

O envio dos produtos acabados para os clientes designa-se por distribuição. Quando mais eficiente e mais rápida for a distribuição dos produtos, menos custos implica para a empresa e mais satisfação e lealdade criará no cliente, aumentando as probabilidades de efetuar novas compras.

Muitas empresas estão a deslocalizar os seus centros de distribuição para países importadores dos seus produtos, com vista a aumentar a rapidez de fornecimento e reduzir os custos, como é o caso da McDonald's, enquanto outras utilizam meios mais rápidos e mais baratos para despachar os seus produtos, como a internet. Outras ainda, fazem parcerias com empresas relacionadas ou mesmo concorrentes, como são os casos das indústrias automóvel e têxtil que partilham fornecedores, fabricantes de peças ou transportadores.

12.5. RESUMO DO CAPÍTULO

De pouco vale ter um um bom produto, um bom preço e uma boa promoção se a empresa não for capaz de fazer chegar o produto ou serviço ao cliente em tempo útil, na quantidade desejada e no local onde é necessário. Desta afirmação ressalta a importância do papel da distribuição no processo de criação de valor para o cliente e como fonte de vantagem competitiva. Os clientes que procuram determinados produtos ou serviços têm preferências sobre o local onde os podem adquirir. Por sua vez, as empresas têm exigências de imagem e necessidade de vender de forma efectiva e eficiente, em termos de custos. Daí a importância preferências sobre o local onde os podem adquirir. Da mesma forma, as empresas têm exigências de imagem e necessidade de vender de forma efetiva e eficiente, em termos de custos. Daí a importância da escolha dos canais de marketing mais adequados, quer do ponto de vista da empresa, quer do ponto de vista do cliente.

A primeira e a decisão mais importante é escolher entre utilizar canais diretos ou canais indiretos de marketing. Se a empresa utiliza um sistema de canais diretos, mantém a propriedade dos produtos e é responsável pelas atividades de venda, entrega, armazenamento, e transporte. Entre os sistemas de distribuição direta incluem-se a venda direta, o marketing direto, o telemarketing e a utilização de representantes e agentes.

No sistema de distribuição indireta, os intermediários de marketing adquirem a propriedade do produto e assumem algumas tarefas de venda, armazenagem, entrega e transporte. Os sistemas indiretos de distribuição, quer nos mercados de consumo (B2C), quer nos mercados industriais (B2B), incluem diferentes combinações de grossistas e retalhistas. Uma boa gestão dos canais de marketing é hoje uma parte importante do marketing nas empresas, quer no que se refere aos mercados de consumo, quer quanto aos mercados industriais. Em muitos casos, os sistemas indiretos são mais eficazes e mais eficientes que os sistemas diretos.

O aparecimento do e-marketing introduziu grandes alterações ao nível dos sistemas de distribuição. Na generalidade das empresas, o e-marketing melhorou a capacidade de acesso aos clientes e contribuiu para a redução substancial dos custos, sendo hoje nalgumas empresas um canal de distribuição fundamental.

QUESTÕES

1. Qual a diferença entre sistemas de distribuição diretos e indiretos? Pode uma empresa utilizar ambos os sistemas de distribuição?
2. Quais as vantagens e desvantagens de um sistema de distribuição direta?
3. Quais as vantagens e desvantagens de usar intermediários para a distribuição de um produto do produtor ao consumidor?
4. Quais os sistemas de vendas e de canais que podem ser utilizados no mercado de bens de consumo? Em que diferem do mercado de bens industriais?
5. Em que medida os canais e-marketing ajudam as empresas a dirigir-se aos clientes, diminuir os custos e melhorar o serviço?
6. Em que medida o sistema de canais de marketing pode ser fonte de vantagem competitiva?
7. Em que medida uma força de vendas de melhor qualidade e produtividade pode ser fonte de vantagem competitiva?

ESTRATÉGIAS DE PROMOÇÃO E COMUNICAÇÃO DE MARKETING

A estratégia de comunicação integra as iniciativas de comunicação na organização, que pode passar pela publicidade, pessoal de vendas, promoção de vendas, marketing interativo através da internet, marketing direto e relações públicas, com o objetivo de informar os consumidores e os compradores, no caso dos mercados industriais, sobre os produtos ou serviços e convencerem os compradores, os intermediários de marketing e os consumidores dos benefícios de comprarem, usarem ou usufruírem o produto ou serviço da empresa.

O objetivo da estratégia de comunicação é combinar os diversos instrumentos e decisões de comunicação numa estratégia integrada de comunicação de marketing, que envolva os consumidores, os compradores e os decisores de compra num mix de promoção que inclui a publicidade, a venda pessoal, as relações públicas, a promoção de vendas e o marketing direto. A estratégia de promoção e comunicação implica investimentos elevados, pelo que é essencial uma gestão criteriosa dos recursos para se obter uma boa rendibilidade das atividades desenvolvidas.

OBJETIVOS DE APRENDIZAGEM

Depois de ler e refletir sobre este capítulo, o leitor deve ser capaz de:
- ➢ Discutir o processo de promoção e comunicação.
- ➢ Explicar os objetivos da promoção e descrever o mix de promoção.
- ➢ Entender o enquadramento da estratégia de comunicação de marketing na estratégia de marketing.
- ➢ Conhecer os elementos chave do processo de comunicação de marketing.
- ➢ Descrever as estratégias de comunicação de marketing.
- ➢ Discutir as caraterísticas das estratégias *push* e *pull*.
- ➢ Discutir o processo de comunicação integrada de marketing.

13.1. INTRODUÇÃO

As empresas precisam de comunicar com os seus atuais e potenciais clientes, pelo que, em qualquer organização, a comunicação assume um papel muito importante na política de marketing mix. A estratégia de comunicação diz respeito à forma como o produto ou serviço chega ao contacto ou ao conhecimento do consumidor. Não basta produzir e distribuir o produto; é necessário que os consumidores o conheçam e lhe atribuam um valor superior ao dos concorrentes.

A comunicação de marketing engloba os instrumentos e estratégias necessárias para fazer chegar a oferta da empresa ao conhecimento do comprador ou consumidor final, com o objetivo de que o produto seja aceite e estimule o desejo de compra.

Comunicar em marketing é o conjunto de sinais emitidos em direção aos clientes atuais ou potenciais, intermediários de marketing, líderes de opinião, prescritores e outros públicos alvo, com o objetivo de estimular e persuadir os clientes atuais ou potenciais a comprarem o produto ou serviço da empresa. A função primordial da comunicação de marketing é informar o mercado e os consumidores sobre a existência e as qualidades de um produto ou serviço e estimular a sua compra.

13.2. OBJETIVOS E FORMAS DE PROMOÇÃO E COMUNICAÇÃO DE MARKETING

A promoção e comunicação de marketing pode destinar-se a promover os produtos da empresa (comunicação do produto) ou a imagem da empresa no seu conjunto (comunicação institucional). Em qualquer dos casos, a função da promoção e comunicação é influenciar o processo de decisão de compra e o comportamento do consumidor.

São vários os meios que a empresa pode utilizar para promover a comunicação de um produto ou serviço, como a publicidade, a promoção de vendas, as relações públicas, a venda pessoal e o marketing direto. A este conjunto de ferramentas promocionais designa-se por **mix de comunicação**.

O planeamento da comunicação procura dar resposta às seguintes interrogações básicas do processo de comunicação:

- Quem comunica?
  - Que fontes de comunicação? — publicidade, produtos, dirigentes, pessoal da empresa, jornalistas, distribuidores, associações de consumidores, grupos de pressão, etc.
  - Quais as fontes que dominamos e quais as que não dominamos?
  - Quais as imagens no mercado destas fontes e qual o seu impacto?
- A quem comunicar?
  - Quais são os alvos?
  - Qual o centro do alvo?
  - A comunicação está suficientemente dirigida?
  - Quem são os líderes?
  - O público atingido pela mensagem será importante?

- O que comunicar?
  - ◆ Que mensagem pretendemos transmitir? É compreendida?
- Como comunicar?
  - ◆ Através de que canal ou canais vamos comunicar?
  - ◆ Os canais transportam bem a mensagem? Valorizam-na?
- Com que resultado?
  - ◆ Os objetivos da comunicação são atingidos?
  - ◆ Como explicar os desvios?
  - ◆ O que modificar para ser mais eficaz?

São as seguintes as condições para uma boa comunicação:
- Ser simples:
  - Repetição e redundância (dizer a mesma coisa de diferentes maneiras).
  - Continuidade e duração.
  - Haver uma política coerente de comunicação a nível global (institucional, produtos, publicidade, promoções, *merchandising*, etc.).
  - Obrigação de verdade (a verdade do produto, a verdade da empresa e a verdade dos consumidores).
- Utilizar um mix de comunicação:
  - Publicidade.
  - Venda pessoal (força de vendas)
  - Promoção de venda
  - Relações públicas
  - Marketing direto
  - Comunicação informal (boca a boca)

13.3. MIX DE PROMOÇÃO E COMUNICAÇÃO DE MARKETING

As ferramentas de comunicação de marketing — publicidade, promoção de vendas, relações públicas, venda pessoal e marketing direto

IMPLEMENTAÇÃO DA ESTRATÉGIA DE MARKETING | 283

— podem ser classificadas em duas categorias — **canais de comunicação pessoais e não pessoais**. Os canais de comunicação não pessoais incluem a publicidade, a promoção de vendas e as relações públicas. Nos canais de comunicação pessoal incluem-se a venda pessoal e o marketing direto, em que as pessoas comunicam diretamente umas com as outras.

A Figura 13.1 define as cinco formas usuais de comunicação:

Formas de Promoção	Definição
Publicidade	Qualquer forma paga de comunicação e promoção não pessoal: imprensa, rádio, televisão e outdoor.
Venda pessoal	Sales presentations, fairs and trade shows, incentive programs
Relações públicas	Construir boas relações com vários públicos, construir uma boa imagem da organização, notícias: relações com os média, publicidade do produto, comunicações institucionais, lobbying, conselhos.
Promoção de vendas	Incentivos de curto prazo para encorajar a compra ou venda: prémios, descontos, cupons, demonstrações, provas.
Marketing direto	Catálogos, telefone, fax, Internet.

FIGURA 13.1 Mix de Comunicação de Marketing

Publicidade

A publicidade tem muitas formas e usos e pode ser uma importante ferramenta de comunicação da empresa. É uma forma paga de comunicação, através da qual se transmitem mensagens e anúncios orais ou visuais destinadas a informar e influenciar os consumidores alvo, utilizando o espaço e tempo dos diversos meios de comunicação disponíveis. Engloba a transmissão de mensagens, utilizando os seguintes meios:

- Media — televisão, revistas, jornais, rádio, catálogos.
- Marketing direto — venda *one-to-one* não personalizada, através de um conjunto de atividades de promoção que pode envolver publicidade, promoções e ações de venda, que chegam ao cliente final sem intervenção de um canal intermediário (*direct mail*, catálogos, *outdoors*, telemarketing, compras por rádio, televisão, internet, etc.).

- Nos locais de venda — *merchandising*.

A publicidade tem os seguintes objetivos:
- Aumentar a notoriedade da empresa e dos produtos.
- Informar os consumidores.
- Persuadir à compra.
- Suscitar simpatia pela marca.
- Gerar emoções, desejo, sonho.
- Diferenciar em relação à concorrência.
- Diminuir o risco e esforço de compra.

Na escolha dos canais de comunicação mais adequados, utilizam-se vários indicadores:
- Acessibilidade — facilidade de acesso, disponibilidade.
- Exposição ou cobertura — percentagem de pessoas pertencentes ao alvo que estão expostas àquele meio de comunicação.
- Circulação — tiragem do meio de comunicação.
- Audiência — número de indivíduos com pelo menos uma exposição à mensagem (a audiência de uma revista é maior que a sua circulação).
- Adequação à mensagem.
- Penetração — proporção da população exposta a um determinado meio de comunicação.
- Frequência — número médio de vezes que a população é exposta à publicidade durante o mesmo período de tempo.

A publicidade é usada para atingir grandes massas de população e é considerada ser uma ferramenta eficiente para criar uma imagem positiva da empresa aos olhos dos compradores. Campanhas de publicidade em grande escala comunicando a dimensão da empresa, a popularidade e o sucesso, ajudam os compradores a compreenderem mais facilmente a empresa e a aceitarem o produto. Contudo, a publicidade é impessoal e unidirecional o que pode acontecer que os compradores ignorem a mensagem ou fiquem sensíveis a ela.

Venda pessoal

Para construir relações de confiança e atender às preferências dos consumidores, a venda pessoal é considerada a ferramenta mais eficaz. A venda pessoal capacita um vendedor para observar as necessidades e caraterísticas de um potencial comprador. A venda pessoal requer um compromisso de longo prazo om o comprador e pode ficar mais cara que a publicidade.

Há várias formas de promoção de vendas que são usadas para promover um produto ou serviço junto dos clientes e incitar à compra. A promoção de vendas estimula o cliente a comprar o produto na hora, enquanto a publicidade convida o cliente a identificar e localizar o produto e depois comprar. Com as campanhas de promoção, a empresa pretende proporcionar um valor superior aos clientes, atrair a sua atenção para o produto e induzir a compra. A promoção de vendas é uma grande ferramenta para estimular a venda, mas não cria uma preferência de longo prazo pela marca da mesma forma como o fazem a publicidade e a venda pessoal.

Promoção de vendas

A promoção de vendas é outro veículo utilizado na comunicação com os consumidores, que utiliza os canais de distribuição para promover os esforços de marketing da organização. Pode definir-se como o conjunto de atividades de curta duração dirigido a intermediários, vendedores, consumidores ou prescritores, que mediante benefícios materiais ou através da realização de certas atividades, pretende estimular a procura ou aumentar as vendas a curto prazo. As promoções de venda são técnicas de comunicação que consistem em associar a um produto uma vantagem temporária, destinadas a facilitar ou a estimular a sua utilização, a sua compra e a sua distribuição.

Consoante o público destinatário (consumidores, distribuidores ou rede de vendas), os instrumentos de promoção de vendas podem assumir diversas formas:

- **Dirigidas aos intermediários** — as ações de promoção dirigidas aos intermediários podem utilizar diversos instrumentos, como exposições, feiras, concursos, descontos e prémios, amostras para dar aos clientes e disponibilizar material publicitário nos pontos de venda.
- **Dirigidas aos vendedores e prescritores** — as ações de promoção dirigidas aos vendedores são similares às dirigidas aos intermediários. Estas ações podem consistir também em concursos, prémios, viagens, distinções com o fim de alcançar os objetivos de vendas.
- **Dirigidas aos consumidores** — neste caso as ações de promoção são mais numerosas. Podem ser do tipo de saldos, descontos de quantidade, oferta de maior quantidade de produto pelo mesmo preço, produtos complementares, coupons, concursos, prémios, amostras e brindes e provas e degustações.

Relações públicas

As relações públicas são uma forma de comunicação não paga, com o objetivo de estabelecer relações de confiança entre a organização e os stakeholders. A empresa é capaz de criar uma imagem mais credível e mesmo mais real e fiável se tiver uma estratégia eficiente de relações públicas. As relções públicas atingem uma audiência que intencionalmente evita o pessoal de vendas e a publicidade e é mais efetiva e eficiente em termos económicos quando se usa outros formas de mix de promoção.

Em qualquer organização, as relações públicas têm os seguintes objetivos:

- Aumentar a credibilidade da empresa, dos produtos e dos serviços.
- Manter os colaboradores informados.
- Criar sentimento de pertença.
- Gerar partilha de valores.

- Melhorar a imagem da empresa e das suas marcas.
- Cria ou melhorar a notoriedade.
- Desenvolver uma atmosfera de confiança com os orgãos de comunicação social.
- Prevenir ou minimizar o impacto de eventuais crises.
- Atrair os investidores.
- Criar boas relações de vizinhança com a comunidade local.

Este veículo de comunicação pode assumir diversas formas, podendo incluir algum ou alguns dos seguintes meios:
- Conferências de imprensa.
- Contactos pessoais.
- Realização de eventos.
- Publicações.
- Patrocínios.
- Mecenato cultural, desportivo ou social.
- Atividades de serviço público.
- Outros — jornadas abertas, visitas às instalações, livros técnicos e científicos, etc.

Marketing direto

O marketing direto envolve a interação entreco cliente individual e o vendedor. É a forma de marketing que apresenta maior crescimento. No passado, o marketing direto era largamente dominado pelo correio e telefone, mas com o desenvolvimento das novas tecnologias, hoje em dia o marketing direto assume todas as formas de comunicação on line, que inclui o uso de todas as formas de venda não pessoal, como a venda por catálogos, telefone, televisão interativa, telemarketing, e-mail, internet, redes sociais, websites, sms, apps, telemóvel e vendas diretas. Os produtos e serviços oferecidos no e-marketing vão desde roupas, livros, CD's, vinhos, serviços financeiros, reservas de hotéis, viagens por caminho de ferro e viagens aéreas.

As formas de marketing direto têm caraterísticas diferentes comparadas com as outras formas de comunicação. É um meio que a empresa pode utilizar para comunicar diretamente com os seus clientes, tanto atuais como potenciais, com um duplo objetivo: iniciar relações com os clientes potenciais e manter a relação com os clientes atuais.

As principais carateristicas do marketing direto são as seguintes:

- Ausência de contacto face-a-face com o cliente.
- Uso *online ou offline* dos media para estabelecrer comunicações *one-to-one* e realizar tansações.
- Facilidade de medir as respostas às comunicações.
- Uso de base de dados (*data mining*) para selecionar os clientes alvo (target).

O marketing direto pode ser usado tanto no *business to consumer* (B2C) como no *business to business* (B2B), embora com finalidades diferentes. No marketing B2C, o marketing direto tem como objetivo principal concretizar a venda, ao passo que no marketing B2B, o marketing direto é essencialmente um indutor de compra, sendo a venda concluída pelo vendedor quando o cliente mostrar interesse.

O marketing direto tem vantagens para os compradores: é conveniente, é fácil e é privado. O marketing direto é conveniente porque não há horários de encerramento do estabelecimento, o consumidor não necessita de se deslocar à loja, não tem que enfrentar o trânsito nem arranjar parque para estacionamento da viatura, pode consultar os catálogos e as catacterísticas do produto livremente em sua casa sem perder tempo com o vendedor. É fácil porque dá acesso a um número ilimitado de artigos em qualquer parte do mundo. É privado porque no conforto da sua casa pode fazer as compras que entender sem intervenção de outras pessoas.

Para os vendedores, o marketing direto tem também grandes vantagens. É uma ferramenta poderosa para construir relações com os clientes. Usando bases de dados, os *marketers* podem direcionar a mensagem ao público-alvo e medir facilmente os resultados. Fica a saber quem é o cliente, o que comprou no passado e pode fazer recomendações de novas compras com base nas compras que fizeram clientes similares. Por exemplo, a Amazon sabe quem é o cliente, onde se situa, o que comprou no passado e sugere a compra de outros artigos que outros compradores fizeram.

A natureza *one-to-one* do marketing direto facilita às empresas interagir com os seus clientes por e-mail, telefone ou online, saber mais sobre as suas necessidades e ajustar os produtos ou serviços à medida dos gostos específicos dos consumidores. O marketing direto tem ainda a vantagem para os vendedores de ser barato, eficiente e rápido.

Com as novas tecnologias, as organizações podem hoje contactar com os seus clientes a toda a hora, onde quer que se encontrem e sobre qualquer assunto. Como o uso de telemóveis está generalizado em todo o mundo, os *marketers* de todos os setores veem o telemóvel como um novo grande meio de marketing direto, recorrendo a mensagens SMS e mensagens multimédia (MMS) para contactar os consumidores, com anúncios, promoções, atribuição de prémios e descontos.

Por outro lado, os *marketers* de uma grande variedade de setores, incluindo automóveis, viagens, telecomunicações e serviços financeiros, estão cada vez mais a usar a televisão interativa para enviar mensagens e informações para consumidores alvo. A TV interativa dá aos *marketers* a oportunidade de atingir consumidores alvo de uma forma mais envolvente. As audiências são estimuladas a interagir diretamente com a empresa através de um simples ato de pressionar um botão do seu comando.

O telemóvel, os *podcats (download* de ficheiros audio da internet para um iPod*), os *vodcasts (download* de ficheiros video da internet para um iPod)* e a TV interativa oferecem excelentes oportunidades de marketing direto, mas os *marketers* devem usar estes instrumentos com parcimónia e oferecer reais vantagens aos consumidores, caso contrário correm o risco de ter efeitos negativos sobre os consumidores, por considerarem invasão das suas vidas privadas.

O marketing direto não é dirigido ao público em geral, mas usualmente é dirigido a pessoas meticulosamente escolhidas, podendo as men-

290 | MARKETING ESTRATÉGICO

sagens ser adaptadas ao público-alvo. A empresa que pretende construir relações *one-to-one* com o cliente pode atingir os seus objetivos com recurso ao marketing direto.

Comunicações informais

Mas não é apenas por intermédio das ferramentas referidas que se promovem os produtos ou serviços. Há outros fatores que transmitem uma imagem da empresa e comunicam, como a qualidade das instalações, o comportamento dos empregados e as intervenções públicas dos seus dirigentes.

Além destas formas tradicionais, há ainda a comunicação **boca-a--boca** (*word-of-mouth*), que é uma forma eficaz de comunicar um produto ou uma organização. Um produto considerado bom, ou uma experiência positiva relativamente a um produto, tende a ser comentado com outros potenciais consumidores. O mesmo se passa relativamente a produtos com fraca qualidade ou a experiências negativas relativamente a serviços prestados. Neste caso, o efeito dacomunicação boca-a-boca é ainda pior, já que é mais fácil um cliente insatisfeito relatar a sua experiência negativa do que um cliente satisfeito comentar a sua experiência positiva. Em ambos os casos, a comunicação boca-a-boca afeta as vendas e os resultados da empresa.

13.4. ESTRATÉGIAS DE PROMOÇÃO E COMUNICAÇÃO

De um modo geral, as ações de comunicação das empresas dirigem-se aos consumidores finais (estratégia pull) e mais raras vezes aos intermediários de marketing (estratégia push) (Figura 13.1). Cerca de dois terços das comunicações de marketing dirigem-se aos intermediários de marketing e apenas cerca de um terço se dirige aos consumidores finais.

A **estratégia *pull*** integra um conjunto de ações de comunicação de marketing dirigidas aos consumidores finais, através dos meios de comunicação. Procura criar interesse inicial por um produto entre potenciais compradores, os quais procuram o produto junto dos intermediários através do canal. O seu objetivo é conseguir notoriedade, interesse e lealdade dos clientes. Nesta estratégia, os consumidores procuram o produto nos intermediários, como que o puxando através de um canal de marketing. Quando esta estratégia é bem-sucedida, os clientes tomam contacto com o produto através da publicidade e procuram o produto junto dos intermediários através dos canais de marketing. O êxito desta estratégia requer que os intermediários disponham dos produtos e marcas procuradas pelos consumidores finais (Figura 13.2).

A **estratégia *push*** integra o conjunto de ações de comunicação dirigidas aos intermediários. Concentra-se na construção de relações com os canais intermediários. O seu objetivo é motivar os intermediários para que disponham dos produtos ou marcas procurados e os ponham à disposição dos consumidores finais. Nesta estratégia, o produto é empurrado através de um canal de marketing até aos compradores. Quando estas estratégias são usadas com sucesso, melhora a disponibilidade dos produtos, a gestão dos inventários e o esforço de marketing dos intermediários (Figura 13.2):

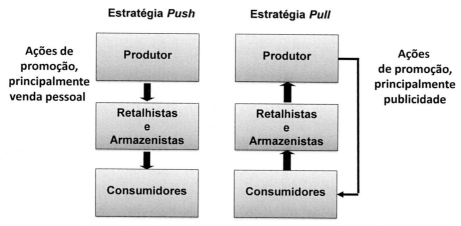

FIGURA 13.2 Estratégias de Comunicação *Push* e *Pull*

13.5. COMUNICAÇÃO INTEGRADA DE MARKETING

A comunicação organizacional é um processo caro, pelo que as decisões de promoção devem ser tomadas com muito cuidado e de forma integrada. A ideia de comunicação integrada de marketing consiste em combinar os cinco principais meios de comunicação, como publicidade, venda pessoal, promoção de vendas, relações públicas e marketing direto, numa abordagem integrada, ou seja, a comunicação integrada de marketing consiste em criar programas de comunicação que coordenem todas as atividades promocionais, visando construir uma mensagem consistente e compreensível para todos os públicos-alvo.

Embora muitas agências de comunicação ainda disponham de departamentos dedicados à promoção, marketing direto ou outras especialidades de marketing, a tendência atual é para a integração de todas as formas de promoção e comunicação numa perspetiva de longo prazo. As diferentes ferramentas de promoção são usadas por diferentes motivos e o seu uso combinado cria sinergias, que não são possíveis com a utilização individual de cada uma das ferramentas promocionais usadas.

O desenvolvimento de um programa integrado de comunicação deve procurar encontrar respostas para as seguintes questões:

- Quem é o público-alvo?
- Quais os objetivos das ações de promoção?
- Qual o orçamento disponível para oprograma promocional?
- Que tipos de ações de promoção utilizar?
- Onde deve ser feita a promoção?
- Quando deve ser feita a promoção?

A primeira decisão a tomar num programa de promoção consiste em identificar o público-alvo e os compradores potenciais a quem o programa é direcionado, ou seja, identificar o mercado-alvo para os produtos da empresa, tendo em conta o nível de segmentação previamente adotado. Quanto maior sor o conhecimento do perfil dos consumidores, mais fácil será desenvolver um programa de promoção e comunicação.

Após a identificação do público-alvo, a decisão seguinte é definir os objetivos da ação de promoção, designadamente se se pretende tornar conhecido um produto novo, ou instigar à repetição da compra no caso de produtos já existentes no mercado. Em qualquer dos casos, os objetivos de um programa de promoção devem ter três caraterísticas: ser direcionados a um público-alvo bem definido, ser mensuráveis, e ter uma dimensão temporal bem definida.

Depois de definidos os objetivos promocionais, a empresa deve decidir qual o orçamento disponível a alocar às ações promocionais. Existem vários métodos para decidir sobre o orçamento, como, por exemplo, uma percentagem do volume de vendas atuais ou previstas, em termos monetários ou de unidades vendidas, um montante idêntico ao dos principais concorrentes, a verba disponível para o efeito ou um orçamento por objetivos, em que a empresa determina os objetivos promocionais, define as tarefas a executar para atingir os objetivos e determina os custos de promoção necessários para executar essas tarefas. Esta possivelmente a melhor abordagem para o estabelecimento do orçamento de promoção.

Para beneficiar completamente de programas de comunicação integrada de marketing, as empresas devem criar e manter bases de dados dos resultados de cada ação de promoção e do impacto que cada ferramenta promocional teve no volume de vendas. As informações da base de dados permitirão avaliar o desempenho de cada ferramenta promocional nas campanhas promocionais levadas a cabo e a tomada de decisões mais informadas para o desenho e lançamento de campanhas futuras.

13.6. RESUMO DO CAPÍTULO

As estratégias de marketing estarão votadas ao fracasso se não forem acompanhadas de um programa de comunicação de marketing. Para comprarem os produtos, os consumidores tem que ter conhecimento da existência do produto e dos benefícios que oferece e para que que um programa de comunicação de marketing seja eficaz e eficiente deve conseguir fazer chegar ao cliente o produto e os benefícios que pode retirar do seu uso, posse ou consumo.

Para conseguir chegar ao cliente e atingir os objetivos de quota de mercado, as empresas podem utilizar tanto uma estratégia push como uma estratégia pull. A estratégia *pull* dirige-se diretamente ao consumidor final, com o objetivo de desenvolver um nível de interesse no produto que o faz procurar nos intermediários. Pelo contrário, a comunicação push dirige-se aos intermediários, com o objetivo de promover o produto no local de venda. O objetivo da comunicação push é criar uma maior disponibilidade do produto no ponto de venda e estimular a colaboração dos intermediários.

QUESTÕES

1. Por que razão a comunicação é um fator crítico de uma estratégia de marketing?
2. Descrever o mix de promoção e a especificidade de cada componente.
3. Quais as vantagens e inconvenientes da abordagem da estratégia de comunicação na perspectiva da comunicação integrada de marketing?
4. Descrever as diferenças entre as estratégias de promoção *push* e *pull*.
5. Como classifica as comunicações de marketing dirigidas diretamente aos clientes? Quais os objetivos deste tipo de comunicações?
6. Como classifica as comunicações dirigidas diretamente aos intermediários de marketing? Quais os objetivos deste tipo de comunicações?
7. Comparar as vantagens e desvantagens das diferentes formas de publicidade.
8. Qual a vantagem da venda pessoal sobre as outras ferramentas de comunicação?
9. Explicar o valor do marketing direto para os consumidores e para os vendedores.
10. Lembre-se de alguns exemplos de publicitação de algum negócio. Pensa que a publicitação tem consequências positivas ou negativas sobre o negócio? Justifique.

ESTRATÉGIAS DE MARKETING DE SERVIÇOS

O setor dos serviços tem vindo a conhecer um crescimento acentuado na economia mundial. Nos países da OCDE os serviços representam hoje mais de 70% do PIB (Produto Interno Bruto) e é o setor que proporciona maiores oportunidades de emprego. Cerca de 65% dos trabalhadores dos países da OCDE trabalham em atividades relacionadas com os serviços. Mesmo nos países emergentes, o emprego nos serviços está a crescer rapidamente e representa hoje mais de 50% do PIB desses países.

Os serviços bem-sucedidos têm gestores que percebem as necessidades e desejos dos clientes e têm a capacidade de sensibilizar os seus empregados para adaptarem a oferta do serviço à situação especial de cada cliente. O foco no cliente é a consideração estratégica chave para quem trabalha nos serviços. Nos serviços o foco principal deve estar nos clientes e só depois vem o lucro.

OBJETIVOS DE APRENDIZAGEM

Depois de ler e refletir sobre este capítulo, o leitor deve ser capaz de:
➤ Propiciar uma visão geral da natureza dos serviços.
➤ Investigar a relação entre qualidade do serviço, satisfação do cliente e rendibilidade.
➤ Analisar formas pelas quais os serviços podem melhorar a produtividade e a rendibilidade.
➤ Analisar a relação entre valor para o cliente e vantagem competitiva sustentável.
➤ Apresentar várias ferramentas estratégicas para a avaliação da prestação do serviço ao cliente.

14.1. INTRODUÇÃO

Os serviços são por natureza intangíveis, inseparáveis e perecíveis. Pela sua natureza, os serviços criam desafios estratégicos específicos às empresas de prestação de serviços.

Os serviços não podem ser protegidos da mesma maneira que os produtos industriais, através de direitos de propriedade como patentes, dado que são facilmente copiáveis, a menos que a empresa tenha constituído um vínculo com os seus clientes.

Para vencer os concorrentes, as empresas de serviços devem continuamente procurar satisfazer e mesmo exceder as expectativas dos seus clientes sobre os seus produtos. Este condicionalismo dos serviços força as empresas a continuamente monitorizar as necessidades e desejos dos seus clientes alvo no sentido de refinarem estrategicamente as suas ofertas para aumentar o valor para os clientes.

O desafio das empresas de serviços é criar uma posição de valor percetual para os clientes que não seja facilmente copiável pelos concorrentes. Este posicionamento requer um constante balanceamento entre a eficiência operacional, um grau de diferenciação que seja percebido pelos clientes e a construção de uma relação de confiança forte.

14.2. CARATERÍSTICAS DOS SERVIÇOS

Os serviços têm caraterísticas próprias que os distinguem dos produtos e que colocam desafios estratégicos às empresas (Figura 14.1):

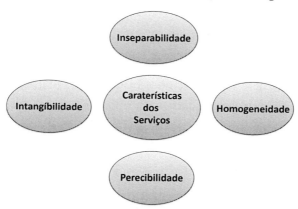

Figura 14.1 Caraterísticas dos Serviços

Intangibilidade

Os serviços são, por natureza, intangíveis, na medida em que os clientes não os podem pegar, tocar ou armazenar. O elemento estratégico chave dos serviços é que, mesmo os serviços mais intangíveis, como consultadoria ou seminários, têm certos aspetos tangíveis que podem ser usados para transmitir perceções de qualidade do serviço. As pessoas que trabalham num escritório podem vestir-se de uma maneira que transmita profissionalismo, os escritórios onde se fazem as reuniões com os clientes podem ter um aspeto que transmite sucesso e profissionalismo, através de aspetos ambientais, como o mobiliário, flores, paredes, quadros, luz, cores, música, etc. e o material de promoção, cartas, relatórios podem ser apresentados de uma maneira que revele qualidade e inspire confiança aos clientes.

Homogeneidade

Esta caraterística dos serviços traduz-se no facto do serviço ser diferente em função do momento em que é prestado, dado as variações ou mudanças que ocorrem no ambiente e influenciam as atitudes, comportamentos, estado de humor e estado emocional, quer do prestador do serviço, quer do cliente. Dada a heterogeneidade dos serviços, é importante que o marketer assegure o mais possível a consistência das condições de prestação do serviço. Apesar de não ser possível assegurar a consistência total, há mecanismos que podem ser utilizados para minimizar os efeitos da heterogeneidade, tais como desenhar o serviço de modo a torná-lo o mais uniforme possível, automatizando-o o mais possível ou treinando o pessoal a seguir regras e procedimentos previamente estabelecidos num manual de procedimentos.

Dada a sua heterogeneidade, nos serviços torna-se mais exigente a necessidade de uma seleção rigorosa do pessoal, motivação e retenção das pessoas mais válidas e mais adaptadas à situação concreta. Muitos prestadores de serviços sentem necessidade de uma outra abordagem estratégica para eliminar os problemas inerentes à heterogeneidade, que é dar a garantia de devolver o dinheiro caso o cliente não fique satisfeito com o serviço prestado.

Inseparabilidade

O serviço não pode ser separado do prestador do serviço, o que cria vários desafios às empresas. Para combater este desafio, as empresas devem fomentar um envolvimento mais ativo por parte do cliente. Outra abordagem estratégia que que pode ajudar, envolve o treino do pessoal para lidar com clientes problemáticos com vista a reduzir o potencial de dissonância com os clientes.

Perecibilidade

Os serviços são perecíveis, o que significa que não podem ser guardados ou armazenados, o que obriga a uma mais cuidada sincronização por parte das empresas entre a oferta e a procura.

14.3. OS 3 Ps ADICIONAIS DOS SERVIÇOS

Para além dos 4 Ps tradicionais do marketing mix — produto, preço, distribuição e promoção — os serviços estão usualmente associados a três Ps adicionais do marketing mix: Pessoas (*People*), Processo (*Process*) e Evidência Física (*Physical Evidence*):

- **Pessoas** — reflete os colaboradores que interagem com os clientes, desde os empregados que estão em contacto direto com os clientes (*front office*), até ao diretor geral. Ter as pessoas certas nos lugares certos é essencial para o sucesso do negócio.
- **Processo** — reflete o facto de que existe um processo que é utilizado para prestar um serviço ao cliente. Isto requer que a empresa faça uma análise de todo o processo e examine todas as interações entre os empregados e os clientes para ver se o processo é o mais eficiente possível. O objetivo é assegurar que o consumidor obtém a melhor experiência possível nos seus contactos com a empresa. Este processo envolve também a avaliação do pessoal de apoio, como telefonistas, seguranças e motoristas e os processos que operam fora da vista do cliente. É importante que o cliente se sinta próximo da empresa. Para isso, deve-se acompanhar o cliente nos seus primeiros contactos com a empresa, na execução do serviço e no relacionamento pós-venda.

- **Evidência física** — foca os vários atributos visíveis que afetam a satisfação do cliente. A evidência física inclui, mas não está limitada, os elementos que compõe o exterior do estabelecimento, como o *design* exterior, sinalização e ambiente circundante, mas também o interior, como o *design* do estabelecimento, os equipamentos usados para servir o cliente, o *layout*, a qualidade e temperatura do ar e outros elementos tangíveis que fazem parte das evidências físicas da empresa, como a limpeza, o tipo de cartas, cartões-de-visita, itens de papelaria, aparência dos funcionários, uniformes e folhetos promocionais. Se os componentes físicos do serviço são inconsistentes com as expectativas do cliente, há uma forte possibilidade do serviço falhar e de perder o cliente. Estes aspetos da evidência física são muito flagrantes na hotelaria e restauração.

14.4. IMPORTÂNCIA DA QUALIDADE DO SERVIÇO, SATISFAÇÃO DO CLIENTE E LEALDADE DO CLIENTE NOS SERVIÇOS

Apesar da teoria de marketing ter vindo a enfatizar nos últimos anos que os clientes devem estar no centro da estratégia de marketing e que os lucros são gerados pela satisfação das necessidades dos clientes, há ainda uma clara falta de perceção das empresas para a importância da qualidade do serviço e da lealdade dos clientes. Uma das razões para esta falta de atenção para a lealdade do cliente pode derivar da dificuldade de definir, medir e manter os conceitos qualidade do serviço, satisfação do cliente e lealdade do cliente.

Os autores concordam que qualidade do serviço é um conceito abstrato que é difícil de definir e medir. Parasuraman et al. (1985) sugerem que a qualidade do serviço é avaliada pela diferença entre o serviço esperado e o serviço percebido pelo cliente. Estes autores desenvolveram uma escala de medida chamada SERVQUAL, usada para medir o conceito de qualidade do serviço. Esta escala foi subsequentemente melhorada, refinada e reavaliada pelos mesmos autores, que concluíram que pode ser usada como uma metodologia de diagnóstico para avaliar a qualidade do serviço e para identificar as suas potencialidades.

Apesar de ter mostrado ser adequada para medir a qualidade do serviço na maioria dos setores, a escala SERVQUAL foi objeto de várias críticas. Por essa razão, Stevens et al. (1995) desenvolveram um modelo específico para medir a qualidade do serviço no setor da hotelaria e turismo chamado DINESERV.

No ponto seguinte vamos analisar os modelos existentes na literatura sobre orientação para o serviço, qualidade do serviço, qualidade percebida pelo cliente e lealdade do cliente e como os gestores podem aumentar a lealdade dos seus clientes.

14.5. MODELOS DE QUALIDADE DO SERVIÇO

Nesta secção são descritos e avaliados os principais modelos sobre a medida da qualidade do serviço que são os mais utilizados nesta matéria.

14.5.1. MODELO SERVQUAL

Parasuraman, Zeithaml & Berry (1985) desenvolveram um modelo de medida da qualidade do serviço. Tentaram ultrapassar as principais frazquezas de outros modelos desenvolvendo uma nova forma de medir a qualidade do serviço. Neste modelo SERVQUAL os autores utilizaram a diferença entre o nível esperado do serviço e o níveldo serviço oferecido para medir a perceçõ da qualidade do serviço em cinco dimensões: **Fiabilidade, Responsabilidade, Segurança, Empatia e Tangibilidade** (Figura 14.2). SERVQUAL é uma ferrramenta analítica que pode ajudar os gestores a identificar as diferenças entre as variáveis que afetam a qualidade dos serviços oferecidos. O modelo é o mais usado pelos marketers, apesar de ser um estudo exploratório e não oefecer um método claro para medir as diferenças a diferentes níveis. Este modelo tem vindo a ser melhorado, mas alguns acreditam que o desempenho só pode ser medido pelo modelo SERVPERF, com vista a determinar a perceção sobre a qualidade do serviço.

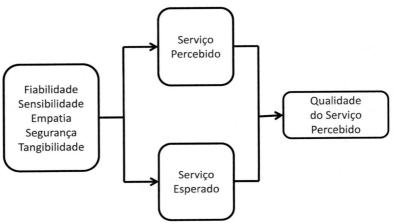

FIGURA 14.2 Modelo SERVQUAL

14.5.2. MODELO MULTINÍVEL

Em virtude da inconsistência do modelo SERVQUAL, Dabholkar et al (1996) propuzeram o modelo multinível para a qualidade do serviço. Estes autores sugerem mudar a estrutura dos modelos de qualidade do serviço para um modelo em três fases: perceções gerais sobre a qualidade do serviço, dimensões primárias e subdimensões (Figura 14.3). Este modelo foi utilizado para avaliar a quaidade do serviço nos armazéns de retalho. Se bem que apresenta uma nova estrutura, necessita de ser generalizado para diferentes áreas e considerar o efeito de outros fatores como o ambiente, o preço, etc..

FIGURA 14.3 Modelo Multinível

14.5.3. MODELO HIERÁQUICO

Brady and Cronin (2001) sugeriram um novo modelo combinando quatro modelos. Melhoraram o modelo SERVQUAL, especificando o que é necessário para ser fiável, responsável, empático, seguro e tangível. Estes autores adotaram a perceção da qualidade do serviço baseada na avaliação pelo cliente em três dimensões: Qualidade da Interação, Qualidade do Ambiente Físico e Qualidade do Resultado.

Segundo este modelo, a qualidade do serviço tem três dimensões primárias tais como interação, ambiente e resultado com três subdimensões para cada cada um: Interação (Atitude, Comportamento e Conhecimento), Ambiente (Condições Ambientais, Design, Fatores Sociais) e Resultado (Tempo de Espera, Tangíveis, Valência). Brady & Cronin (2001) melhoraram o quadro da qualidade de serviço e resolveram o impasse que existente na teoria. Este modelo define a perceção da qualidade de serviço e indica uma forma clara de medir a qualidade do serviço (Figura 14.4):

FIGURA 14.4 Modelo Hierárquico

Adicionalmente, o modelo mostra a experiência do cliente a diferentes níveis e várias dimensões do serviço. Alguns investigadores utilizaram o modelo hierárquico, que se mostrou fiável em vários serviços. Este modelo capacitou as empresas a reconhecer problemas no primeiro estádio dos seus serviços — qualidade da interação, qualidade do ambiente físico e qualidade do resultado. Pode ajudar os gestores a descobrir simultaneamente as necessidades dos clientes e as fraquezas do serviço com vista a melhorar a perceção da qualidade do serviço e as experiências dos clientes sobre os serviços via elevada qualidade do serviço. Este modelo mostra uma melhor compreensão sobre a perceção do cliente sobre a qualidade do serviço.

14.6. GESTÃO DA RELAÇÃO COM O CLIENTE (CRM)

Uma organização moderna não se define apenas pelo seu produto, mas também pelos seus clientes, podendo mesmo dizer-se que os clientes são o principal ativo de uma organização. Para vencerem, ou mesmo sobreviverem, em mercados altamente competitivos, como os que caraterizam os nossos dias, as empresas necessitam de uma nova filosofia de marketing. Devem procurar criar e manter relações de confiança com os seus clientes e não apenas produzir e vender produtos. As empresas devem ser proativas e anteciparem as necessidades e desejos dos clientes.

A gestão da relação com o cliente (*Customer Relationship Management-CRM*) é uma abordagem para construir e manter relações sustentáveis a longo prazo e sustentáveis com os clientes. É uma ferramenta de gestão transversal a toda a organização que, fazendo uso das novas tecnologias de informação, analisa e influencia o comportamento do cliente, com vista ao desenvolvimento de relações de longo prazo que contribuem para aumentar a captação, retenção e fidelização do cliente. É o processo estratégico de modelar as interações entre os clientes e a organização, de forma a mantê-los satisfeitos e maximizar o valor dos clientes para a organização. O CRM é uma abordagem ou uma filosofia de gestão que enfatiza o valor do cliente e a importância de construir e desenvolver relações duradouras e lucrativas com os clientes, através de um melhor entendimento sobre as suas necessidades e expectativas (Figura 14.5):

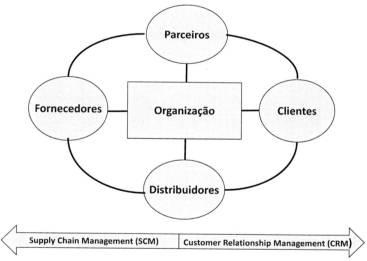

FIGURA 14.5 Gestão da Relação com o Cliente

Mas para gerirem as relações com os seus clientes, as organizações necessitam de informação. A informação é escassa e está muitas vezes dispersa pelos vários departamentos da organização. Para ultrapassar estes problemas, cada vez mais empresas usam o CRM para avaliar o valor de cada cliente, identificar os clientes mais valiosos para os tratar de uma forma mais personalizada e customizar os produtos ou serviços às suas necessidades específicas.

O recurso às novas tecnologias de informação, nomeadamente o uso de bases de dados (*data warehouse*), facilita a fidelização dos clientes, na medida em que permite mais facilmente customizar os produtos ou serviços às necessidades específicas de cada cliente. Mas o CRM é muito mais do que dispor de uma base de dados sobre os clientes. Um verdadeiro CRM advoga relações *one-to-one* com os clientes e uma efetiva participação dos clientes nas decisões da empresa que lhes dizem respeito.

Os analistas de CRM desenvolvem e analisam bases de dados e usam técnicas sofisticadas de recolha de dados, arquivo e processamento de informação sobre clientes, mercados, produtos e processos (*data mining*) para explorar ao máximo as informações sobre os clientes. *Data warehouse* é a centralização num arquivo eletrónico de toda a informação existente na empresa sobre os clientes, com o objetivo de permitir aos gestores disporem, de uma forma integrada, de toda a informação disponível na empresa sobre os seus clientes. O *data mining* pode ajudar na seleção dos clientes alvo (*target customers*) ou identificar segmentos de clientes com comportamentos e necessidades similares. O *data warehouse* e o *data mining* são cruciais para a funcionalidade e eficácia dos sistemas CRM, uma vez que é fundamental, para uma boa gestão da relação com o cliente, a existência de uma base de dados única que integre todas as informações relevantes sobre os clientes (Figura 14.6):

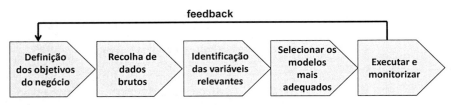

FIGURA 14.6 Processo de *Data Mining*

O CRM é implementado com recurso a programas informáticos sofisticados e ferramentas analíticas que integram a informação sobre os clientes, analisam os dados e usam os resultados para construir relações fortes com os clientes. A implementação de um programa de gestão da relação com o cliente bem sucedido pressupõe a existência de quatro etapas fundamentais:

1. Qualificação dos clientes atuais com base no seu valor potencial para a empresa.
2. Perceber as necessidades individuais de cada cliente, as preferências sobre os produtos e os seus comportamentos de compra.
3. Criar soluções individualizadas com base nas necessidades individuais de cada cliente e estabelecer relações *one-to-one* para construir e manter relações sustentáveis.
4. Acompanhar todos os aspetos da satisfação do cliente para assegurar que são alcançados elevados níveis de satisfação e lealdade.

As tecnologias CRM podem dividir-se em três categorias:

1. **CRM operacional** — visa melhorar as operações de *front-office* da empresa, como a automação e melhoria do atendimento e apoio ao cliente, a automação do marketing e da força de vendas, gestão de encomendas e faturação, entre outras funções.
2. **CRM estratégico** — baseia-se na recolha, tratamento, interpretação, distribuição e arquivo de informação sobre os clientes, recolhida pelas ferramentas do CRM operacional e outras fontes de informação.
3. **CRM colaborativo** — é como que uma interpenetração de CRM operacional e CRM estratégico. Envolve e prepara as interações entre a empresa e o cliente. Pode ser um portal, uma aplicação de gestão de relações com parceiros, canais de distribuição, entre outros. Com CRM, os clientes deixam de ser apenas compradores mas passam também a ser parceiros integrados no processo de negócio (Nguyen e Mutum, 2012).

Um verdadeiro CRM tem muitos benefícios para a organização e para os clientes, porque ajuda a vender os produtos ou serviços de forma mais eficaz e contribui para aumentar os rendimentos, na medida em que:

- Conhecendo melhor os clientes, é possível proporcionar níveis mais elevados de satisfação do produto ou serviço e desenvolver relações mais fortes com os clientes.
- Compradores leais tendem a repetir a compra (retenção de clientes) e estão mesmo dispostos a pagar um preço mais elevado.
- Consumidores satisfeitos tendem a comprar outros produtos da organização (*cross-selling*).
- Clientes fidelizados são mais fáceis de servir.
- Clientes satisfeitos fazem publicidade gratuíta dos produtos ou serviços da empresa para outros consumidores.

Os sistemas CRM baseiam-se em bases de dados sobre as necessidades dos clientes e englobam três fases: **captação, retenção e atração de novos clientes.** A captação de novos clientes tem por objetivo aumentar o volume de vendas, a qual, modernamente, pode fazer-se recorrendo a canais digitais, como o comércio eletrónico (*e-commerce*), e-mails, etc. A atração de novos clientes é difícil e dispendiosa, especialmente em mercados em maturidade e altamente competitivos, pelo que a retenção de clientes atuais deve ser uma das prioridades e desafios das organizações.

14.7. RESUMO DO CAPÍTULO

A estratégia de marketing de serviços não é muito diferente da estratégia de marketing de produtos. O consumo de um serviço envolve uma experiência que deve ser compreendida pelo gestor no sentido de que o serviço prestado não deve apenas corresponder às expectativas do cliente, mas exceder essas expectativas. O grau de satisfação do consumidor relativamente ao serviço prestado conduz à fidelidade, lealdade e rendibilidade do cliente, mas é imperativo por parte do gestor monitorizar as mudanças nas expectativas dos consumidores, no sentido de melhorar continuamente a qualidade do serviço.

É também importante conhecer onde é possível melhorar os pontos fortes e minimizar as fraquezas do serviço. Uma empresa que oferece um serviço de qualidade ao cliente e que elimina as deficiências está sempre à frente dos concorrentes.

As empresas de serviços bem-sucedidas têm gestores que compreendem as necessidades e desejos dos clientes e motivam os seus empregados a serem capazes de dar resposta às situações colocadas pelos clientes.

QUESTÕES

1. Identifique as caraterísticas específicas dos serviços e explique os desafios que colocam à estratégia de marketing.
2. Quais os fatores diferenciadores da qualidade do serviço?
3. Qual a importância da qualidade do serviço na fidelização do cliente?
4. Faça uma breve descrição do modelo SERVQUAL.
5. De que maneira o preço diferenciado influencia a procura de serviços?
6. Desenhe os canais de distribuição para os seguintes serviços: banca, hotel e hospital
7. Muitas empresas fornecem fatos ou uniformes aos seus funcionários. Explique a lógica de ser desta política. Concorda ou discorda?
8. Que elementos do marketing mix deverão ser usados por uma empresa de distribuição? E por um banco?

ESTRATÉGIA DE MARKETING DIGITAL

O processo de decisão de compra tem vindo a mudar, o que obriga as empresas, cada vez mais, a utilizar nos seus negócios novas tecnologias baseadas na internet, world wide web e comunicações wireless. O desenvolvimento destas novas tecnologias tem proporcionado muitas oportunidades de inovação nos negócios, designadamente através da gestão do e-business e e-commerce.

O e-marketing pode ser usado para criar valor se as empresas se focarem na análise da estrutura da indústria e encontrarem formas de vantagem competitiva sustentável, que lhes permita conseguir rendibilidades superiores à média da indústria.

Como vimos em capítulos anteriores, a análise da estrutura da indústria é determinada pelo Modelo das Cinco Forças Competitivas de Porter, enquanto a vantagem competitiva sustentável consegue-se produzindo e vendendo produtos ou serviços a custos mais baixos que os concorrentes ou produzindo produtos diferentes que sejam valorizados pelos clientes.

OBJETIVOS DE APRENDIZAGEM

Depois de ler e refletir sobre este capítulo, o leitor deve ser capaz de:
- ➢ Definir o significado e objetivo de e-business e e-commerce.
- ➢ Enquadrar o e-marketing na estratégia de marketing.
- ➢ Fazer uma breve caraterização da estratégia de marketing digital.
- ➢ Em que difere a estratégia e-business da estratégia tradicional?
- ➢ Avaliar a necessidade de separar e-business de marketing digital.
- ➢ Analisar o impacto da estratégia de marketing digital na estrutura e rendibilidade da indústria.
- ➢ Avaliar o papel do marketing digital na vantagem competitiva.
- ➢ Saber aplicar ferramentas para gerar e selecionar estratégias e-business.

15.1. INTRODUÇÃO

O conceito de marketing digital não difere do conceito moderno de marketing, como sendo o processo de gestão responsável pela identificação, antecipação e satisfação das necessidades do cliente, com envolvimento de todos os departamentos da organização e coordenação das atividades para assegurar que as necessidades dos clientes são satisfeitas de forma eficiente e eficaz e são atingidos os objetivos da organização. A diferença entre e-marketing e marketing tradicional é que o e-marketing faz uso das novas tecnologias eletrónicas de comunicação.

Os novos paradigmas associados ao e-marketing não alteraram substancialmente os fundamentos da estratégia de marketing desenvolvidos por Michael Porter, que, na sua essência, permanecem inalterados. Os autores argumentam que o e-marketing apenas pode ser usado para criar valor para os clientes se as empresas se focarem na estrutura da indústria, que determina a rendibilidade e procurarem ter vantagem competitiva sustentável, que permite às empresas terem rendibilidades superiores aos concorrentes.

A internet, ao tornar os sistemas mais abertos, pode em muitos casos ser mesmo prejudical para as empresas, na medida em que as facilidades proporcionadas pela internet podem reduzir a necessidade de criar uma força de vendas e de montar uma rede de canais de distribuição, reduzir as barreiras à entrada e aumentar o potencial de entrada de novos concorrentes e intensificar o grau de rivalidade na indústria. Mas a intensificação do uso da internet tem também um lado positivo, na medida em que facilita o marketing direto e a expansão dos mercados.

Tudo somado, o impacto da internet na estratégia de marketing tem sido o seguinte, cujas consequências na estratégia das empresas estão ainda por determinar, mas seguramente terá consequências positivas e negativas para a rendibilidade das empresas:

- O poder dos canais de marketing tem vindo a diminuir, porque são cada vez mais desnecessários.
- As barreiras à entrada têm sido reduzidas.
- Os compradores têm mais informação.
- A eficiência tem aumentado.
- Há um maior potencial de substituição de produtos e aumento da intensidade competitiva.
- Os mercados têm-se expandido.
- É cada vez mais difícil obter lucros.
- Há uma tendência para operar a baixos custos e preços baixos do que pela diferenciação.
- Com o e-business há menos necessidade de criação de força de vendas ou estabelecimento de canais de distribuição.

O e-marketing foca-se na forma como a empresa usa a internet e outras formas de comunicação digital, como o e-mail e o telemóvel, para interagir com os seus *stakeholders*, com vista a atingir os seus objetivos de marketing.

Há três principais processos operacionais envolvidos no e-marketing:

1. **Angariação de clientes** — visa atrair visitantes ao *website* ou promover uma marca via motores de busca ou publicidade noutros sites.

2. **Conversão de clientes** — comprometer os visitantes a atingir os objetivos, como adiantamentos, vendas ou folhetos de outro conteúdo.
3. **Retenção de clientes** — encorajar os clientes a usarem canais digitais e a repetirem as compras.

A estratégia de e-marketing deve estar naturalmente enquadrada nos objetivos gerais da empresa e nos objetivos de marketing. A Figura 15.1. mostra o enquadramento do plano de marketing digital na estratégia da empresa.

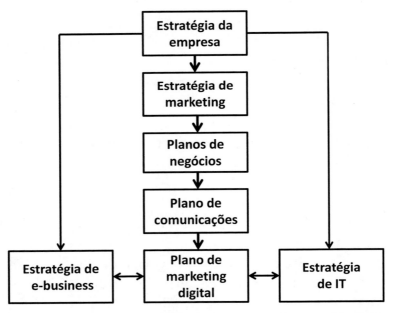

FIGURA 15.1 Plano de Marketing Digital no Contexto da Estratégia da Empresa

15.2. ESTRATÉGIA DE MARKETING DIGITAL

O marketing digital é uma tendência do mundo contemporâneo. As iniciativas de marketing digital incluem o desenvolvimento de sites, campanhas publicitárias e vendas em formato digital. Muitos negócios podem hoje fazer-se por um processo digital, sem necessidade de dispor de um espaço físico para o efeito. As estratégias e-marketing e e-business assumem uma importância crescente, tanto nos negócios *business to consumer* (B2C) como no *business to business* (B2B) e também nos negócios *consumer to consumer* (C2C) e têm vindo a afetar significativamente a estrutura da indústria pela intensificação da rivalidade e do poder dos compradores.

O *e-business* (*electronic business*) refere-se ao trabalho que uma organização faz, por via eletrónica, com os seus clientes, parceiros, fornecedores, colaboradores e outros *stakeholders*, designadamente através da *internet*. As organizações que usam meios eletrónicos para comunicar com os seus clientes ou com os colaboradores fazem *e-business*. Abarca o desenvolvimento do produto, marketing, vendas e as formas pelas quais os produtos ou serviços são distribuídos aos clientes

O *e-commerce* (*electronic commerce*) é uma parte do e-business e refere-se ao uso da internet e outros meios eletrónicos para efetuar transações comerciais desde os clientes aos fornecedores. São três os tipos de *e-commerce*: **Business-to-Consumer** (B2C), **Business-to-Business** (B2B) e **Consumer-to-Consumer** (C2C) (Figura 15.2):

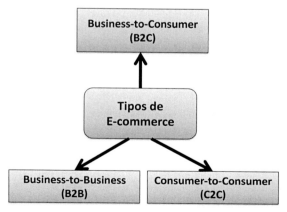

FIGURA 15.2 Categorias de E-Commerce

As relações *Business-to-Consumer (B2C)* referem-se à venda de produtos ou serviços aos consumidores finais através da internet, como é o caso da Amazon, Expedia, La Redoute. As relações *Business-to--Business* (B2B) referem-se a transações eletrónicas entre organizações. Apesar do *Business-to-Consumer (B2C)* ser provavelmente o mais visível, o *Business-to-Business (B2B)* assume hoje uma importância crescente, podendo utilizar, para além da internet, sistemas eletrónicos privados de *e-commerce.*

A terceira área de *e-commerce* é o **Consumer-to-Consumer** (C2C), que acontece quando um negócio é efetuado através da *internet*, que atua como um intermediário entre consumidores. Acontece quando é criado um grande mercado eletrónico, onde os consumidores podem comprar e vender diretamente a outros consumidores sem intermediários, fazendo praticamente toda a transação via *internet*. São os casos do eBay ou do OLX. Outra área em grande crescimento do C2C é o *Peer-to-Peer* (P2P), que consiste em redes de partilha de ficheiros, como são os casos do iTunes e Grokster, entre outros, que facultam tecnologia para troca online de músicas, filmes e outros ficheiros.

15.3. PLANO DE MARKETING DIGITAL

No âmbito da estratégia de marketing digital, é necessário elaborar um plano de marketing digital que detalhe como os objetivos poderão ser alcançados através das atividades de marketing.

Tal como qualquer outro plano de marketing, o plano de e-marketing passa por diferentes etapas, desde a análise da situação até à implementação e controlo (Figura 15.3):

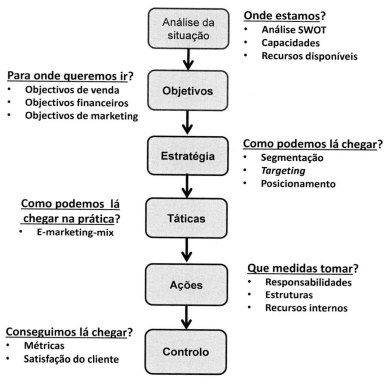

Figura 15.3 Plano de Marketing Digital

Análise da situação

O objetivo da análise da situação é perceber o meio ambiente atual e futuro no qual a empresa trabalha, tendo em vista que os objetivos estratégicos sejam realistas. A análise da situação atual implica a análise da procura, dos concorrentes, dos intermediários de marketing e a análise das oportunidades e ameaças do meio envolvente (Figura 15.4):

Figura 15.4 Fases do Plano de Marketing Digital

A análise da procura consiste na avaliação da procura de serviços e-commerce entre os potenciais clientes do mercado alvo. Pode ser determinada através de pesquisas qualitativas, interrogando cada segmento do mercado alvo, ou através de pesquisas quantitativas, recorrendo a estatísticas publicadas pelos organismos oficiais de planeamento e estatística ou associações de classe, patronais ou sindicais.

A análise dos concorrentes ou a monitorização do uso de e-commerce por parte dos concorrentes para angariar ou manter clientes é extremamente importante no no marketing digital, dada a natureza dinâmica da internet. O uso da internet permite a promoção de novos produtos ou serviços muito mais rapidamente do que as comunicações impressas. As implicações deste dinamismo são o *benchmarking* dos concorrentes não poder ser pontual, mas tem que fazer-se permanentemente.

O *benchmarking* dos serviços online e da e-estratégia é uma parte importante do plano de e-marketing e deve ocorrer numa base permanente para responder prontamente a novas ações de marketing, como alterações de preços ou promoções.

Objetivos

Os planos de e-marketing, tal como todos os planos de marketing, devem basear-se em objetivos claramente definidos, uma vez que são os objetivos que enformam as estratégias e as táticas e ajudam a comunicação da estratégia aos stakeholders.

As estratégias são mais efetivas quando se baseiam em objetivos específicos realistas, pelo que uma técnica que ajuda a alinhar a estratégia com os objetivos é apresenta-los conjuntamente numa tabela e negociar esses objetivos com a força de trabalho. Esses objetivos devem ser SMART, ou seja, devem ser específicos (*Specifics*), mensuráveis (*Measurables*), alcançáveis (*Achievables*), relevantes (*Relevants*) e calendarizados (*Timely*).

Estratégia

A estratégia num plano e-marketing define como os objetivos de e-marketing podem ser alcançados. As decisões chave na definição da estratégia digital são a segmentação do mercado, *targeting* e posicionamento. A estratégia de segmentação do mercado digital envolve quatro fases: segmentação, *targeting*, posicionamento e planeamento (Figura 15.5):

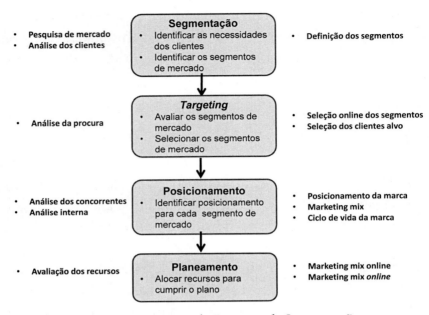

FIGURA 15.5 Etapas do Processo de Segmentação

A segmentação envolve a necessidade de compreender os clientes no mercado alvo para conhecer as suas necessidades com vista a desenvolver uma estratégia que satisfaça esses segmentos e que maximize o rendimento para a empresa.

15.4. RESUMO DO CAPÍTULO

A estratégia de marketing digital está ancorada nos conceitos das cinco forças competitivas de Porter e de vantagem competitiva sustentável. Qualquer estratégia de marketing digital deve basear-se nas métricas clássicas de avaliação do desempenho, como margem bruta ou margem de contribuição e lucro. Contudo, para que o marketing digital tenha sucesso é necessário alterar as mentalidades no sentido de compreender os novos modelos de e-business e assumir riscos.

QUESTÕES

1. Avalie o impacto do marketing digital na análise das Cinco Forças Competitivas de Porter.
2. Qual o impacto do marketing digital na análise da vantagem competitiva sustentável?
3. Que fatores podem limitar o sucesso da estratégia marketing digital?
4. Comente a afirmação de que marketing digital é mais uma estratégia de diferenciação do que uma estratégia de liderança pelos custos.
5. Explique a relação entre e-commerce e e-business.
6. Explique as razões porque uma empresa deve adotar o e-commerce.
7. Explique as principais diferenças entre business-to-business (B2B) e business-to-consumer (B2C).

AVALIAÇÃO E CONTROLO DA ESTRATÉGIA DE MARKETING

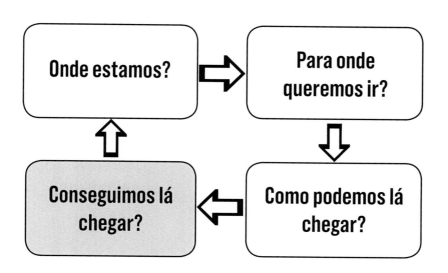

AVALIAÇÃO E CONTROLO DA ESTRATÉGIA DE MARKETING

O sucesso de qualquer negócio é determinado pelo ajustamento da estratégia aos objetivos da organização. A estratégia competitiva e a estratégia de marketing devem ajustar-se às necessidades e desejo dos clientes e às realidades competitiva e tecnológica do mercado. Mas não basta que a estratégia competitiva seja ajustada às condições do mercado; é também necessário que seja capaz de implementar a estratégia conforme foi definida e planeada. A estrutura organizacional, as políticas internas, os procedimentos e os recursos devem ajustar-se à estratégia, caso contrário a estratégia pode falhar. Por sua vez, o desempenho deve ser avaliado pela eficácia na realização dos objetivos e pela eficiência na utilização dos recursos. Os planos e orçamentos são usados pelas organizações como um método de planeamento financeiro e são preparados para as principais áreas do negócio, como vendas, produção, compras, mão-de-obra, marketing, investimentos e tesouraria.

OBJETIVOS DE APRENDIZAGEM

Depois de ler e refletir sobre este capítulo, o leitor deve ser capaz de:

➢ Definir a função controlo e explicar a natureza e importância do controlo.

➢ Compreender que desenvolver um sistema de controlo apropriado é vital para melhorar o desempenho de uma organização.

➢ Descrever as abordagens do processo de controlo e compreender os benefícios da orçamentação e do controlo orçamental.

➢ Perceber como pode ser medido o desempenho organizacional.

➢ Diferenciar os tipos de controlo e descrever as ferramentas utilizadas para medir o desempenho organizacional.

➢ Identificar as tendências modernas no controlo das organizações.

16.1. INTRODUÇÃO

O sucesso de qualquer estratégia de marketing depende da maneira como é formulada e implementada. Para o sucesso de uma organização não interessa apenas ter uma boa estratégia; é também necessário saber como foi implementada e controlada. O processo de implementação e controlo da estratégia envolve as seguintes quatro etapas:

1. Estabelecer padrões de desempenho, que se traduzem tipicamente na fixação de metas e objetivos.

2. Medir o desempenho atual e ver se os objetivos estão ou não a ser atingidos.

3. Tomar medidas corretivas ou reforçar as ações quando for necessário para corrigir os eventuais desvios.

4. Estabelecer novos objetivos quando ocorrerem circunstâncias não previstas e imprevisíveis quando se estabeleceram os objetivos.

As etapas do processo de implementação e controlo da estratégia estão ilustradas na Figura 16.1:

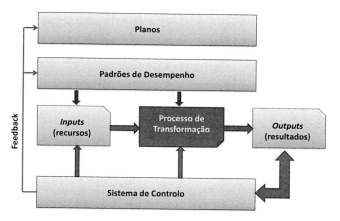

Figura 16.1 Etapas do Processo de Implementação da Estratégia

O planeamento e controlo estão intimamente ligados, na medida em que, sem objetivos definidos, não é possível fazer o controlo, por não existirem padrões para avaliar o desempenho e sem controlo não há garantias de que o plano seja executado conforme foi planeado. Acresce que o controlo tem ainda um papel muito importante no planeamento, na medida em que os objetivos são definidos com base em informações recolhidas no processo de controlo.

16.2. IMPLEMENTAÇÃO DA ESTRATÉGIA DE MARKETING

De nada vale ter uma boa estratégia se não for corretamente implementada. O ato de implementar é pôr em prática ou executar um plano ou uma estratégia. A implementação da estratégia de marketing consiste em executar a estratégia de marketing definida pela gestão de topo da organização. Quando a estratégia falha, muitas vezes os gestores são tentados a dizer que a estratégia estava errada, mas muitas vezes o que acontece é que a estratégia não foi corretamente implementada.

O plano de marketing orienta a implementação e o controlo, indicando os objetivos de marketing e a tática para a realização dos objetivos. A existência de um plano de marketing é um passo fundamental para garantir a execução efetiva de um programa de marketing estratégico, porque o plano determina as ações que devem ser desenvolvidas, quem é responsável pela sua execução e quando devem ser executadas.

Para avaliar o sucesso ou fracasso de uma estratégia, os gestores podem usar uma matriz do tipo da Figura 16.2:

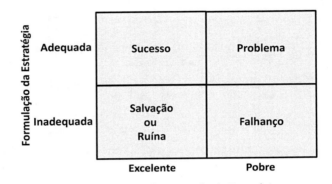

FIGURA 16.2 Grelha de Formulação e Implementação da Estratégia

Bonoma (1984) sugere que os gestores devem usar a grelha para avaliar a formulação e a implementação das suas próprias estratégias de marketing. Quando a estratégia está bem formulada e é bem implementada é uma estratégia de sucesso. Pelo contrário, quando a estratégia está mal formulada e é mal implementada, então há todas as condições para que os resultados geralmente sejam maus.

Se a estratégia foi adequadamente formulada, mas a implementação é pobre, ou vice versa, então o diagnóstico torna-se difícil, porque muitas vezes os maus resultados são imputados à estratégia e não à sua implementação. Nestas situações, o que o gestor deve fazer é analisar cuidadosamente a implementação da estratégia e, muitas vezes, é capaz de chegar à conclusão que a estratégia é correta mas a implementação é pobre.

Quando a estratégia é inadequada, uma boa execução pode mitigar a pobreza da estratégia e dar à gestão tempo para corrigir a estratégia, mas a boa execução da má estratégia pode levar à salvação ou ruína. Esta é a pior situação porque as consequências podem ser dramáticas e imprevisíveis. Esta situação pode salvar uma empresa com uma estratégia pobremente formulada porque uma boa implementação da estratégia pode compensar as fraquezas da formulação. Por outro lado, uma boa implementação de uma má estratégia pode conduzir a empresa ao desastre.

16.2.1. GESTÃO DO PROCESSO DE PLANEAMENTO E ORÇAMENTAÇÃO

Planeamento é um processo organizacional que envolve o uso de técnicas, procedimentos e aspetos comportamentais referentes à capacidade de negociação dos gestores para alocar recursos de acordo com os objetivos de marketing. A orçamentação é uma parte importante do planeamento financeiro de curto prazo e do controlo orçamental. Os orçamentos (*budgets*) são planos, usualmente expressos em termos financeiros, que procuram prever os ganhos e gastos futuros, estabelecer prioridades e assegurar que os gastos não excedem os fundos e ganhos disponíveis. As previsões (*forecasts*) têm a ver fundamentalmente com a avaliação de acontecimentos futuros. A previsão precede a preparação de um orçamento e é um passo muito importante no processo de orçamentação. Um orçamento é simultaneamente um mecanismo de planeamento dos resultados e uma técnica de controlo dos custos operacionais. Para elaborar um orçamento é essencial prever várias variáveis importantes, como vendas, preços de venda, disponibilidade de materiais, preços dos materiais, produção, salários, meios financeiros, etc. (Figura 16.3):

FIGURA 16.3 Processo de Planeamento e Orçamentação

Apesar do período de orçamentação ser usualmente um ano, muitas empresas preparam orçamentos a três ou cinco anos, especialmente quando contemplam despesas de capital. Orçamentos de publicidade, orçamentos de compras, orçamentos de gastos com o pessoal, orçamentos de vendas e orçamentos de investimentos são tipos comuns de orçamentos que os gestores utilizam, procurando aumentá-los, como é o caso das vendas, ou não os ultrapassar, como é o caso das compras. Todos os orçamentos devem ser elaborados tendo como pano de fundo o planeamento estratégico da organização.

Praticamente todas as organizações modernas necessitam de planear a sua atividade e de exercer algum tipo de controlo orçamental. Ao nível do planeamento estratégico as organizações elaboram planos a médio e longo prazo para fixação dos objetivos e ao nível operacional usam orçamentos para implementar a estratégia e para alocar os recursos necessários ao cumprimento dos objetivos planeados.

Em muitas empresas, os orçamentos são impostos de cima para baixo (*top-down budgeting*), o que significa que os montantes orçamentados para o ano seguinte são impostos aos gestores intermédios e aos gestores de primeira linha. Noutras organizações, com vista a aumentar os níveis de motivação e de envolvimento e responsabilização dos colaboradores, os orçamentos são elaborados de baixo para cima (*bottom-up budgeting*), o que significa que são os gestores de primeira linha quem faz a previsão das receitas e despesas dos seus departamentos e as submetem aos seus superiores para aprovação.

16.2.2. ORÇAMENTOS FUNCIONAIS

Deve ser elaborado um orçamento para cada divisão ou departamento da organização. Os gestores de cada unidade, divisão ou departamento são responsáveis pela execução do seu orçamento. Os gestores de topo usam o orçamento para a organização como um todo, enquanto os gestores intermédios são responsáveis pelo desempenho orçamental dos seus departamentos ou divisões. Tipicamente, as organizações devem elaborar orçamentos para cada divisão ou função, tais como:

1. **Orçamento de vendas** — é um dos mais importantes orçamentos funcionais e é visto como a chave do processo de orçamentação. É uma previsão das vendas totais, expressas em quantidades e em termos monetários. O primeiro passo na preparação do orçamento de vendas é prever, tão rigorosamente quanto possível, as vendas para o período do orçamento. As previsões de vendas são influenciadas por fatores externos e internos. Os fatores externos incluem as condições do mercado, a concorrência, a política governamental, etc. Os fatores internos consistem nos preços de venda, na tendência das vendas, novos produtos, ciclo de vida do produto, etc. O orçamento de vendas é baseado na previsão de vendas e é da responsabilidade do gestor de marketing.

Exemplo de um orçamento de vendas:

Uma empresa produz dois artigos A e B. O departamento de marketing tem três divisões: norte, centro e sul. As previsões de vendas para o ano X, com base na avaliação dos responsáveis comerciais, são as seguintes.

Produto A: Norte 40 000 unidades, Centro 100 000 unidades e Sul 20 000 unidades.

Produto B: Norte 60 000 unidades, Centro 80 000 unidades e Sul 0 unidades.

Preço de venda de A €2 e B €3 em todas as regiões.

É feita uma campanha publicitária para os dois produtos e estima-se que as vendas na região Norte vão aumentar 20 000 unidades. Foi também feita uma campanha de publicidade para promover e distribuir o produto B na região Sul no segundo semestre do ano N onde se espera que as vendas atinjam as 100 000 unidades. Dado que as vendas na região Centro são insatisfatórias, ficou acordado aumentar as vendas em 10%.

Prepare um orçamento de vendas para o ano N.

Resolução:

Região	Produto A			Produto B			Total
	Quant.	Preço	Valor	Quant.	Preço	Valor	
Norte	60 000	2	120 000	80 000	3	240 000	360 000
Centro	110 000	2	220 000	88 000	3	264 000	484 000
Sul	20 000	2	40 000	100 000	3	300 000	340 000
Total	190 000		380 000	268 000		804 000	1 184 000

2. **Orçamento de produção** — como se compreende, o orçamento de produção é usualmente preparado com base no orçamento de vendas. Corresponde à previsão da produção para o período do

orçamento. É preparado pelos responsáveis da função produção em duas partes: previsão da produção em valor para as unidades físicas dos produtos a produzir e os custos de produção detalhados.

As principais fases da preparação do orçamento envolvem a planificação da produção, tendo em consideração a capacidade produtiva e a interligação à previsão das vendas, calendário de entregas e níveis de inventários que se pretende manter. Naturalmente que a elaboração do orçamento de produção pressupõe a elaboração de orçamentos de custos, tais como o orçamento de materiais, o orçamento dos custos com o pessoal e o orçamento dos gastos gerais de fabrico.

Exemplo de um orçamento de produção:
Elabore um orçamento de produção para cada mês e um orçamento dos custos de produção para os seis meses que terminam em 31.12.N a partir dos seguintes dados:

1. Vendas, em unidades, para os seguintes meses:

Julho	1 100
Agosto	1 100
Setembro	1 700
Outubro	1 900
Novembro	2 500
Dezembro	2 300

2. Não há produtos em vias de fabrico no final de cada mês.
3. Os inventários finais de produtos acabados correspondem a metade das vendas para o mês seguinte e permanecem em inventário até final de cada mês (incluindo julho).
4. A produção e os custos orçamentados para o fim de 31.12.N são os seguintes:

Produção (unidades)	22 000
Custos diretos por unidade	10.00€
Mão-de-obra direta por unidade	4.00€
Total de gastos gerais imputáveis ao produto	88 000€

Resolução:

Orçamento de Produção

Rubricas	Julho	Agosto	Set.	Out.	Nov.	Dez.	Total
Vendas estimadas	1 100	1 100	1 700	1 900	2 500	2 300	10 600
+ Stocks Finais Prod. Acab.	550	850	950	1 250	1 150	1 000	1 000
	1 650	1 950	2 650	3 150	3 650	3 300	11 600
- Stocks Iniciais Prod. Acab.	550	550	850	950	1 250	1 150	550
Orçamento de Produção	1 100	1 400	1 800	2 200	2 400	2 150	11 050

Produção Estimada = Vendas Estimadas + *Inventário* Final — *Inventário* Inicial

Orçamento dos Custos de Produção

Rubricas	Orçamento de Produção	Orçamento de Produção (por Unidade)
Custos diretos de materiais	110 500	10
Mão de obra direta	44 200	4
Gastos Gerais $\frac{88\,000}{22\,000} \times 11\,050$	44 200	4
Total Custos de Produção	198 900	18

3. **Orçamento de gastos administrativos** — inclui despesas gerais relacionadas com os departamentos operacionais, como a produção, a venda, a distribuição e a investigação e desenvolvimento.

4. **Orçamento financeiro** — inclui o orçamento de tesouraria e o orçamento de investimentos. O orçamento de tesouraria faz a previsão dos rendimentos e gastos dum período futuro e da tesouraria disponível nesse período. O orçamento de investimento diz respeito aos gastos em ativos fixos.

O orçamento de investimentos lista os investimentos planeados nos principais ativos, como construções, maquinaria ou sistemas de informação, envolvendo muitas vezes despesas para além de um ano. O controlo do orçamento de investimentos envolve não só a monitorização das despesas de capital, mas também a avaliação da viabilidade dos investimentos. Os gestores devem avaliar se é aconselhável continuar a investir num determinado projeto e se são adequados os procedimentos da organização para a tomada de decisão em matéria de investimentos.

5. O orçamento de tesouraria deve prever os rendimentos e gastos atuais e futuros da organização. Quando as despesas reais excedem as despesas orçamentadas, a diferença sinaliza a necessidade dos gestores identificarem o problema e tomarem as ações corretivas necessárias. A diferença pode advir de ineficiência, ou as despesas podem ser mais elevadas porque as vendas estão a crescer mais depressa do que previsto. Despesas abaixo do orçamentado pode ser um sinal de eficiência excecional ou de que a empresa se encontra a laborar a um nível inferior ao previsto. No que se refere às receitas, rendimentos abaixo do orçamentado implicam uma investigação no sentido de saber as suas causas e ver como a organização pode aumentar os rendimentos. Exemplo de um orçamento de tesouraria:

	Jan.	Fev.	Março	Abril	Maio	Junho
Recebimentos						
Capital realizado	20 000					
Recebimento de clientes	-	2 000	3 000	6 000	6 000	10 500
Total de Recebimentos	20 000	2 000	3 000	6 000	6 000	10 500
Pagamentos						
Ativos não correntes	8 000					
Inventários	5 000					
Pagamento a fornecedores	-	2 000	4 000	4 000	7 000	7 000
Ordenados	1 600	1 600	1 600	1 600	1 600	1 600
Outras despesas	1 000	1 000	1 000	1 000	1 000	1 000
Total de Pagamentos	15 600	4 600	6 600	6 600	9 600	9 600
Saldo do mês	4 400	(2 600)	(3 600)	(600)	(3 600)	900
Saldo acumulado	-	1 800	(1 800	(2 400)	(6 000)	(5 100)

O orçamento de tesouraria mostra que há um défice de tesouraria no final do semestre de 5 100€ e que há necessidade de recorrer a fundos externos à empresa para solver os seus compromissos de curto prazo.

6. **Demonstração de resultados previsionais, demonstração de fluxos de caixa previsionais e balanço previsional (*master budget*)** — é o culminar do processo de orçamentação, onde convergem todos os orçamentos funcionais aprovados, adotados e executados pela organização, como o orçamento de vendas, orçamento de produção, orçamento de compras, orçamento de marketing, orçamento dos gastos com pessoal e orçamento de gastos gerais.

O *master budget* consiste na elaboração da demonstração de resultados previsional, na demonstração de fluxos de caixa previsional e no balanço previsional, que vão guiar a organização no período de orçamentação.

16.3. AVALIAÇÃO E CONTROLO DA ESTRATÉGIA DE MARKETING

O sucesso de uma organização não depende apenas da estratégia e do processo de planeamento responsável pela fixação de objetivos, do desenho organizacional, que permite a execução adequada das tarefas e de uma direção que lidere e motive os trabalhadores, mas depende também de um sistema de avaliação e controlo eficaz, capaz de detetar os desvios entre o planeado e o executado e tomar as ações corretivas, quando necessárias, para que os planos sejam cumpridos. O principal objetivo da avaliação e controlo é medir o desempenho da organização, assegurar que as atividades são executadas conforme planeadas e que os resultados obtidos correspondem aos resultados previstos.

O controlo de gestão é o processo pelo qual os gestores monitorizam e avaliam o desempenho de uma organização e a medida em que os objetivos são atingidos. Em termos simples, o controlo visa garantir o alcance eficaz dos objetivos organizacionais, através da monitorização das atividades, comparando o desempenho real com os objetivos planeados e procedendo às correções que se imponham para que os objetivos sejam atingidos.

Para medir o desempenho atual é necessário que o gestor disponha de informação adequada. Logo, o primeiro passo no processo de controlo é avaliar o desempenho atual, que pode ser medido através de quatro processos: **observação pessoal, relatórios estatísticos, relatos orais e relatórios escritos.** A observação pessoal pode ser obtida pelos responsáveis aos diversos níveis, questionando diretamente os empregados, permitindo um conhecimento direto da atividade, mas tem a desvantagem da sua impraticabilidade, para além de poder gerar desconfianças e processos obstrutivos.

A utilização dos computadores tem levado a que os gestores privilegiem cada vez mais a utilização de relatórios de controlo de gestão para medir o desempenho real das suas organizações, os quais contêm a comparação mensal entre os objetivos propostos e o desempenho real, a análise dos desvios e possíveis causas dos desvios mais significativos.

As informações pertinentes para o controlo de gestão podem também ser obtidas através do relato oral ou escrito, designadamente através de reuniões, conferências ou contacto pessoal com cada um dos responsáveis das áreas funcionais da empresa.

Quando os desvios ultrapassam o limite da amplitude de variação aceitável (Figura 16.4), o gestor pode tomar uma das seguintes atitudes: não fazer nada, tomar medidas para corrigir o desempenho, ou rever os objetivos. A correção do desempenho pode implicar a tomada de medidas de reestruturação nas diferentes funções aos diversos níveis da gestão ou desenvolver programas de formação ou mesmo tomar medidas disciplinares.

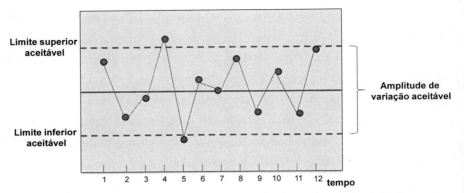

FIGURA 16.4 Definição da Amplitude de Variação Aceitável

A revisão dos objetivos em baixa deve ser muito cautelosa e só deverá ser levada a cabo em último caso e quando se constatar que são manifestamente irrealistas e impossíveis de alcançar, em virtude de terem surgido acontecimentos imprevisíveis que afetam de forma direta a atividade da empresa.

16.3.1. IMPORTÂNCIA DO CONTROLO

Embora o controlo seja a última função do gestor (as outras são o planeamento, a organização e a direção), está longe de ser a menos importante. Pelo contrário, o controlo assume uma importância crítica no processo de gestão, podendo mesmo dizer-se que sem um controlo eficaz, todas as outras funções do gestor perdem o seu significado e mesmo a sua razão de ser. Acresce que, num mundo globalizado e em constante transformação como o que vivemos, o controlo permite às organizações antecipar as alterações do meio envolvente e lidar mais facilmente com a incerteza e as dinâmicas do contexto em que se inserem.

O controlo é uma função administrativa que envolve a monitorização de todas as atividades da organização e garante que todas sejam executadas conforme planeado, identificando os desvios e permitindo a sua rápida correção. Os gestores só podem saber se as atividades estão a ter um desempenho adequado se for feita uma avaliação do desempenho, comparando os objetivos planeados com os realizados.

O controlo é uma função muito importante dos gestores. Todas as outras funções dos gestores são muito importantes, porque permitem definir a estratégia e a fixação dos objetivos, a criação de uma estrutura organizacional eficiente que facilite o alcance dos objetivos e ter equipas motivadas através de uma liderança forte e efetiva, mas de nada vale ter uma boa estratégia, objetivos ambiciosos, uma organização que funciona e equipas motivadas se não se garantir que a estratégia está a ser implementada conforme foi definida e que os objetivos estão a ser atingidos conforme planeado. O controlo é importante porque é o único meio de que dispõem os gestores para saberem se os objetivos organizacionais estão a ser atingidos e, em caso negativo, quais as razões porque não estão a ser cumpridos.

Uma segunda ordem de razões para a existência de um efetivo controlo de gestão prende-se com o facto de proporcionar informação e *feedback* sobre o desempenho dos colaboradores, o que permite antecipar fontes de potenciais problemas. Um controlo de gestão efetivo e eficiente pode também proteger a organização de potenciais problemas e ameaças vindas dos mercados, por permitir alertar antecipadamente para esses problemas logo que surgem no horizonte da empresa.

16.3.2. NÍVEIS DE CONTROLO

O controlo pode e deve ser aplicado a todos os níveis da organização: **nível estratégico, nível tático** e **nível operacional** (Figura 16.5):

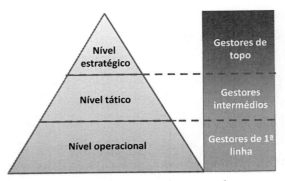

Figura 16.5 Níveis de Controlo

O objetivo do **controlo estratégico** é assegurar que a organização maximize as oportunidades do mercado. O controlo estratégico é feito ao nível da gestão de topo e assume muitas vezes a natureza de auditoria de marketing e abarca o desempenho global de toda a organização, medida por rácios de eficiência, produtividade, rendibilidade, competitividade, inovação, satisfação dos clientes, satisfação dos trabalhadores e dos acionistas. A auditoria de marketing é um exame estruturado e em profundidade de todas as atividades de marketing da empresa com o objetivo de detetar áreas de marketing em que a empresa não está a atingir todo o potencial, bem como aquelas áreas em que a empresa está a desempenhar bem. Com vista a assegurar independência e imparcialidade, muitas empresas recorrem a consultores externos para conduzir a auditoria de marketing.

O **controlo tático** refere-se ao controlo dos objetivos e dos gastos das áreas funcionais da organização, como a gestão financeira, marketing, produção, recursos humanos, entre outras, em função da estrutura organizacional. O controlo ao nível tático permite aos gestores funcionais tomarem decisões específicas atempadas, visando resolver problemas das suas áreas de responsabilidade, tais como evolução do volume de vendas, análise dos custos, resultados de uma campanha publicitária, produtividade dos trabalhadores ou de uma nova máquina, etc.

Se, por exemplo, a rendibilidade das vendas (ROS — Return on Sales) se situar a um nível inferior ao projetado, os gestores intermédios devem averiguar as razões porque não foi atingida e tomar ou reforçar as medidas corretvias que se revelarem necessárias.

O **controlo operacional** refere-se ao controlo das atividades operacionais ao nível dos gestores de primeira linha, como tempos de paragem da produção, análise das devoluções, tempo de resposta às reclamações dos clientes, análise dos produtos defeituosos, tempo de realização de um pedido, qualidade do atendimento, etc.

16.4. TIPOS DE CONTROLO

Dada a diversidade de atividades de uma organização, os gestores só podem avaliar o seu desempenho se usarem instrumentos e métodos adequados de controlo. Neste ponto, vamos analisar os principais métodos e instrumentos de controlo do desempenho organizacional, destacando-se os métodos tradicionais de controlo financeiro, como o *tableau de bord*, análise do ponto crítico de vendas (*breakeven point*), sistemas de informação de gestão, auditoria e os métodos modernos de controlo de gestão, como *balanced scorecard, benchmarking* e novas tendências do controlo de gestão, como o valor económico acrescentado (*Economic Value Added-EVA*, o custo baseado na atividade (*Activity--Based Costing-ABC*), o valor de mercado acrescentado (*Market Value--Added-MVA*) e os princípios de governança das empresas (*Corporate Governance*).

16.4.1. MÉTODOS TRADICIONAIS DE CONTROLO DE GESTÃO

O controlo financeiro é a forma mais tradicional de controlo do desempenho organizacional. Em qualquer tipo de organização, os gestores precisam de conhecer o desempenho financeiro da organização. Este tipo de controlo, para além de avaliar a situação económico-financeira da organização e de medir os impactos financeiros das atividades económicas da empresa, pode também fornecer indicações muito úteis sobre outro tipo de problemas, como constatar que o declínio das vendas poder ser um sinal de que existem problemas noutras áreas da organização, como problemas relacionados com os produtos, com os preços, com a qualidade do serviço prestado aos clientes ou a eficácia da força de vendas.

Análise do Ponto Crítico de Vendas (*Breakeven Point*)

O **ponto crítico de vendas** ou **ponto de equilíbrio** (*breakeven point*) corresponde ao nível de atividade em que os gastos totais (gastos fixos mais gastos variáveis) são iguais ao volume de vendas, ou seja, é o nível de atividade que permite igualar os resultados de exploração a zero. Esta medida é fundamental, uma vez que indica qual o nível de atividade correspondente ao limiar da viabilidade económica — capacidade de gerar fundos de exploração suficientes para satisfazer os interesses dos credores externos e dos acionistas (Figura 16.6):

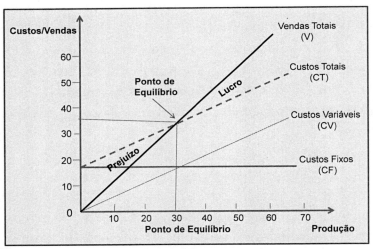

FIGURA 16.6 Ponto de Equilíbrio

Podemos calcular a quantidade relativa ao ponto crítico económico, que corresponde à quantidade mínima que é preciso vender para que a margem sobre os gastos variáveis cubra os gastos fixos. Neste caso, temos o ponto crítico de vendas em quantidades (ponto crítico económico):

$$P \times PCE = CVu \times PCE + CF, \text{então}$$

$$PCE (P - CVu) = CF$$

$$\text{Ponto Crítico Económico} = \frac{CF}{(P - CVu)}$$

O montante do volume de vendas que excede os gastos variáveis totais representa a margem de contribuição (MC). Logo, a diferença entre o preço de venda unitário e o custo variável por unidade (P-CVu) representa a margem de contribuição por unidade de produto. Conhecendo-se a margem de contribuição unitária, basta dividir os gastos fixos totais pela margem de contribuição unitária para se obter o ponto crítico de vendas.

O ponto crítico de vendas pode também ser calculado em valor:

$$V \times PCV = CV \times PCV + CF, \text{então}$$

$$V \times PCV - CV \times PCV = CF, \text{donde}$$

$$PCV (V - CV) = CF$$

$$\text{Ponto Crítico Valor} = \frac{CF}{(V - CV)}$$

$$\text{Ponto Crítico Valor} = \frac{CF}{1 - \dfrac{CV}{V}}$$

Em que:

CF = Gastos fixos
V   = Vendas
P   = Preço de venda
CV = Gastos variáveis
Cvu = Gasto variável unitário

Para se determinar o volume de vendas necessário para cobrir os gastos fixos é necessário conhecer o preço de venda por unidade, os custos variáveis por unidade e o total dos custos fixos. Por exemplo, para os seguintes dados, calcula-se o ponto crítico do seguinte modo:

Preço de venda	8 Euros
Gastos variáveis unitários	3 "
Gastos fixos totais	3 000 "

A margem de contribuição por unidade é 5 euros (8 – 3), logo, para se encontrar o ponto de equilíbrio em quantidades basta dividir os custos fixos pela margem de contribuição unitária:

$$\text{Ponto crítico de vendas} = \frac{3\ 000}{5} = 600 \text{ unidades}$$

Se a empresa tiver gastos fixos de 3 000 euros e pretender obter um lucro de um de 4 000 euros, quando o volume de vendas necessário? Com esta estrutura de custos, para atingir esse lucro, a margem de contribuição terá que ser 700 euros (300 + 400). Para atingir esse lucro terá que vender 1 400 unidades:

$$\text{Volume de vendas necessário} = \frac{7\ 000}{5} = 1\ 400 \text{ unidades}$$

16.4.2. MÉTODOS MODERNOS DE CONTROLO DE GESTÃO

A partir de meados da década de oitenta deu-se o início da era da informação, com o aparecimento dos primeiros computadores pessoais e da internet, que permitiu aceder a outros computadores e partilhar a informação. As economias dos países desenvolvidos estavam em crescimento, as organizações expandiam-se, aumentando os seus mercados. Enfim, entrava-se na era da globalização.

Medir o valor de uma empresa já não podia ser feito apenas através do somatório dos seus ativos, ou através dos indicadores tradicionais da era industrial, como o ROI (*Return on Investment*), ROA (*Return on Assets*), ROE (*Return on Equity*) ou EPS (*Earnings Per Share* — rácio de rendibilidade que mede o lucro líquido por ação). Os valores intangíveis, como as marcas, a quota de mercado, o nível tecnológico, a qualidade da gestão e dos recursos humanos e a fidelização dos clientes, começavam a ter uma importância crescente na quantificação do valor de uma empresa.

Paralelamente gerir uma empresa com várias unidades de negócio, centenas ou milhares de trabalhadores e inúmeros produtos produzidos e colocados no mercado, constituía uma tarefa difícil e complexa, que era absolutamente necessário simplificar, de modo a que, com uma rápida análise, se verificasse o nível de desempenho e o grau de cumprimento dos objetivos. Como consequência, surgiram novos métodos de controlo de gestão que fazem recurso a novos indicadores que visam suprir as deficiências dos tradicionais indicadores financeiros, tais como *balanced scorecard*, auditoria interna (*due dilligence*), *benchmarking* ou *corporate governance*.

Balanced Scorecard (BSC)

Depois de analisarem algumas empresas e de verificarem que os indicadores financeiros, se bem que essenciais, não eram suficientes para medir o desempenho das organizações, Robert Kaplan e David Norton, o primeiro professor da *Universidade de Harvard* e o segundo consultor de empresas em Boston, desenvolveram em 1992 uma metodologia estratégica que juntava não só indicadores financeiros, mas também indicadores sobre clientes, processos internos e capacidade de aprendizagem e crescimento, todos ligados à missão da empresa e trabalhando coordenadamente para atingir os objetivos estratégicos previamente definidos (Kaplan e Norton, 1992). Esta nova abordagem ficou conhecida como **balanced scorecard.**

Esta abordagem é uma nova forma de avaliar o desempenho organizacional, que procura integrar quatro perspetivas que contribuem para o desempenho da organização e são a base do sistema de gestão estratégica do *balanced scorecard*:

1. Como os acionistas veem a organização (**perspetiva financeira**).
2. Como os clientes veem a organização (**perspetiva dos clientes**).
3. Como a organização se vê a ela própria (**perspetiva dos processos internos**).
4. A organização pode aprender e crescer para melhorar e criar valor (**perspetiva da capacidade de inovação, de aprendizagem e de crescimento**).

Kaplan e Norton apontam quatro caraterísticas do *balanced scorecard* que o diferenciam dos outros instrumentos de controlo de gestão e o tornam mais apropriado para os gestores:

a. Trata-se de uma reflexão sobre a missão e a estratégia da empresa. A maioria das empresas controla o desempenho das atividades e processos sem olhar para a estratégia que foi definida.
b. Está voltado para o sucesso futuro. Os indicadores financeiros tradicionalmente analisam o comportamento passado da empresa, mas dão poucas indicações sobre como irá evoluir no futuro.
c. Integra indicadores externos e internos.
d. Auxilia a organização a focar-se na sua estratégia e a atingir os objetivos considerados críticos.

De acordo com esta abordagem, se a organização é capaz de descrever, de forma compreensiva, a sua estratégia e de a comunicar através dos diversos níveis organizacionais, então as possibilidades de a implementar com sucesso aumentam consideravelmente. De acordo com Kaplan e Norton (2001), quando uma organização define a sua visão estratégica deve traduzi-la num mapa estratégico, que inclui relações quantificadas com indicadores escolhidos de acordo com as quatro perspetivas organizacionais referidas. É uma perspetiva mais alargada do que a perspetiva tradicional, traduzida no *tableau de bord*, que contempla apenas a avaliação do desempenho económico-financeiro da organização, mais vocacionado para proporcionar uma visão histórica do desempenho organizacional.

O *balanced scorecard* procura alinhar a estratégia e as atividades operacionais da empresa de forma a garantir que os objetivos estratégicos definidos para cada uma das quatro perspetivas sejam atingidos. Para isso desenvolve um conjunto de medidas de desempenho e coloca quatro questões relativas às quatro perspetivas do negócio (Figura 16.7):

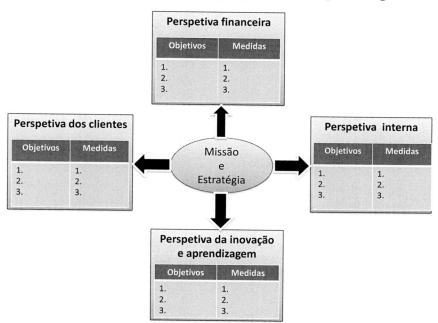

FIGURA 16.7 *Balanced Scorecard*

As quatro perspetivas procuram encontrar respostas para as seguintes questões:

- **Perspetiva financeira** — qual a imagem da empresa perante os investidores?
- **Perspetiva dos clientes** — como os clientes vêem a empresa?
- **Perspetiva interna** — em que áreas ou processos a empresa deve ser excelente?
- **Perspetiva de inovação, aprendizagem e crescimento** — como a empresa pode desenvolver a capacidade de aprendizagem, inovação e crescimento?

Com base nestas questões, a empresa deve fixar os seus objetivos, definir metas e criar indicadores que, de forma integrada, criem relações de causa-efeito que permitam desenvolver a sua missão. Os indicadores financeiros são importantes, mas devem ser complementados com outros indicadores que consigam prever o sucesso no futuro (Niven, 2006).

A partir de uma visão integrada de uma organização, o *balanced scorecard* avalia o desempenho nas diversas perspetivas em que pode ser encarada a atividade da organização. Cada uma das perspetivas deve ter os seus objetivos previamente definidos, bem como os indicadores que vão aferir a evolução da organização, comparando com os resultados obtidos.

A **perspetiva financeira** foca o impacto das atividades da organização no seu desempenho financeiro, utilizando, para além dos indicadores tradicionais, como o lucro operacional ou a margem de contribuição, as seguintes medidas de rendibilidade:

- *Economic value-added* (EVA), que é uma estimativa de resultados depois de feitos ajustamentos, como o custo de oportunidade do capital.
- *Return on Assets* (ROA*)*, *Return on Equity* (ROE), *Return on Investment* (ROI), que indicam a capacidade da empresa em criar valor, designadamente para os acionistas.
- *Valor atual líquido* (VAL), que analisa a viabilidade do investimento feito pela empresa.

AVALIAÇÃO E CONTROLO DA ESTRATÉGIA DE MARKETING | 351

- Taxa interna de rendibilidade (TIR), que analisa a rendibilidade do investimento feito pela empresa.

A **perspetiva dos clientes** procura avaliar como os clientes percebem a organização, utilizando indicadores como o grau de satisfação dos clientes, retenção de clientes, rendibilidade dos clientes, quota de mercado e imagem da organização. Como princípio geral, podemos dizer que clientes rendíveis em segmentos de mercado alvo são de manter, clientes que estão em segmentos não prioritários há que monitorizar e clientes não rendíveis em segmentos não prioritários são de eliminar.

A **perspetiva dos processos internos** foca os processos operacionais da organização, como a eficiência dos processos de fabrico, a redução do ciclo de produção, a produtividade, a redução dos custos, a redução do tempo de execução das encomendas, indicadores de rotação de ativos, qualidade dos produtos fabricados e serviço pós venda. De uma forma geral, os sistemas tradicionais preocupam-se fundamentalmente em controlar os procedimentos existentes. Kaplan & Norton (1996) referem a possibilidade de se considerar novos processos internos que satisfaçam necessidades futuras dos clientes, desenvolvendo novas soluções. Desde a fase de desenvolvimento de novos produtos até à fase pós-venda, as empresas desenvolvem inúmeros processos internos, como a seleção dos fornecedores de matérias-primas (*procurement*), o processo produtivo, a efetivação das encomendas e a distribuição dos produtos. Todos estes processos internos devem obedecer a critérios de eficácia e eficiência de modo a que a empresa seja competitiva.

Por último, a **perspetiva de inovação, aprendizagem e crescimento** procura avaliar como os recursos e o capital humano são utilizados para que a organização consiga inovar e crescer de forma sustentável, utilizando indicadores como o grau de satisfação dos colaboradores, retenção dos colaboradores, motivação, clima organizacional e produtividade dos empregados. Um trabalhador motivado e que tenha bom ambiente de trabalho tem maior produtividade. Um bom indicador para este aspeto é o número de sugestões dadas e implementadas por empregado.

Kaplan & Norton (1996) sugerem que estas quatro perspetivas devem ser abordadas sequencialmente. A empresa deve começar por apurar qual é a sua imagem perante os acionistas e qual a imagem que gostaria de ter (perspetiva financeira). Depois é possível começar a explorar o que a empresa deveria oferecer ao mercado de modo a atingir os objetivos estratégicos definidos (perspetiva dos clientes). De seguida, temos a perspetiva interna que visa averiguar onde a empresa se deve distinguir de modo a atingir a estratégia e criar valor (perspetiva dos processos internos). Esta fase tem a ver com a necessidade de encontrar respostas para questões como deve ser a estrutura da empresa, que métodos e processos devem ser implementados, que competências nucleares tem a empresa e quais as que têm que ser desenvolvidas. Finalmente, a quarta questão refere-se à perspetiva da inovação e aprendizagem, que é a mais difícil de programar porque está voltada para o futuro. Esta perspetiva exige que a empresa específique a forma como vai continuar a inovar e a criar valor.

Kaplan e Norton (1996) sugerem que o *balanced scorecard* não foi concebido para fazer o controlo do dia-a-dia da organização, pelo que deve conter um número limitado de indicadores, sendo o número ideal por perspetiva entre 4 e 7 indicadores, totalizando não mais de 25 indicadores. Esta abordagem permite que, numa simples folha, que Kapan e Norton chamam **mapa estratégico**, seja possível condensar a informação pertinente relativa aos impactos financeiros da estratégia da empresa, a informação sobre os clientes, o desempenho e eficiência da empresa, a qualidade dos produtos oferecidos e a capacidade de trabalhar em grupo e de motivar os trabalhadores (Figura 16.8):

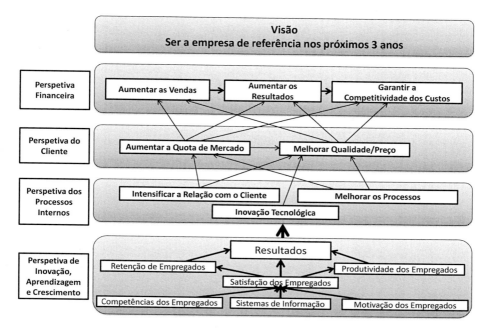

FIGURA 16.8 Exemplo de um Mapa Estratégico

O *balanced scorecard* oferece aos gestores informação rapidamente apreensível, que traduz a visão e a estratégia da empresa num conjunto coerente de indicadores interligados de desempenho organizacional (Kaplan e Norton, 1996). Os indicadores devem ser criteriosamente escolhidos e ser os mais adequados à estratégia da empresa.

A construção dos indicadores é muito importante, devendo haver a preocupação de construir um mix de vários tipos de indicadores (Kaplan e Norton, 1998). Para auxiliar na escolha das melhores medidas para o *balanced scorecard*, Niven (2008) criou uma folha onde as medidas podem ser avaliadas de acordo com critérios criteriosamente escolhidos em função dos objetivos pretendidos (Figura 16.9):

Balanced Scorecard Seleção dos Indicadores de Desempenho									
Perspectiva	Ligação à Estratégia	Fácil	Causa e Efeito	Frequência de atualização	Acessível	Fiável	Quantitativa	Funcional	Comentários
Clientes									
Medida 1 Medida 2...									
Processos Internos									
Medida 1 Medida 2...									
Inovação, Aprendizagem e Crescimento									
Medida 1 Medida 2...									
Financeira									
Medida 1 Medida 2...									

FIGURA 16.9 Folha para Selecionar Medidas do *Balanced Scorecard*

A implementação de um sistema de *balanced scorecard* obedece às seguintes etapas:

Etapa 1 — Definição dos objetivos e arquitetura do sistema

O objetivo desta etapa é compreender o negócio e a visão do futuro, bem como definir as orientações estratégicas e analisar a coerência da estratégia com os objetivos e com a visão do negócio.

Etapa 2 — Definição das inter-relações dos objetivos estratégicos

Esta etapa visa alocar os objetivos estratégicos nas quatro perspetivas do *balanced scorecard*, correlacionando-os entre si.

Etapa 3 — Definição dos indicadores que refletem os fatores críticos de sucesso

O objetivo desta etapa é identificar os indicadores que melhor traduzem a estratégia e melhor servem para controlar a execução das perspetivas de negócio.

Etapa 4 — Elaboração de um plano de implementação

Uma vez definidos os indicadores associados a cada perspetiva, definir as metas, os planos de ação e a identificação dos responsáveis pela sua implementação.

Auditoria de Marketing

Auditoria é um processo que consiste no exame cuidadoso, sistemático e independente das atividades desenvolvidas por uma organização e que tem como objetivo avaliar a eficiência e a eficácia dos vários sistemas da organização. É uma ferramenta que pode ser utilizada para controlar e avaliar qualquer atividade ou processo organizacional, fornecendo informação para a tomada de decisões estratégicas e operacionais.

Nas transações comerciais, o processo de auditoria pode avaliar diversas atividades em todas as áreas funcionais, como a fiabilidade da informação financeira, a eficiência dos processos produtivos, a qualidade dos produtos ou serviços, o desenvolvimento de recursos humanos, a situação comercial e de marketing, o património, entre muitas outras áreas organizacionais.

A auditoria pode ser realizada pela própria organização ou por auditores externos. Quando realizada pela própria organização chama-se auditoria interna (*due dilligence*) e quando realizada por uma entidade externa à organização chama-se auditoria externa.

A auditoria interna consiste num processo de verificação e avaliação dos sistemas e procedimentos realizada pela própria organização. O seu objetivo é examinar e avaliar a adequação e a eficácia dos controlos internos, a fim de minimizar as possibilidades de fraudes, erros ou práticas ineficazes. A auditoria interna deve ser independente na organização e reportar diretamente ao presidente do conselho de administração. A auditoria interna tem como objetivos:

- Avaliar a eficácia dos sistemas de controlo interno, bem como contribuir para o seu aperfeiçoamento.

- Verificar se as normas internas estão a ser cumpridas e se existe necessidade do seu melhoramento.
- Garantir que os ativos da organização estão a ser utilizados adequadamente e protegidos de qualquer uso indevido.
- Garantir a fiabilidade da informação financeira.

A auditoria externa é realizada por auditores externos à organização, o que lhe confere uma maior credibilidade, isenção e independência, na medida em que os auditores são independentes por não fazerem parte da organização. Atualmente, a auditoria externa abrange várias áreas da gestão, como auditoria de sistemas, auditoria de recursos humanos, auditoria de qualidade, auditoria contabilística, auditoria financeira, auditoria fiscal e auditoria jurídica.

Benchmarking

Benchmarking é o processo contínuo de medir e comparar as práticas e métodos de trabalho de uma organização com as de outras organizações reconhecidas como líderes do setor, de forma a identificar fatores que conduzem a um desempenho superior. A ideia básica em que se baseia o *benchmarking* é que os gestores podem melhorar o desempenho das suas organizações analisando e copiando os métodos das organizações líderes em vários domínios. No fundo, a ideia de *benchmarking* baseia-se no conceito popular de que não vale a pena inventar o que já foi inventado. Implica uma mente aberta no sentido de aprender o que os concorrentes e não concorrentes fazem melhor do que a nossa organização, com o objetivo não só de imitar, mas de fazer ainda melhor.

Existem três modalidades de *benchmarking:*

- ***Benchmarking organizacional*** — compara uma organização com outras similares com vista a identificar as melhores práticas de gestão.

- **Benchmarking de desempenho** — compara o desempenho da organização com outras similares, utilizando indicadores de desempenho.

- **Benchmarking de processo** — compara os processos e atividades organizacionais, interna e externamente, utilizando indicadores qualitativos e quantitativos.

O processo *benchmarking* envolve as seguintes etapas:

1. Identificar e decidir o que pretendemos imitar (*benchmark*) e obter dados internos e externos.
2. Analisar os dados para identificar áreas de melhoria dos resultados ou dos processos.
3. Selecionar um conjunto dos melhores concorrentes com quem a nossa empresa se pretende comparar.
4. Calcular as diferenças entre as medidas de desempenho da nossa empresa com o desempenho dos melhores e determinar porque existem as diferenças.
5. Desenvolver programas para eliminar as diferenças.
6. Implementar os programas e depois comparar os resultados da empresa com os resultados dos melhores.

Em suma, o *benchmarking* pode servir tanto como um método de diagnóstico, permitindo identificar áreas e processo que carecem de melhoria, como uma ferramenta de aperfeiçoamento contínuo dos produtos, dos serviços ou dos processos organizativos, por meio da comparação com organizações consideradas excelentes.

16.5. NOVAS TENDÊNCIAS DO CONTROLO DE GESTÃO

Muitas empresas estão a reagir às mudanças do meio envolvente global e à crescente concorrência internacional, através da introdução de novos mecanismos de controlo de gestão, como o **Valor Económico Acrescentado (*Economic Value Added-EVA*), o Custo Baseado na Ativi-**

dade (*Activity-Based Costing-ABC*), o Valor de Mercado Acrescentado (*Market Value-Added-MVA*) e princípios de Governança das Empresas (*Corporate Governance*).

Economic Value-Added (EVA)

O Valor Económico Acrescentado (*Economic Value-Added-EVA*) pode definir-se como o resultado operacional líquido depois de impostos, menos o custo do capital investido nos ativos tangíveis não correntes. Com o cálculo EVA, pretende-se saber que valor é criado para a organização pelos ativos tangíveis não correntes que lhe são colocados à disposição, o que significa que se pretende averiguar se a taxa de rendibilidade dos investimentos é superior ou inferior ao custo do capital.

A fórmula para o cálculo de EVA é a seguinte:

EVA= Resultado Operacional Após Impostos — (Capital x Custo Capital Investido)

Ao medir o desempenho de uma organização em termos de EVA, pretende-se averiguar o que a empresa pode fazer para acrescentar valor às suas atividades, tais como gerir o negócio de uma maneira mais eficiente, satisfazer melhor os clientes e remunerar melhor os acionistas. Cada departamento, cada processo ou cada projeto é avaliado pelo valor acrescentado para a organização. O cálculo de EVA pode ajudar os gestores a tomar decisões mais eficientes. Quando um projeto não é rendível, a escolha é investir menos capital nesse projeto ou investir em projetos com rendibilidade mais elevada.

Custeio Baseado na Atividade (*Activity-Based Costing-ABC*)

Os gestores só devem produzir produtos e serviços se estiverem convictos de que podem vender esses produtos ou serviços por um preço superior ao custo. Tradicionalmente os métodos de custeio imputam custos aos vários departamentos ou funções, tais como, compras, produção, serviços financeiros, *marketing* e recursos humanos.

Recentemente, em organizações mais flexíveis, tem surgido uma nova abordagem de custeio, designada por **Custeio Baseado na Atividade** (*Activity-Based Costing*), que é um método de custeio que consiste na identificação das várias atividades necessárias para obter um produto ou serviço e na alocação de custos indiretos (*overheads*) e custos diretos aos produtos ou linhas de produtos, baseado nas atividades que acrescentam valor ao produto. Um sistema de custeio baseado na atividade reconhece a relação entre custos, atividades e produtos e através desta relação atribui os custos indiretos aos produtos menos arbitrariamente do que os métodos tradicionais.

Ao alocar os custos por atividades de negócio, a abordagem ABC dá uma imagem mais realista dos custos dos vários produtos ou serviços. Adicionalmente permite aos gestores avaliar se os principais custos são imputáveis a atividades que acrescentam valor ou a atividades que não criam valor, podendo incidir os seus esforços na redução de custos associados a atividades que não acrescentam valor (Figura 16.10):

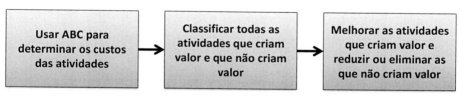

FIGURA 16.10 Gestão Baseada na Atividade e Cadeia de Valor

O método ABC permite imputar os custos mais adequadamente do que o método tradicional, porque faz uma alocação de custos mais precisa do que o método tradicional de custeio, que incide na avaliação dos inventários para efeitos de reporte financeiro.

Market Value-Added (MVA)

O **Valor de Mercado Acrescentado** (*Market Value-Added (MVA)* é a diferença entre o valor de mercado de uma empresa e o valor do capital investido e dos investimentos projetados pelos investidores. O MVA mede o valor de mercado estimado do valor atualizado líquido dos investimentos efetuados e dos projetos de investimento esperados.

A fórmula para medir o MVA é:

MVA = Valor de Mercado da Empresa — Capital Investido

Na Figura 16.11 é apresentada a composição do MVA:

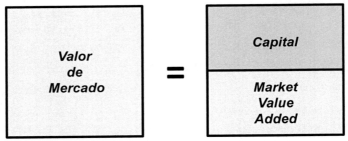

Figura 16.11 Decomposição do MVA

Para calcular o MVA procede-se do seguinte modo:
1. Soma-se todo o capital investido na empresa, quer provenha de acionistas, de entidades financiadoras ou de lucros retidos.
2. Reclassifica-se alguns gastos, como o I&D e a formação, para refletir que se trata de investimentos e não despesas.
3. Soma-se ao valor atual de mercado o total das dívidas da empresa e obtém-se o valor de mercado da empresa.

Se o valor de mercado é superior ao capital investido, significa que a empresa tem um MVA positivo. Se o MVA é positivo, significa que a empresa acrescenta valor; se for negativo, a empresa destrói valor, o que significa que os gestores não rendibilizaram os capitais que lhes foram disponibilizados pelos investidores. Quanto maior for o MVA, melhor será o desempenho esperado da empresa no que diz respeito ao aumento do valor do investimento feito pelos acionistas.

16.6. ORGANIZAÇÃO DE MARKETING

A estrutura organizacional assume um papel importante no controlo de marketing. Tem havido grande interesse nos últimos anos sobre a forma como as organizações se estruturam com vista a manterem a sua viabilidade à luz da competitividade no mercado.

As organizações podem adotar uma variedade de estruturas de marketing. A Figura 16.12 mostra a **estrutura funcional organizada por** funções, onde as tarefas e responsabilidades de marketing estão claramente definidas.

FIGURA 16.12 Estrutura Funcional

A desvantagem deste tipo de estrutura é que o excesso de áreas de marketing pode dificultar as possibilidades de controlo e as linhas diretas de comunicação, o que levanta problemas de coordenação e controlo por parte do diretor de marketing. Este tipo de estrutura é adequado para pequenas empresas com um só produto ou um só mercado.

As Figuras 16.13 e 16.14 mostram estruturas especializadas organizadas por gestão de marcas ou de produtos ou serviços.

FIGURA 16.13 Estrutura Organizada por Gestão da Marca

FIGURA 16.14 Estrutura Organizada por Produto ou Serviço

A principal desvantagem deste tipo de estruturas é a duplicação de funções e a necessidade de reportar a dois responsáveis. É adequada quando existe uma linha de produtos limitada, estandardizada e homogénea que vende para clientes em diferentes países.

A Figura 16.15 representa uma organização combinada de produto, serviço e mercado que tem a vantagem da integração das estruturas funcional por produtos e serviços e mercados. Tem desvantagens de ser difícil a alocação de responsabilidades e de duplicar as deficiências de cada uma delas. Contudo, tem-se revelado a melhor estrutura para empresas com múltiplos produtos que trabalham em múltiplos mercados.

FIGURA 16.15 Estrutura Organizada do Mercado

16.7. AVALIAÇÃO DA ESTRATÉGIA DE MARKETING

O objetivo de qualquer empresa é conseguir e manter vantagem competitiva sustentável. São fontes de vantagem competitiva conseguir produzir bens ou serviços a custos mais baixos que os concorrentes, ou diferenciar o produto, de modo que a diferença seja valorizado pelo cliente e esteja disposto a pagar mais pelo produto.

Para os concorrentes que são capazes de alcançar uma posição de custo mais baixo, o que têm que fazer é criar valor superior para o cliente, procurando oferecer no mercado um produto de melhor qualidade ou mais atrativo para o cliente. Se não tem capacidade para produzir a custos mais baixos, designadamente pela pequena dimensão que não permite economias de escala, então o que tem a fazer é diferenciar o produto por forma a criar valor para o cliente e que este valorize a diferença e esteja disposto a pagar um preço superior pelo produto.

Porter diz que estas duas estratégias são mutuamente exclusivas e o pior que pode acontecer a uma empresa é ter uma estratégia indefinida, o que significa ficar entalado entre as duas estratégias (*stuck in the middle*), com custos mais elevados e sem uma verdadeira diferenciação do produto, que não é valorizada pelo cliente. Esta posição parece verdadeira na década de 80, quando Porter desenvolveu a sua teoria, mas atualmente afigura-se ultrapassada pelo desenvolvimento das novas tecnologias de produção. De acordo com experiências recentes de empresas como a Dell e Amazon, parece mesmo desejável que as empresas desenvolvam simultaneamente as duas estratégias e pode mesmo ser a chave para sobreviverem e terem sucesso neste mercado altamente competitivo.

Para avaliar o desempenho das empresas que desenvolvem as duas estratégias genéricas — produzir as custos mais baixos e/ou proporcionar um valor superior para o cliente — os resultados da estratégia poderão ser avaliados por um conjunto de variáveis mensuráveis de diversa natureza, que constituem os fundamentos do controlo de marketing.

16.7.1. MEDIDAS FINANCEIRAS

O controlo financeiro é a forma mais tradicional de avaliar o desempenho das organizações. Em qualquer tipo de organização, os gestores precisam de conhecer o desempenho financeiro da organização.

Método dos Rácios

A análise da situação económico-financeira pelo método dos rácios é a forma mais tradicional de avaliar o desempenho das organizações. Este tipo de análise, para além de avaliar a situação económico-financeira da organização e de medir os impactos financeiros das atividades económicas da empresa, pode também fornecer indicações muito úteis sobre outro tipo de problemas, como constatar que o declínio das vendas pode ser um sinal de que existem problemas noutras áreas da organização, como problemas relacionados com os produtos, com os preços, com a qualidade do serviço prestado aos clientes ou a eficácia da força de vendas.

As demonstrações financeiras podem ser utilizadas pelos gestores, mas também pelos acionistas, investidores, clientes, instituições financeiras e outros *stakeholders,* para avaliar o desempenho da organização, analisar a sua evolução ao longo do tempo e comparar o seu desempenho com os seus concorrentes (*benchmark*). Estas comparações capacitam o gestor a saber se a organização está a cumprir os objetivos, se o desempenho das suas atividades está a decorrer conforme estimado e se é competitiva relativamente aos concorrentes.

A análise mais comum da evolução da situação económico-financeira de uma organização é feita pelo método dos rácios, que se podem agrupar nas seguintes categorias:

- **Rácios de liquidez,** designadamente rácios de liquidez geral, liquidez reduzida e liquidez imediata, que traduzem a capacidade da organização de solver os seus compromissos de curto prazo.
- **Rácios de estrutura,** designadamente rácios de autonomia e solvabilidade, que traduzem a capacidade da organização de solver os seus compromissos de longo prazo.
- **Rácios de atividade,** designadamente prazos médios de recebimento, de pagamento e de duração média de inventários, que traduzem a capacidade da organização de cumprir a política de crédito definida.
- **Rácios de rendibilidade,** designadamente rendibilidade do Capital Próprio (*Return on Equity*-ROE), rendibilidade do Ativo (*Return on Assets*-ROA), rendibilidade do Investimento (*Return on Investment*-ROI) e rendibilidade das Vendas (*Return on Sales*-ROS), que permitem avaliar o nível de rendibilidade da organização.

Há uma grande variedade de medidas e indicadores que podem ser usados para perceber a situação financeira do negócio. A Figura 16.16 resume alguns dos rácios financeiros mais comuns, que medem a liquidez, a atividade, a rendibilidade, o grau de utilização dos recursos e a estrutura financeira de uma organização:

Rácios de Liquidez		
Liquidez Geral (Current Ratio)	Ativo Corrente/Passivo Corrente	
Liquidez Reduzida (Acid Test)	Ativo Corrente-Inventários/Passivo Corrente	
Liquidez Imediata	Caixa+Depósitos Bancários/Passivo Corrente	
Rácios de Atividade		
Prazo médio de Recebimentos (PMR)	Clientes/(Vendas + Prest. de Serviços) × 360 dias	
Prazo Médio de Pagamentos (PMP)	Fornecedores/(Compras + FSE) × 360 dias	
Duração Média dos Inventários (DMI)	Inventários MP/Consumo MP × 360 dias	
Rácios de Rendibilidade		
Margem de Lucro das Vendas	Resultado Líquido/Vendas	
Rendibilidade do Capital Próprio (ROE)	Resultado Líquido Depois Impostos/Capital Próprio	
Rendibilidade do Ativo (ROA)	Resultado Líquido Depois Impostos/Ativo Total	
Rendibilidade do Investimento (ROI)	Resultado Líquido Depois Impostos/Investimento	
Rácios de Rotação		
Rotação do Ativo	Vendas/Ativo Total	
Rotação dos Inventários	Vendas/Inventários	
Rácios de Estrutura		
Rácio de Autonomia Financeira	Capital Próprio/Ativo Total	
Rácio de Solvabilidade	Capital Próprio/Passivo	
Rácio de Endividamento	Passivo/ Capital Próprio + Passivo	

FIGURA 16.16 Rácios de Análise Económico-Financeira

Os **rácios de liquidez** indicam a capacidade de uma organização para solver os seus compromissos de curto prazo. Por exemplo, se uma empresa tem um ativo corrente de €500 000 e um passivo corrente de €200 000, o rácio de liquidez geral é de 2,5, o que significa que os créditos a receber no prazo de um ano são suficientes para liquidar os débitos a pagar também no mesmo período. O valor usual para o rácio de liquidez geral é 2, o que significa que os valores a receber no ano seguinte devem ser o dobro das dívidas a pagar no mesmo período. Para o rácio de liquidez reduzida o valor usual é 1, o que significa que as disponibilidades mais os valores a receber dos clientes são suficientes para acorrer às dívidas a pagar no prazo de um ano.

Os **rácios de atividade** medem o desempenho interno de uma organização relativamente a cada uma das atividades definidas pela gestão, designadamente os prazos médios de recebimento e de pagamento e a duração média dos inventários, quer seja de matérias-primas, de produtos acabados ou de mercadorias.

Os gestores analisam a rendibilidade da empresa através dos **rácios de rendibilidade,** que descrevem a rendibilidade da empresa em termos da fonte de lucros considerada, como a rendibilidade do capital próprio (ROE), a rendibilidade do ativo total (ROA) ou a rendibilidade das vendas (ROS). Um rácio de rendibilidade importante é a **margem operacional**, que é dado pelo quociente entre o resultado operacional líquido do período e o volume de vendas. Outro rácio de rendibilidade é a **rendibilidade do ativo total** (*Return on Assets*-ROA), que representa o que a empresa ganha dos seus investimentos totais (ativos), calculado pelo quociente entre o resultado líquido do período e o ativo total. É um rácio importante porque permite comparar o que a empresa ganha investindo na empresa comparativamente a outras oportunidades de investimento. Em termos de racionalidade económica, a empresa deve ser capaz de ganhar mais usando os seus ativos no negócio do que se aplicasse esses fundos em depósitos bancários.

Dos **rácios de estrutura** destacamos os **rácios de solvabilidade total** e de **autonomia financeira** que são muito importantes, uma vez que fornecem indicações sobre a estrutura de financiamento da empresa. O rácio de **autonomia financeira** permite observar qual o peso do capital próprio no financiamento do total das aplicações ou do ativo. Quanto maior for este rácio, maior é a solidez financeira da empresa e maior será a sua capacidade para cumprir os seus compromissos. O valor normal indicativo para este rácio será da ordem dos 33%, ou seja, o capital próprio deve representar, no mínimo, um terço do ativo. A **solvabilidade total** é um rácio que permite igualmente avaliar a estrutura de financiamento da empresa, colocando em evidência a proporção dos capitais investidos pelos acionistas/sócios face aos capitais provenientes de entidades externas (capitais alheios). O valor normal indicativo deste rácio será de 50%.

16.7.2. MÉTRICAS DE MARKETING

Para além das medidas financeiras, o sucesso do desempenho das empresas deve também ser avaliado por outras medidas de marketing, como o aumento da quota de mercado, o grau de satisfação do cliente e lealdade do cliente, com vista a atingir uma posição de vantagem competitiva. Uma empresa que oferece aos clientes os benefícios de uma oferta diferenciada ou oferece produtos a custo mais baixo terá clientes satisfeitos e clientes satisfeitos tendem a ser leais às empresas que os satisfazem plenamente e dão-lhes primazia.

Muitos gestores dão mais atenção aos resultados da quota de mercado e à rendibilidade, por razões óbvias: os resultados são imediatos e mais fáceis de medir e os gestores são remunerados e gratificados diretamente em função do aumento dos resultados. Os gestores estão também inclinados a concordar que a satisfação e lealdade do cliente são importantes e atendem também à quota de mercado e indicadores de rendibilidade como ROI e ROE, mas consideram que estes conceitos são vagos e difíceis de medir.

Quota de Mercado

A quota de mercado obtém-se dividindo o volume de vendas da empresa pelo total das vendas do setor ou da indústria. O aumento da quota de mercado é um dos objetivos mais usados pelas empresas. Pode ser obtida dividindo as vendas no mercado pelo total das vendas do setor ou da indústria onde a empresa opera ou dividindo a quantidade de unidades vendidas pela empresa pelo total de unidades vendidas no mercado.

$$\text{Quota de Mercado} = \frac{\text{Vendas da empresa}}{\text{Total de vendas da indústria}}$$

Dimensão do Mercado

Dimensão do mercado é o valor monetário dum mercado existente ou potencial, usualmente medido numa base anual. A dimensão do mercado é também usada como referência ao número de clientes num determinado mercado.

Rendibilidade do Investimento em Marketing (ROMI)

Trata-se de uma medida de eficiência dos investimentos uma campanha de marketing. É muitas vezes calculada em termos do aumento do rendimento líquido, do aumento das vendas, da quota de mercado ou da margem de contribuição.

$$\text{ROMI} = \frac{\text{Aumento do rendimento gerado pelo investimento em marketing}}{\text{Custo do investimento em marketing}}$$

A rendibilidade do investimento em marketing pode ser calculada sobre todas as despesas de marketing ou sobre variáveis específicas de marketing mix.

Satisfação do Cliente

A satisfação do cliente pode ser medida pela diferença entre as expectativas do cliente sobre a qualidade do produto ou serviço e as suas perceções sobre um determinado produto ou serviço. Se a qualidade do produto corresponde às expectativas do cliente sobre o produto, o cliente fica satisfeito; se a qualidade do produto excede as suas expectativas, o cliente fica encantado e repete a compra e se a qualidade fica aquém das expectativas, o cliente fica insatisfeito e não repete a compra. A medida do grau de satisfação pode ser obtida através de um questionário, focus grupos, *blogs* ou por observação.

Lealdade do Cliente

A lealdade do cliente é dada pela medida em que os clientes têm vontade de escolher uma alternativa à oferta da empresa. Se o cliente está disponível para mudar de fornecedor por qualquer pequena contrapartida, é um sinal evidente de que não está fidelizado. Pode ser medida através de um questionário ou por observação direta. O número de clientes que após um ano permanecem na empresa pode ser um indicador de retenção.

Taxa de Crescimento das Vendas

Com este indicador pretende-se averiguar se as vendas apresentam um crescimento estável das vendas calculando a percentagem de crescimento ou decréscimo das vendas entre dois períodos de tempo, normalmente um ano.

$$\text{Taxa de crescimento das vendas} = \frac{\text{Vendas o ano} - \text{Vendas do ano anterior}}{\text{Vendas do ano anterior}}$$

Margem de Contribuição ou Margem Bruta

O rácio margem de contribuição ou margem bruta compara com os concorrentes na indústria para ver se a empresa está a operar com a rendibilidade que se espera. Este indicador mostra o resultado obtido depois de imputados os gastos variáveis, ou seja, mostra o resultado obtido na venda dos produtos sem contar com os gastos fixos, como os gastos administrativos e comerciais. O que resta desta margem depois de imputar os gastos fixos é o resultado líquido do período. Por conseguinte, interessa que a margem de contribuição seja elevada. Na análise deste indicador deve olhar-se para a tendência mês a mês para se verificar se está estabilizada ou se está a aumentar ou a deteriorar-se. É suficiente para cobrir os custos fixos e obter lucro? É positiva para todos os produtos? A fórmula de cálculo é a seguinte:

$$\text{Margem de Contribuição} = \frac{\text{Vendas} - \text{Custo das mercadorias vendidas}}{\text{Total de vendas}}$$

O lucro bruto ou seja a diferença entre as vendas e o custo das mercadorias vendidas pode também ser calculado na base unitária como a diferença entre o preço de venda unitário e o custo unitário das mercadorias vendidas. Por exemplo, se uma empresa vende 100 unidades, cada uma vendida a € 1 e cada uma custa 30 cêntimos, então o lucro bruto unitário será de 70 cêntimos e o lucro bruto total será de € 70 e a margem bruta unitária e total serão de 70%.

Margem de Lucro

Este indicador compara com os concorrentes na indústria para ver se a empresa está a operar com a rendibilidade desejada. Este indicador mostra o resultado obtido depois de imputados todos os gastos fixos e variáveis, ou seja, mostra o resultado líquido do período. Na análise deste indicador deve olhar-se para a tendência mês a mês para se verificar se está estabilizada ou se está a aumentar ou a deteriorar-se. As vendas são suficientes para gerar um lucro aceitável?

$$\text{Margem de Lucro Líquido} = \frac{\text{Resultado líquido do período}}{\text{Total de vendas}}$$

Este indicador deve ser analisado mês a mês para ver como estão a ser geridos os gastos operacionais e os gastos administrativos e comerciais.

16.8. RESUMO DO CAPÍTULO

Muitas empresas gastam muito tempo na formulação da estratégia de marketing e essa é a razão por que falham muitas estratégias de marketing porque muitas vezes os problemas estão na implementação em vez da formulação das estratégias. O problema com a implementação é que muito facilmente pode mascarar a formulação. Quando uma estratégia de marketing bem formulada falha, a culpa é frequentemente atribuída a uma má formulação, mas a causa poderá ser uma má implementação. De igual modo, quando uma estratégia de marketing está pobremente formulada, uma boa implementação pode ter dois resultados possíveis. Por um lado, uma boa implementação pode disfarçar uma estratégia pobremente formulada e fazer parecer boa. Por outro lado, quando uma estratégia é pobremente formulada e é bem implementada, pode levar ao fracasso e acelerar a decadência.

A função controlo de gestão é a base da implementação bem-sucedida de uma estratégia de marketing. Se as metas e objetivos de marketing forem devidamente articulados e devidamente analisados os desvios, então podem ser tomadas medidas corretivas atempadas e fazer a estratégia retomar o caminho planeado.

QUESTÕES

1. Descreva sumariamente as etapas que um gestor pode tomar para assegurar o controlo das atividades de marketing aos diferentes níveis.
2. O que pode acontecer à estratégia de marketing quando uma estratégia pobre é bem implementada?
3. Indique algumas razões porque a estratégia de marketing é muitas vezes mal implementada.
4. Quais as vantagens e limitações do controlo orçamental?
5. O breakeven ou ponto de equilíbrio é um instrumento de controlo de gestão? Concorda?
6. Descreva as vantagens de usar o *balanced scorecard* para medir e controlar o desempenho organizacional.

ANEXO

PLANO ESTRATÉGICO DE MARKETING NA PRÁTICA

INTRODUÇÃO

O Plano Estratégico de Marketing ajuda as empresas a determinarem o que devem fazer para atingir os objetivos de marketing e financeiros, com vista a assegurar que as suas operações são bem-sucedidas. Basicamente, o plano estratégico de marketing torna mais fácil a gestão corrente das empresas uma vez que estabelece objetivos de curto e médio e longo prazo e envolve todas as pessoas da organização.

OBJETIVO

O principal objetivo deste exemplo é apresentar o processo, os conceitos e as ferramentas utilizadas para desenvolver um plano estratégico de marketing. Neste exercício, apresentamos um conjunto de mapas que ajudam a desenvolver na prática um plano estratégico de marketing para um produto ou um mercado específico

Qualquer plano estratégico de marketing deve encontrar respostas para as seguintes quatro questões, que enformam a sua estrutura base:
- Onde estamos?
- Para onde queremos ir?
- Como podemos lá chegar?
- Conseguimos lá chegar?

Encontrar respostas para estas questões implica desenvolver sucessivamente as seguintes fases:

A. A Empresa
    a. Identificação

b. Objeto

B. Análise da Situação Atual: Onde Estamos?

a. Análise da situação atual no mercado-alvo.

b. Análise do perfil do mercado.

c. Análise do produto

d. Análise do ambiente interno da empresa

e. Análise do microambiente de marketing

f. Análise do macroambiente de marketing

g. Análise da concorrência.

C. Estratégia Proposta: Para Onde Queremos Ir?

a. Formulação da estratégia.

b. Definição dos objetivos financeiros e de marketing.

c. Segmentação do mercado e seleção do mercado-alvo.

d. Posicionamento do produto.

D. Táticas de Marketing: Como Podemos lá Chegar?

a. Definição das táticas de marketing: produto, preço, distribuição e promoção.

b. Implementação das estratégias de marketing a curto prazo.

E. Avaliação da Estratégia de Marketing: Conseguimos lá Chegar?

a. Medidas financeiras.

b. Métricas de marketing.

A. A empresa

A empresa dedica-se à comercialização de sistemas e equipamentos de purificação do ar para fins industriais, que vende ou aluga designadamente a hospitais, escolas, cantinas e indústrias de alimentos. Pretende alargar o âmbito da sua atividade, expandindo o negócio a todo o país e para outro tipo de aplicações, especialmente salões de beleza, onde acredita que há um grande mercado potencial.

B. Análise da Situação Atual

A resposta à primeira questão implica a análise da situação atual da empresa no que se refere à análise do perfil do mercado, do produto, da concorrência, do ambiente externo e do ambiente interno da empresa.

1. Análise do Perfil do Mercado

A empresa tem como atividade a venda ou aluguer de dispositivos para extração de vapores, gases e cheiros, para fins industriais, cuja marca é ArPuro. Como se trata de uma *start-up*, a sua estratégia de marketing tem incidido fundamentalmente no norte do país, mas está a tentar alargar a sua área de atuação a todo o país. O sítio da empresa fornece informações a todos os potenciais clientes, independentemente da localização geográfica.

Devido à dimensão da equipa, que é pequena e não tem capacidade para trabalhar todo o mercado, a empresa utilizou uma estratégia de segmentação do mercado para alcançar os clientes com maior potencial de crescimento. A empresa começou a comercialização e fornecimento de dispositivos para organizações de saúde, escolas e indústria de alimentos. Todas essas instalações compartilham um problema comum, que é a proliferação de fungos, que causam problemas de saúde aos funcionários, pacientes e pessoas que permanecem no local. Os benefícios pretendidos pelos clientes atuais são ar limpo fornecido por um sistema de controlo de ar, que evite a proliferação de fungos e parasitas.

Os atuais clientes compraram os dispositivos, mas a empresa admite o aluguer. No caso de aluguer por um determinado período de tempo, a empresa não tem o rendimento assegurado a longo prazo. Alguns dos clientes, no entanto, arrendem os dispositivos para uso contínuo, como, por exemplo, salas de operação em hospitais e outras instalações que precisam de ser limpas de impurezas do ar. Uma estimativa aproximada dos atuais contratos permanentes e a prazo é de 60% e 40%, respetivamente.

Segundo o CEO, a empresa enfrenta alguns problemas na argumentação de venda do aparelho. Alguns dos clientes têm um alto preconceito contra sistemas de controlo de ar interno devido a experiências anteriores. Os clientes afirmam que se depararam com produtos com funcionamento deficiente, o que se reflecte negativamente em todos os sistemas de controlo de ar.

Devido à possível imagem negativa dos clientes sobre os sistemas de controlo de ar interno, a empresa oferece testes gratuitos para clientes potenciais. Desta forma, a empresa pode comprovar o funcionamento dos dispositivos, com vantagens para ambas as partes. O processo de decisão de compra depende do tipo de cliente, mas demora entre 1 e 30 dias.

O Quadro 1 fornece o enquadramento para a definição do negócio e a análise do perfil do mercado:

Quadro 1: Análise da Situação: Onde estamos?
1. Definição do Negócio (Produto, Linha de produtos, Segmento da Indústria)

2. Análise do perfil do mercado
 	
    a. Dimensão
    b. Quota de mercado
    c. Taxa de crescimento
    d. Ciclo de vida
    e. Principal concorrente
    f. Quota de mercado relativa
    g. ....

2. Análise do Produto

O sistema de controlo de ar interno foi desenvolvido em primeiro lugar pelos cientistas da Nasa como um sistema de gestão de ar para aumentar a vida útil dos alimentos para os astronautas, eliminando o gás etileno no ambiente.

O processo de ar condicionado usado pelo equipamento é capaz de eliminar 99,9% de bactérias, fungos, vírus, compostos orgânicos voláteis e odores transportados pelo ar e é capaz de impedir a acumulação e etileno. A nanotecnologia do aparelho converte as impurezas do ar em vapor de água e não produz quaisquer compostos nocivos ou azoto, pelo que é ecologicamente correto.

O aparelho tem várias aplicações, podendo ser usado em serviços de saúde ou em situações comerciais ou industriais, para purificação do ar e controlo de infeções e proliferação de fungos ou parasitas. A tecnologia usada está aprovada pelas agências de certificação de qualidade.

O produto tem um determinado preço, mas a empresa tem sistemas de promoção adequados para cada tipo de cliente, dependendo da quantidade de dispositivos instalados e do tempo de aluguer, no caso de não terem sido comprados. Os preços são calculados de acordo com a situação atual do mercado e os custos da empresa. O CEO afirma que os preços não são diretamente comparáveis aos preços dos concorrentes, já que a qualidade dos produtos e as condições de manutenção e assistência são completamente diferentes.

Os custos de instalação e entrega são fixos. No entanto, os clientes podem instalar o dispositivo por sua própria conta, pois o produto vem com um manual de instruções para a instalação.

A empresa é o distribuidor exclusivo para Portugal, alugando ou vendendo os produtos diretamente aos seus clientes. A empresa dispõe de um armazém para guardar os equipamentos, mas tem uma política de manter os inventários a níveis mínimos, mas suficientes para garantir entregas rápidas aos clientes, devido aos elevados custos de aquisição e manutenção dos equipamentos. A distribuição dos produtos é assegurada pelo pessoal de vendas da empresa.

A empresa promove os aparelhos através do seu sítio e da venda pessoal. O marketing tem sido baseado em vendas pessoais, contacto com clientes potenciais, através da apresentação, demonstração e teste do produto nas instalações do cliente. Também alguns os potenciais clientes contactam diretamente a empresa, porque tomam conhecimento do produto através do sítio da empresa e da publicidade. A empresa ainda não participou em feiras ou exposições para promover o produto.

Se um potencial cliente quiser testar o equipamento, a empresa oferece a possibilidade de demonstrar os efeitos e benefícios do produto. Os serviços oferecidos durante a venda são a instalação gratuita, se o cliente assim o desejar e a manutenção do produto no caso da locação. A empresa oferece uma garantia de 12 meses e a manutenção está incluída no preço.

3. Análise de Microambiente de Marketing

O microambiente de marketing e o ambiente interno são constituídos pelas forças próximas da empresa que a afetam diretamente e sobre as quais tem algum poder de controlo e de as influenciar a seu favor. As forças do microambiente de marketing são constituídas fundamentalmente pelos seguintes fatores:

- Clientes
- Fornecedores
- Concorrentes
- Departamentos internos da empresa

O instrumento mais usado para analisar as forças do microambiente de marketing ou as forças internas que afetam a empresa e as suas operações, é a análise SWOT, que inclui as seguintes dimensões:

1. Ramo externo
   a. Oportunidades
   b. Ameaças
2. Ramo interno
   a. Forças
   b. Fraquezas

ANEXO – PLANO ESTRATÉGICO DE MARKETING NA PRÁTICA | 383

A análise SWOT descreve a situação atual da empresa, de acordo com os seus pontos fortes, pontos fracos, oportunidades e ameaças (Quadro 2):

Quadro 2: Análise SWOT: Onde estamos?

2 . Análise SWOT (Trunfos, fraquezas, oportunidades, ameaças)

Pontos Fortes *(Strengths)*

. Potencial tecnológico
. Produto de alta qualidade e fiável
. Excelente serviço ao cliente

Pontos Fracos *(Weaknesses)*

. Empresa nova (**start-up**)
. Poucos recursos humanos
. Poucos recursos financeiros
. Tecnologia complicada do ponto de vista dos clientes

Oportunidades *(Opportunities)*

. Mercado vasto
. Vários mercados alvo potenciais
. Tendência de estilos de vida saudáveis entre os clientes

Ameaças *(Threats)*

. Contestação a sistemas de controlo de ar dentro das instalações
. Produto ainda não completamente testado no mercado

Análise da Concorrência

Como mencionado anteriormente, a empresa ArPuro é a única que fornece equipamentos com esta tecnologia para Portugal. A principal vantagem em relação aos concorrentes é que se trata de uma tecnologia patenteada, que diferencia o equipamento de qualquer outro produto existente no mercado. No entanto, existem outras empresas no mercado referenciadas pela empresa como principais concorrentes.

A principal vantagem competitiva dos equipamentos ArPuro em relação aos produtos concorrentes é a eliminação das impurezas do ar, que os produtos da concorrência não têm essa funcionalidade. Três produtos dos concorrentes filtram as impurezas do ar, mas não as eliminam, o que significa que os produtos dos concorrentes incluem diferentes tipos de filtros que deixam as impurezas do ar dentro do dispositivo, criando a necessidade de limpar ou substituir peças periodicamente.

A tecnologia dos produtos ArPuro limpa o ar de forma mais eficiente, eliminando a maior parte das impurezas. Isso dá à empresa um fator de diferenciação, permitindo-lhe vender o produto a um preço superior à concorrência.

A empresa é muito pequena em comparação com as outras empresas que oferecem uma gama de produtos semelhante. Porém, isso é visto mais como um trunfo, porque os clientes não precisam de escolher entre gamas de produtos muito vastas e tecnologias muito diferentes. O atendimento pessoal e a resposta rápida aos pedidos de testes são também trunfos relativamente aos concorrentes.

No futuro, a empresa prevê expandir os seus negócios a todo o mercado nacional e alargar o seu mercado alvo a outros setores, porque os produtos concorrentes não possuem as mesmas funcionalidades dos equipamentos ArPuro.

Os mercados alvo que a empresa pretende atacar no âmbito do alargamento da sua atividade são os salões de beleza, já que considera que é um mercado com grande potencial e que não está bem trabalhado pelos concorrentes. No mercado dos salões de beleza, os fabricantes de produtos de higiene podem mudar a tecnologia dos produtos de beleza para produtos mais suaves e menos irritantes, o que poderá afetar no futuro as vendas de aparelhos de purificação de ar e até mesmo talvez os tornarem desnecessários. No entanto, como os ingredientes ativos básicos dos produtos químicos usados nos produtos de higiene são basicamente os mesmos desde há pelo menos um século, a empresa considera que se tal vier a acontecer não será num futuro a curto ou médio prazo, pelo que considera que se trata de um risco a assumir.

Os Quadros 3 e 4 ajudam a fazer uma avaliação da empresa relativamente aos principais concorrentes. Deve começar por listar os atuais concorrentes no mercado atual e depois, para cada concorrente, indicar em que aspetos a empresa é melhor ou pior relativamente a cada um dos benefícios do produto valorizados pelo cliente.

Quadro 3: Análise da Situação: Onde estamos?				
3. Análise dos Concorrentes				
Principais Concorrentes	**Benefício 1**	**Benefício 2**	**Benefício 3**	**Benefício 4**

Quadro 4: Análise da Situação: Onde estamos?				
4. Pontos Fortes da Concorrência				
Principais Concorrentes	**Segmento A**	**Segmento B**	**Segmento C**	**Segmento D**

1. Análise do Macroambiente de Marketing

O macroambiente de marketing oferece boas oportunidades à empresa, mas também implica ameaças. As forças externas e as tendências e necessidades não satisfeitas são fatores incontroláveis que a empresa deve monitorizar e encontrar respostas adequadas. As forças do macroambiente afetam o microambiente, pelo que a empresa tem que se ajustar a esse ambiente.

A melhor forma de analisar os fatores externos que afetam a empresa é a análise PESTLE, que incide sobre os seguintes fatores, que afetam a empresa e sobre os quais não tem qualquer poder para os influenciar a seu favor (Quadro 5):

- Políticos
- Económicos
- Socioculturais
- Tecnológicos
- Legais
- Ambientais (*Environmental*)

O ambiente político/legal pode ser analisado em conjunto, no caso da empresa. Os regulamentos e as normas e leis da União Europeia já afetam a empresa, pelo que já se ajustou às suas exigências e já não constituem ameaças, mas continuará cuidadosamente a acompanhar as possíveis mudanças nas leis e nos regulamentos ou novas exigências em termos tecnológicos.

A recessão em toda a Europa em 2009 ainda pode afetar as decisões dos clientes em termos de investimentos. Em Portugal e no Sul da Europa a situação é ainda instável, pelo que a empresa deve manter vigilância sobre a estrutura dos mercados-alvo potenciais, a dimensão dos negócios e o nível de rendimentos.

Os equipamentos vendidos pela empresa são tecnologicamente avançados, pelo que a tecnologia existente não será facilmente substituída por novas tecnologias, não constituindo, de momento, ameaça relevante. Não obstante, a empresa deve investigar as tendências da gestão do controlo de ar interior e procurar novas oportunidades de mercado para alargar a sua base de negócios. Desta forma, a empresa estará melhor preparada para as ameaças que possam surgir no futuro.

Os fatores ambientais estão em constante mudança, o que é uma fonte de oportunidades e ameaças para a empresa. Os consumidores hoje estão cada vez mais sensibilizados para as questões ambientais, pelo que a empresa deve estrar sensibilizada para as suas implicações ao nível dos produtos. O aumento das limitações sobre as emissões de gases com efeito de estufa, o nível de tributação e os custos de distribuição podem representar algumas ameaças para a empresa.

Quadro 5: Análise da Situação: Onde estamos?

5. Análise Externa (Análise PESTLE)

    5.1. Microambiente de marketing

        a. Tendências do mercado
        b. Tendências competitivas
        c. Tendências dos clientes
        d. Ameaça dos fornecedores
        e. Ameaças de novos produtos

    5.2. Macroambientge de marketing

        a. Tendências político-legais
        b. Tendências económicas
        c. Tendências socioculturais
        d. Tendências tecnológicas
        e. Tendências ambientais

C. Estratégia de Marketing e Objetivos

Depois de feita a análise da situação atual, a empresa deve definir e formular uma estratégia de marketing capaz de atingir os objetivos pretendidos. Com base na análise SWOT *e análise PESTLE,* a empresa deve procurar potenciar as oportunidades do mercado e limitar as ameaças. A estratégia de marketing consiste em procurar novos mercados e novas oportunidades de negócio, tendo em vista melhorar a posição competitiva, aumentar a quota de mercado e melhorar os resultados (Quadro 6):

Quadro 6: Fatores de Atratividade e de Posição Competitiva

Atratividade do Negócio	Pontos Fortes do Negócio
A. Fatores de mercado • Dimensão • Taxa de crescimento do mercado • Fase do ciclo de vida • Diferenciação • Elasticidade do preço • Poder negocial dos clientes • Sazonalidade da procura B. Fatores económicos e Tecnológicos • Investimento • Inflação • Capacidade da indústria • Inovação • Barreiras à entrada • Acesso a fontes de matéria prima C. Fatores competitivos • Tipos de concorrentes • Ameaças de produtos substitutos • Diferenciação entre concorrentes D. Fatores ambientais • Regulamentos • Crises • Fatores humanos	A. Posição do mercado • Quota de mercado relativa • Variação da quota de mercado • Fase do ciclo de vida • Diferenciação percebida sobre a qualidade, preço e serviço • Imagem da empresa • Imagem da marca A. Posição económica e tecnologia • Posição em termos de custos relativos • Utilização da capacidade • Posição em termos de tecnologia • Patentes C. Capacidades • Trunfos • Sistema de distribuição • Relações laborais • Relações com organismos públicos

A estratégia de marketing deve basear-se na missão da empresa e eventualmente procurar ser líder do mercado no fornecimento de sistemas de controlo de ar a hospitais, escolas e *à indústria* (Quadro 7).

ANEXO – PLANO ESTRATÉGICO DE MARKETING NA PRÁTICA | 389

Quadro 7: Estratégia de Marketing: Para onde pretendemos ir?

Formulação da Estratégia :   Ações específicas a desenvolver para atingir os objetivos – segmentação, novos produtos, diversificação, penetração.

1. Estratégia da empresa

2. Estratégia competitiva

3. Estratégia de segmentação

4. Estratégia de *targeting*

5. Estratégia de posicionamento

6. Estratégia de preços

7. Estratégia de comunicação

8. ....

Os objetivos podem ser de vária natureza, dependendo da atividade da empresa, designadamente objetivos comerciais, financeiros e de marketing (Quadro 8):

Quadro 8: Objetivos: Para onde pretendemos ir?

Definição dos Objetivos:

    a. Objetivos financeiros

    b. Objetivos de vendas

    c. Objetivos de marketing

    d. Objetivos de fidelização dos clientes

    e. ......

Segmentação do Mercado e Seleção do Mercado Alvo

Depois de analisado o mercado, a tarefa seguinte é subdividir o mercado em segmentos homogéneos. Trata-se de uma tarefa difícil que implica uma análise cuidada de todos os elementos da empresa, porque sem uma correta segmentação dificilmente se poderá trabalhar bem o mercado.

Os Quadros 9 a 12 ajudam a desenvolver o processo de segmentação do mercado:

Quadro 9: Análise da Situação: Onde estamos?				
9. Análise dos Clientes				
Benefícios	Segmento A	Segmento B	Segmento C	Segmento D

Quadro 10: Análise da Situação: Onde estamos?				
10. Análise SWOT (Trunfos, Fraquezas, Oportunidades, Ameaças)				
	Segmento A	Segmento B	Segmento C	Segmento D
Mercado				
Segmento A				
Segmento B				
Segmento C				
Segmento D				

Quadro 11: Análise da Situação: Onde estamos?

11. Análise das Decisões para cada Segmento

Benefícios Clientes	Segmento A	Segmento B	Segmento C	Segmento D
Decisões para cada segmento				
Processo de tomada de decisão				

Quadro 12: Análise da Situação: Onde Estamos?

12. Perfis dos Segmentos

	Segmento A	Segmento B	Segmento C	Segmento D	Total
Dimensão					
Quota . Atual . A 3 anos					
Taxa de crescimento . Atual . A 3 anos					
Ciclo de vida					
Principal concorrente					
Quota relativa do principal concorrente					

O objetivo de marketing definido pela empresa é procurar novos mercados-alvo, com vista a aumentar o volume de vendas e os resultados. Nessa perspetiva, a empresa definiu um novo mercado-alvo interessante, com elevadas potencialidades de crescimento, como é o caso dos salões de beleza. Com base na experiência de outros países, onde o dispositivo ArPuro é vendido, a empresa vê também elevado potencial de crescimento neste mercado.

Como se disse já, o mercado-alvo potencial difere dos mercados atuais onde e empresa opera, que são organizações de saúde públicas e privadas, escolas e indústria de alimentos. Entre os mercados atuais, os clientes são grandes organizações, com estruturas hierárquicas nos processos de tomada de decisão. O financiamento nos serviços públicos é muitas vezes mais difícil de conseguir, uma vez que estão sujeitos a regras orçamentais rígidas. No entanto, a necessidade de produtos de purificação do ar é elevada nos mercados-alvo da empresa.

O novo mercado-alvo dos salões de beleza faz parte do setor privado, muitos deles são empresas familiares, em que os processos de decisão de investimento e de financiamento são mais expeditos. De acordo com as estatísticas, existem cerca de 10 mil salões de beleza de diversas dimensões.

O novo mercado-alvo difere dos mercados atuais que, como se disse, são hospitais, escolas e indústria de alimentos. O novo mercado tem apenas clientes industriais, mas o modo de funcionamento e a capacidade de financiamento são diferentes. Os mercados atuais são grandes empresas com estruturas hierarquizadas nos processos de tomada de decisão.

No caso dos salões de beleza, como fazem parte do setor privado, não estão sujeitos aos mecanismos de controlo do setor público, sendo o processo de financiamento muito mais fácil e os processos de decisão dependem apenas dos donos ou dos gerentes.

D. Táticas de Marketing

Com base na análise SWOT e na análise PESTLE e no quadro definido pelo plano estratégico de marketing, a empresa deve desenvolver um plano tático de marketing para os segmentos de mercado selecionados. A estratégia de marketing da empresa é alargar o seu âmbito a outros negócios, com vista a aumentar a quota de mercado e melhorar os resultados, eventualmente conseguir uma posição de liderança do mercado.

As táticas de marketing referem-se às ações a desenvolver relativamente a cada um dos 4 Ps do marketing mix nos diversos segmentos de mercado previamente selecionados (Quadro 13):

Quadro 13: Táticas de Marketing: Como podemos lá chegar?

13. Estratégias de Marketing Mix

	Segmento A		Segmento B		Segmento C		Segmento D	
	Atual	Plano	Atual	Plano	Atual	Plano	Atual	Plano
Produto								
Serviço								
Preço								
Distribuição								
Promoção/ Comunicação								

Produto e Preço

A empresa deve ponderar como posicionar o produto. Conforme se refere na análise de situação, a empresa ArPuro oferece o produto ao preço atual de mercado, sendo o nível de preços aproximadamente igual, ou um pouco mais elevado, que os concorrentes. No entanto, a tecnologia ArPuro não pode ser comparada diretamente com os preços da concorrência, pelo que o preço mais alto exige uma estratégia de posicionamento. O estudo dos mercados-alvo dos salões de beleza refere, no entanto, que a tecnologia considerada deve ter preço baixo e enfatizar o baixo consumo de energia como argumentação de venda.

Na revisão de literatura sobre salões de beleza constatou-se que os profissionais deste setor podem sofrer de doenças respiratórias ocupacionais. Esta é uma informação vital para a empresa, porque informa como deve posicionar o produto ArPuro no mercado.

Se as doenças respiratórias são um problema para os trabalhadores dos salões de beleza e se reconhece os riscos para a saúde relacionados com a profissão, a empresa pode enfatizar os seguintes benefícios que o dispositivo ArPuro tem para os trabalhadores: ar mais limpo e fresco no ambiente de trabalho, um nível diminuto de impurezas do ar e eliminação dos cheiros e gases que os produtos de beleza libertam para o ar no interior dos estabelecimentos. Independentemente disso, a empresa pode oferecer a tecnologia ArPuro como método de prevenção contra doenças respiratórias e, nos casos em que tal aconteça, pode oferecer uma solução para aliviar os sintomas.

Promoção

As técnicas promocionais que a empresa usa para os mercados atuais *são a página* web e a venda pessoal. Para além destes métodos, a empresa deve também considerar a publicidade e as relações públicas para o novo mercado-alvo de salões de beleza.

Os *salões* de beleza recebem as informações atualizadas sobre no mercado através de uma revista especializada e informações sobre alergias nas páginas da Sociedade de Alergologia e Imunologia. As feiras são também um canal importante para receber informações sobre as novidades do setor.

Segundo informações obtidas através de um inquérito, uma maneira eficaz de atingir os mercados-alvo é através da publicação de anúncios e artigos em revistas e jornais da especialidade dos mercados-alvo. A publicidade de anúncios em revistas especializadas tornará o dispositivo ArPuro conhecido nos mercados-alvo e atingirá mais facilmente os clientes potenciais. Comunicando através de meios promocionais, como venda pessoal, relações públicas ou *press releases*, a empresa ganhará uma maior consciência dos mercados-alvo. No entanto, a tecnologia do produto ArPuro e a terminologia usada no material de marketing não são fáceis de entender pelos clientes potenciais, pelo que é essencial que a equipa de vendas visite os potenciais clientes para esclarecer a tecnologia ArPuro e testar o produto para comprovar a eficiência e incentivar a compra.

Distribuição

A distribuição dos produtos *é feita diretamente aos clientes,* devido à quantidade de pessoal de vendas contratado pela empresa. Em certas regiões, a cobertura do mercado é feita pelo método da distribuição exclusiva, através de distribuidores cuidadosamente selecionados, tendo em conta os objetivos da empresa.

A empresa não pretende mudar o seu método de distribuição ao alargar os objetivos de marketing para o novo mercados dos sal*ões* de beleza. A distribuição direta para novos clientes será feita pela empresa, e a cobertura do mercado no início continua a ser feita através da distribuição exclusiva, devido às limitações e escassez de recursos da equipa de vendas. No entanto, se a empresa for capaz de expandir suas operações dentro do mercado-alvo, poderá reconsiderar o método de distribuição, porque os custos de distribuição podem ter um forte impacto nos custos gerais do produto e a avaliação pode ser necessária para garantir um certo nível de eficiência e para manter o nível de satisfação do cliente.

E. Implementação da Estratégia de Marketing

Este ponto incide sobre a implementação das atividades de marketing que a empresa deve realizar para atingir os potenciais clientes no mercado-alvo selecionado. Este mercado é abordado em termos das caraterísticas das variáveis do mercado-alvo e da possibilidade de maximizar o sucesso da empresa.

Como se trata de um novo mercado, a primeira tarefa a desenvolver é fazer o levantamento dos salões de beleza com maior potencial de crescimento. Como a empresa opera a partir do Porto, é conveniente começar a fazer os primeiros contactos através da venda pessoal e procurar atacar outras regiões geográficas através de ações no âmbito das outras variáveis do marketing mix.

Dada a dimensão da equipa de vendas, a empresa usa a estratégia de segmentação do mercado para atingir os potenciais clientes. A empresa iniciou a sua atividade com o fornecimento do dispositivo a organizações de saúde, como hospitais, privados como públicos, escolas públicas e municipais e indústrias de alimentação. Todas estas organizações estão sujeitas ao desenvolvimento de fungos e parasitas que causam problemas de saúde aos funcionários, pacientes e crianças permanecem nas instalações. Os benefícios procurados pelos atuais clientes são a disponibilização de ar puro, fornecido por um sistema de controlo de ar no interior das suas instalações.

Segundo o CEO, a empresa enfrenta alguns problemas na argumentação do aparelho. Alguns clientes têm um alto preconceito contra sistemas de controlo de ar interno devido a experiências anteriores. Os clientes afirmaram que se depararam com produtos com funcionamento deficiente, o que se reflete negativamente em todos os sistemas de controlo de ar no interior dos edifícios.

Salões de beleza

Para iniciar a abordagem aos salões de beleza, a empresa deve atribuir as tarefas planeadas aos membros da equipa e definir um programa de visitas aos potenciais clientes. Os recursos da equipa de vendas são escassos, pelo que se trata de um trabalho árduo, já que são cerca de 100.000 os salões de beleza. O trabalho deve começar por uma correta segmentação do mercado a definição clara do *target* de mercado a abordar.

Para criar o reconhecimento do mercado, a empresa deve projetar e produzir material de marketing apropriado para o mercado-alvo e possivelmente contratar uma agência de marketing e publicidade. O material de marketing produzido para apresentação da tecnologia do produto aos clientes atuais não será facilmente entendível pelo novo mercado--alvo, pelo que deve ser adaptado para que seja mais fácil de entender pelo novo mercado-alvo. Antes de se lançar o dispositivo no novo mercado, a empresa deverá testá-lo em alguns salões de beleza. O material de marketing produzido também deve ser incluído na página web numa secção separada específica para salões de beleza.

O material de marketing que será criado para os salões de beleza pode ser usado para divulgar a empresa e o produto numa revista especializada em salões de beleza de ampla divulgação. A empresa poderia também tentar publicar um artigo relacionado com doenças profissionais pulmonares provocadas por ambientes fechados carregados com gases ou aerossóis de produtos químicos com algum grau de toxicidade. Estas formas de promoção enquadram-se em diferentes formas de comunicação de marketing, como a publicidade e as relações públicas, mas as duas componentes funcionam de maneira eficiente. A publicidade não precisa ser muito frequente, mas para ter o efeito desejado e ser reconhecida pelos clientes, deve repetir-se periodicamente.

A venda pessoal no mercado dos salões de beleza deve começar pelo levantamento dos potenciais clientes, a começar naturalmente pelos maiores, tendo em vista rendibilizar os recursos e maximizar a possibilidade de concretizar a venda. O preço do produto ArPuro é um pouco superior ao preço de produtos similares da concorrência e a opinião da generalidade dos donos dos salões de beleza considera o dispositivo caro. Os principais clientes do ArPuro são cadeias de salões de beleza, o que facilita a entrada no mercado e o aumento rápido das vendas.

O poder da venda pessoal na venda de um produto como o ArPuro é muito forte, porque as doenças profissionais são vistas hoje em dia como inaceitáveis, pelo que se torna mais fácil convencer o cliente a fazer a compra do dispositivo que evita esse problema, mal aceite pela sociedade. Por conseguinte, a empresa deve investir na venda pessoal, que é a forma de promoção que resulta melhor neste tipo de produtos, tal como vem fazendo nos mercados-alvo atuais, com bons resultados.

Em todas as ações de marketing da empresa devem ser tidas em consideração as necessidades e perceções dos clientes opiniões recolhidas em estudos de opinião e em jornais e revistas da especialidade., de forma a criar valor para o cliente. Quando mais compras forem efectuadas, melhor e mais credível será o *feedback* recebido dos utentes do produto. A todo o momento, dependendo da natureza positiva ou negativa do *feedback*, o material de marketing deverá ser revisto e adequado às novas tendências e gostos dos utilizadores.

F. Avaliação e Controlo da Estratégia de Marketing

Para o sucesso de qualquer estratégia de marketing não basta que seja bem planeada e ajustada às condições do mercado; é necessário que seja implementada conforme foi definida e planeada, o que implica a avaliação e o controlo da sua execução. De nada vale ter uma boa estratégia se não for corretamente implementada.

O sucesso de uma organização não depende apenas da estratégia e da fixação de objetivos, mas depende também de um sistema de avaliação e controlo eficaz, capaz de detetar os desvios entre os objetivos e o executado e tomar as ações correctivas que se imponham para que os objetivos sejam cumpridos. O principal objetivo da avaliação e controlo é medir o desempenho, assegurar que as atividades são executadas conforme planeado e que os resultados obtidos correspondem aos resultados previstos.

Para avaliar o desempenho, o gestor deve dispor de informação adequada relativamente aos indicadores financeiros e métricas de marketing considerados relevantes na atividade da empresa e previamente selecionados. O primeiro passo no processo de controlo é **avaliar o desempenho** atual, comparar os resultados com os objetivos definidos e analisar os desvios (Quadro 14):

Quadro 14: Avaliação e Controlo da Estratégia de Marketing: Conseguimos lá chegar?											

14. Controlo dos Objetivos

	Segmento A			Segmento B			Segmento C			Segmento D		
	Previsto	Real	Desvio	Previsto	Real	Desvio	Previsto	Real	Desvio	Previsto	Real	Desvio
Quota de mercado												
Quota de mercado relativa												
Vendas												
Taxa crescimento das vendas (%)												
Margens de contribuição (%)												
Despesas de marketing												

Quando os desvios ultrapassam o limite da amplitude de variação considerada aceitável, o gestor deve tomar as medidas corretivas necessárias para que os resultados sejam atingidos.

G. Conclusão

O mundo dos negócios nos nossos dias é altamente competitivo e as empresas lutam agressivamente para proteger o seu mercado. Ao mesmo tempo, os clientes estão a tornar-se cada vez mais exigentes e mais conscientes dos produtos e serviços disponíveis, procurando a melhor qualidade possível. Para uma pequena empresa que está a iniciar a sua atividade, as caraterísticas do mundo dos negócios podem ser uma surpresa, com um efeito negativo sobre a rendibilidade, podendo mesmo ameaçar a própria sobrevivência.

Entendendo o essencial das ferramentas de marketing disponíveis, a empresa pode ter sucesso e percorrer um longo caminho. O desenvolvimento de um processo de planeamento estratégico de marketing, em articulação com as ferramentas do marketing mix poderão constituir a base para o sucesso da empresa. Um plano estratégico de marketing guia o modo de alocação dos ativos tangíveis e intangíveis da empresa e facilita a gestão diária, já que os planos de curto e longo prazo são claros.

O objetivo deste exemplo consistiu em desenvolver um plano estratégico de marketing para uma pequena empresa de alta tecnologia que pretende alagar os mercados-alvo a outros setores para além do seu mercado atual, especificamente ao mercado dos salões de beleza. As perspetivas de fazer negócios nesse mercado são elevadas, dado que o produto ArPuro tem-se mostrado eficaz nesses mercados noutros países. Não obstante o sucesso noutros países, a empresa, numa atitude prudencial, pretende desenvolver um plano estratégico de marketing antes de decidir tentar nesse mercado.

Com vista à criação de um plano de estratégico de marketing para o novo mercado-alvo, foi definida uma estratégia de marketing e fixados objetivos financeiros e de marketing para o novo mercado-alvo. Na elaboração do plano estratégico de marketing foram aplicados modelos teóricos relevantes, como a análise SWOT e a análise PESTLE, para refletir a situação atual da empresa no mercado. Na parte operacional do plano, foram formulados os objetivos e as estratégias de marketing para o novo mercado-alvo dos salões de beleza e definida a estratégia de abordagem a esse novo mercado-alvo. Face aos resultados da pesquisa efetuada, entende-se que o produto deve ser posicionado de forma diferente no novo mercado-alvo, o que implica a elaboração de planos operacionais de marketing mix específicos para o novo mercado.

Face às conclusões do plano estratégico de marketing, a gestão de topo da empresa deve decidir se o projeto é viável, se se insere na estratégia da empresa e se interessa procurar penetrar no mercado-alvo dos salões de beleza. Se a decisão for favorável e a empresa decidir avançar para o novo mercado-alvo, há que acompanhar a implementação do projeto e avaliar em que medida o produto é aceite pelos clientes e se os resultados previstos estão a ser alcançados.

REFERÊNCIAS

Aaker, D. (1991), Managing Brand Equity, Free Press, New York.

Aaker, D. (1996), Building Strong Brands, Free Press, New York.

Baines, P., Fill, C. & Page, K. (2011), Marketing, 2nd. Edition, Oxford University Press.

Bendle, N., Farris, P., Pfeifer, P. & Reibstein, D. (2016), Marketing Metrics, 2Third Edition, Pearson Education Inc. N. J.

Berg, G. & Pietersma, P. (2015), Key Management Modeis, 3rd Edition, Pearson Education Limited, Essex, UK.

Best, R. (2014), Market-Based Management: Strategies for Growing Customer Value and Profitabiliy, 6th Edition, Pearson New International Edition, Essex, U.K..

Bonoma, T. (1984), Making Your Marketing Strategy Eowk, Harvard Business Review, 62(2): 79-76.

Chaffey, D. & Ellis-Chadwick, F. (2015), Digital Marketing: Strategy, Implementation and Practice, 6th Edition, Pearson Education Limited, Essex, UK.

Chernev, A (2014), Strategic Marketing Management, Eighrh Edition, Kellogg School of Management, Northwestern University.

Cravens, D. & Piercy, N. (2012), Strategic Marketing, 10Th Edition, McGraw-Hill Higher Education, N.Y.

Crawford, M. & Di Benedetto, A. (2015), New Product Development, Eleventh Edition, McGraw-Hill Education, NY.

Evans, V. (2013), Key Strategic Tools, Pearson Education Limited, Essex, UK.

Ferrell, O. & Hartline, M. (2011), Marketing Strategy, Fifth Edition, South--Western Cengage Learning, USA.

Harris, T. & Nelson, (2010), Applied Organizational Communication: Theory e Prática in a Global Environment, Third Edition, Routledge Taylor & Francis group, NY.

Hooley, G., Piercy, N. Nicoulaud, B & Rudd, J. (2017), Marketing Strategy & Competitive Positioning, Sixty Edition, Pearson Education Limited, Essex, UK.

Kim, W. & Mauborgne, R. (2017), A Mudança Oceano Azul, Edições Almedina/Actual, Coimbra.

Kim, W. & Mauborgne, R. (2007), A Estratégia Oceano Azul, Harvard Business School Press, Actual Editora, Coimbra.

Kotler, P. & Armstrong, G. (2018), Principles de Marketing, 17th Edition, Pearson Education Limited, United Kingdom.

Kumar, A., Antony, J. & Dhakar, T. (2006), Integrating quality function deployment and benchmarking to achieve greater profitability", Benchmarking: An International Journal, Vol. 13 Issue 3 pp. 290-310.

McDonald, M. & Wilson, H. (2015), Marketing Plans: How to Prepare Them, How to Use Them, 7ty, John Wiley & Sons, Ltd, Sussex, England.

Mações, M. (2018), Manual de Gestão Moderna: Teoria e Prática, Edições Almedina/Atual, Coimbra.

Mooradian, T., Matzler, K. & Ring, L. (2012), Strategic Marketing, Pearson Education Limited, Essex, UK.

Nguyen, B. & Mutum, D. (2012), A review of Customer Relationship Management: Success, Advances, Pitfalls and futures, Business Process Management Journal, Vol. 18(3), pp. 400-419.

Raith, M., Staak, T. & Wilker, H. (2007), A Decision-Analytic Approach to Blue--Ocean Strategy Development, Operations Research Proceedings, 225-227.

Stuart, B., Sarow, M. & Stuart, L. (2007), Integrated Business Communicationin: A Global Marketplace, John Wiley & Sons, Ltd, Sussex, England.

West, D., Ford, J. & Ibrahim, E. (2010), Strategic Marketing: Creating Competitive Advantage, Second Edition, Oxford University Press.

Wood, M. (2014), Marketing Plan Handbook, 5th Edition, Pearson Education, Upper Seadle River, NJ.